TRIBE OF MENTORS
short life advice from the best in the world

人生給的答案

你的掙扎，他們都經歷過，
世界最強當你最堅強的後盾

提摩西・費里斯——著
TIMOTHY FERRISS

推薦序

面對人生，
你不需單打獨鬥

許毓仁

面對人生，我們都深知一個道理，那就是我們無法單打獨鬥。我們都需要別人的激勵、協助與啟發，否則終究會卡住，哪裡也去不了。提摩西·費里斯也是，社會上所謂的「成功人士」更是。當我們遇到人生岔路時，腦海中總會浮現許多問題，而這些問題的解答，往往扮演了我們面對接下來挑戰的認知與行動。

費理斯堪稱傳奇的成功經歷，讓《快公司》雜誌提名他為「最創新商業人物」，《富比士》雜誌說他是「你一定要認識的人。」前些年，我與費理斯曾在美國矽谷見過面，在與他交談的過程中，我發現他的魅力來自於提出對的問題，包括安排問題的順序也同樣重要。

無論是誰，我們都會走到人生的岔路口，我也不例外，這篇序正寫於我即將卸下立法委員職務的前幾週。我相信這本書是值得反覆閱讀的好書，除了反覆咀嚼費里斯提的問

題之外，更重要的是，這本書讓我們可以一窺這些產業明星、殿堂級人物回答問題背後的思維脈絡。有時候你會發現，突破框架與規則，原來可以讓人生變得簡單許多。

無論走在人生哪一個階段，我相信每個人對於人生都有許多疑問，我們都需要向外尋求激勵與解方。相信我，單打獨鬥不是最佳的選擇，讓書中的高手們陪你一起突破框架與規則，或許令你驚奇的轉折就在不遠處。記得，我們都與你同在。

（本文作者為立法委員／TEDxTaipei 創辦人）

致　　志同道合的夥伴，

願我們都能成為世上正面的力量，同時也看見自己的美好。

也請記得，

「你的找尋正在尋找你。」

——魯米

目錄 contents

序言

以後的人生，我想怎麼過？

「真正的旅程不是以相同的眼光看一百個地方，
而是以一百種眼光看同一片土地。」

——普魯斯特

「艾伯特咕噥道：『你知道問題太多的人都是什麼下場？』
莫特想了想。『不知道，』他終於回答，『什麼下場？』
陷入寂靜。
然後，艾伯特突然直起身說：『我還真他媽不知道，
或許他們得到答案，也付出了代價。』」

——普萊契（Terry Pratchett），《死神學徒》（Mort）

要解釋我寫這本書的原因，就必須從寫這本書的時機講
起。

2017年對我來說是意義非凡的一年。前半年有許多事情都
在慢慢進行，但突然在幾週之間，我步入40歲，我的第一
本書《一週工作4小時》出版滿十週年，許多身邊的好友相
繼去世，我還站在講台上分享大學時差點自殺的經歷。

老實說，我從沒想過會活到40歲。我的第一本書被出版社退件了27次，反而是本來不該順利的事情都開花結果。所以，我在生日當天發現：40歲以後的人生，我沒有任何規劃。

大學畢業、青年危機、中年危機、孩子離家、年滿退休，遇到這些人生岔路時，腦海中總會有許多問題一一浮現。

> 我的目標究竟是我真正想要，還是我以為我應該想要的？
>
> 我因為計畫太少或是計畫太多而錯失掉人生中多少事？
>
> 如何對自己好一點？
>
> 我如何排除雜訊，勇敢冒險？
>
> 我如何重新衡量我的人生、優先順序、價值觀、我在世界的定位、未來的方向？

這麼多事，人生的一切問題！

某天早上，我把想到的問題都寫下來，期望能多一絲明朗，然而迎面而來的是一股焦慮感，這張清單只讓我更不知所措。我發現自己不自覺地屏住呼吸，於是將視線從清單上移開。然後我像往常一樣問自己，我在衡量商業、人際關係上的決策時，都會問自己這個問題：

如果這件事很簡單，它會變得不同嗎？

「這件事」可以是任何一件事，而在這個早晨，這件事就

是我眼前的人生大問題清單。**如果這件事很簡單，它會變得不同嗎？**這真是個可愛、轉換觀點的問題。我們很容易說服自己深信事情很困難，如果沒有超群的表現，就代表自己不夠努力。這樣的思維往往會讓我們自尋阻礙最多的路，並在過程中吃上不少無謂的苦頭。

倘若我們能放下壓力，優雅地看待事情，結果又會變得如何？有時候，比起滿懷壓力，從容不迫反而能讓我們得到驚人的收穫。有時候，只是換一個角度看事情，就解決了問題。

那天早晨，我在日記上草草寫下：**如果這件事很簡單，它會變得不同？**我突然有了靈感。雖然那一頁日記上99％的內容都沒有什麼用，但還有一顆希望的種子……。

如果我找一群人生的大師來幫我呢？

更明確地說，如果我向一百多位傑出人士請教那些我渴望解答的問題？或是用什麼方法讓他們指引我前進的方向呢？行得通嗎？我不知道，但有一點我很清楚：用簡單的方法不行，那用無聊又費力的方法，總該行得通吧。反正痛苦不會過季，想要自討苦吃的話隨時可以。

所以，為何不乾脆用一週的時間來試試阻力最小的路？於是我開始行動。我寫下我理想中的夢幻受訪者，名單從一頁很快就寫到了十頁。我沒有設下任何限制：不管多大牌的人、多難聯絡的人，或多難找的人都可以。我能不能請到達賴喇嘛呢？葛蘭汀（Temple Grandin）女士？還是我

個人非常崇拜的作家蓋曼（Neil Gaiman）？或是人權鬥士阿里（Ayaan Hirsi Ali）？我盡可能寫下門檻最高、領域最廣、最特別的名單。接著，我必須給受訪者足夠的動機參與，鼓勵他們回覆我，於是我打算把這個計畫變成一本書。「會寫進書裡」或許是不錯的誘因。不過一開始我就跟出版社說，這方法也有可能不管用，要是失敗了，我會退還預付金。

接下來，我開始行動。我寄出11個問題給一些世界上最成功、最多才多藝、最有名的人，並寫道：「若您對我的想法感興趣的話，歡迎挑出自己最喜歡的三到五個問題作答，超過五個也沒問題。」

點了數十次發送鍵之後，我的手指在胸前緊扣，此刻的我是興奮的作家，我屏息以待……寂靜無聲，只有蟋蟀在叫。過了12至24小時，什麼回覆都沒有。萬籟俱寂，就連老鼠也不吵鬧，之後，開始有了動靜，有人表達好奇，有人想了解更多，幾封婉拒的信，接著，大量的回信湧入我的信箱。

幾乎每一位我聯絡的人都超級忙碌。所以我本來預期頂多只能收到幾則簡短倉促的回覆。結果，不論是書面、親自會面，或其他形式的回應，我竟然收到非常用心的回答。回覆的人超過了一百位。

我承認，這條所謂「簡單」的路也是來回收發數千封電子郵件和數千則Twitter訊息、上百通電話、在健走辦公桌前完成好幾趟馬拉松，並在深夜寫稿時喝掉好幾瓶酒。但總

之，這個方法成功了。每次都成功嗎？並非如此。我（這一次）沒得到達賴喇嘛的回應，清單上至少有一半的人沒有回信，或是婉拒回答。但至少這個計畫可行，這才是最重要的。

成功的關鍵，就在於我提出的問題。《提摩西·費里斯秀》（*The Tim Ferriss Show*）是第一個超過四億下載量的商業訪談播客節目，而我所提出的11個問題中，有8個問題是從節目中的「快問快答」單元加以微調。經過三百多場訪談，這些問題已經變得相當精煉，受訪嘉賓包括演員暨音樂家福克斯（Jamie Foxx）、上將麥克里斯特爾（Stanley McChrystal），以及作家波普娃（Maria Popova）。我知道這些是好問題，受訪者通常也很喜歡，而且提出這些問題對我的人生很有幫助。

另外三個問題則是為了解決我自己困擾已久的問題而寫。發出問題前，我再三檢查、調整過，也與我在各領域的專家朋友們一起斟酌的文字。

隨著年紀愈長，我花愈多時間研究如何能提出更好的問題。以我的自身經驗來看，在許多領域，如果能問出更好的問題，獲得的回報可以從一倍增長到十倍，從十倍到百倍，如果幸運女神眷顧的話，甚至還能從百倍到千倍。哲學家杜威（John Dewey）曾說過：「闡明問題，問題就解決了一半。」

具體發問自會得到生命的答案，願望含糊則終不得實現。畢竟，思考其實就是在腦中大量自問自答。如果要讓自己

困惑頭痛，大可問一些含糊不清的問題。如果想追求清晰的思路與成就，問題就要非常明確才行。

幸好，問問題的能力是可以養成的。世界上沒有一本書可以給出所有答案，但這本書能訓練我們提出更好的問題。《生命中不能承受之輕》作者昆德拉曾說：「人類的愚蠢來自對凡事都有答案，小說的智慧則出於對一切提出問題。」如果我們用「學習大師」取代句中的「小說」，就成了我的人生哲學。往往，我們與所求之間，只差一連串好問題而已。

我為本書選的11個問題條列如下。我建議詳閱完整的問題與解釋，因為後面正文的部分問題會比較精簡。特別感謝考波曼（Brian Koppelman）、布恩（Amelia Boone）、賈維斯（Chase Jarvis）、拉維康特（Naval Ravikant）等人給我許多有用的回饋。

首先，讓我們很快地掃過這11個問題。其中有些第一眼看起來或許是陳腔濫調，或是沒什麼用的問題。但是，事情並不一定總如所見。

1. 最常送人當禮物的書是？為什麼？或影響最深的一到三本書是哪些？

2. 過去半年或近期記憶中，哪筆一百美元以下的花費，對生活帶來最多正面影響？我的讀者喜歡品牌和型號、在哪裡發現等具體細節。

3. 有沒有任何失敗經驗，或看起來是失敗的經驗，成為

後來成功的墊腳石？有「最喜歡的」失敗嗎？

4. 如果可以在任何地點放置一個巨型廣告看板，內容不限（想傳遞給所有人訊息），想在上面放什麼？為什麼？可以是幾個字，也可以是一段文字。（如有幫助，可以引用某人的話，像是經常想起的名言，或人生的座右銘）

5. 最成功或最值得的投資？（可以是金錢、時間、精力等）

6. 是否有任何與眾不同的習慣，或荒謬的嗜好？

7. 過去五年，讓生活變好的新信念、行為或習慣？

8. 對即將進入社會、聰明有抱負的大學生，有什麼建議？可以不聽哪種建議？

9. 在專業領域中聽過最糟的建議？

10. 過去五年，有什麼事不再難以拒絕（讓人分心的事物、邀約等）？有什麼新的領悟或方法？

11. 感到超載、無法專注或暫時失焦，會怎麼做？（如有幫助：會問自己什麼問題？）

現在，讓我們進一步細看每個問題，我會逐一解釋這些問題為什麼有效。很多人可能會說：「和我有什麼關係？我又不是負責訪問的人。」對此，我的回應非常簡單：如果你想建立一流的人際網絡，就要有同等級的互動方式，而

以下每一點都會很有幫助。

例如，我花了好幾週實驗如何安排問題的順序，才能得到最佳的回覆。對我來說，問題的順序就是關鍵，不論是要用8到12週的時間學一種外語（可參考《廚藝解構聖經》）、嘗試克服畢生對游泳的恐懼（tim.blog/swimming），或是在喝咖啡時向某位大師請益。好的問題但順序不當，只會適得其反。相反地，如果好好考慮問題的順序，很容易就能脫穎而出，因為多數人都不會花心思在這件事上。

舉一個例子：「廣告看板」的題目，是我的播客節目聽眾和來賓最喜歡的一題，但也是比較沉重的一題，很多人會不知道如何回答。我可不想嚇跑這些大忙人，畢竟他們可能會馬上退出，然後說：「提摩西，不好意思，我現在實在沒有餘力回答這些問題。」那怎麼做會比較好呢？很簡單，先讓他們回答一些輕鬆一點的問題，像是最常送人的書、不到一百美元的推薦小物等，這些題目相對比較不抽象。我對問題的解釋愈後面會愈短，因為許多道理都是共通的，適用於所有題目。

1. 最常送人的書？為什麼？或影響最深的一到三本書是哪些？

「你最喜歡哪本書？」看似是個不錯的問題，既無害又簡單。實際上卻很不理想。我訪問的對象都讀過成千上萬本書，他們要花很多力氣才能回答這一題。當然，答題的人

也會擔心選出「最喜歡的」書，就會被引述、寫到文章中或維基百科上。問「最常送的書」相對風險較小，有比較明確的關鍵字，能幫助對方回想，而且這個問題代表著答案能幫助到更廣泛的受眾，是「你最喜歡哪本書？」這種因人而異的問題所無法得到的效果。

如果你很好奇、迫不及待想知道的話，以下是大師們多次提到的書：

> 弗蘭克（Viktor E. Frankl）的《活出意義來》
> （*Man's Search for Meaning*）
> 瑞德里（Matt Ridley）的《世界，沒你想的那麼糟》（*The Rational Optimist*）
> 平克（Steven Pinker）的《人性中的良善天使》
> （*The Better Angels of Our Nature*）
> 哈拉瑞（Yuval Noah Harari）的《人類大歷史》
> （*Sapiens*）
> 孟格（Charlie Munger）的《窮查理的普通常識》
> （*Poor Charlie's Almanack*）

如果你想看完整的推薦書單，包括本書與《人生勝利聖經》中最受推崇的20本書，可以到我的部落格tim.blog/booklist。

2. **過去半年或近期記憶中，哪筆一百美元以下的花費，對生活帶來最多正面影響？我的讀者喜歡品牌和型號、在哪裡發現等具體細節。**

這個問題好像有點隨便，但事實絕非如此。這個問題不僅能讓忙碌的受訪者容易回答，還能給予讀者可立即行動的目標。較有深度的問題會引發更有深意的答案，但深度就像知識的纖維，需要經過大量時間與精力來好好消化。然而，我們要持續向前邁進，就需要短期的獎勵。在本書中，我提出的某些問題就是想達到這個目的，期望能獲得簡單、實際，往往有趣好玩的答案，讓大家努力不懈的靈魂得以暫時放鬆。想走得更遠，這些中途小休息很重要。

3. **有沒有任何失敗經驗，或看起來是失敗的經驗，成為後來成功的墊腳石？有「最喜歡的」失敗嗎？**

這個問題對我來說別具意義，正如同我在《人生勝利聖經》中寫的：

> 人們心中的超級英雄──偶像明星、精神領袖、頂尖運動員，億萬富翁──其實都只是把自己的一、兩個優勢發揮到極致，而非沒有缺點。人類本來就是不完美的生物，成功不是因為沒有缺點，而是找到屬於自己的長處，並專注發展相關能力……人人都在與未知打仗，書中的英雄也不例外，每個人都在戰鬥。

4. **如果可以在任何地點放廣告看板，內容不限（想傳遞給所有人的訊息），想在上面放什麼？為什麼？可以是幾個字，也可以是一段文字。（如有幫助，可以引用某人說過的話，像是經常想起的名言，或人生的座右銘？）**

不言自明，我就不再多解釋了。如果要問這個問題，「如有幫助……」這個部分很關鍵，時常能因此得到好答案。

5. 最成功或最值得的投資？（可以是金錢、時間、精力等等。）

這題也不言自明……至少看起來是。在問這一題和下一題時，我發現先給受訪者一些實例很有幫助。如果是現場訪問，提供例子可以給受訪者思考的時間。透過書面採訪時，可以提供答題的範本。以這一題為例，我會提供每位受訪者以下內容：

〔範例〕布恩（Amelia Boone）是許多知名品牌贊助的頂尖耐力運動員，曾四次榮獲世界障礙賽跑冠軍：

2011 年，我付了 450 美元，參加首屆『泥巴煉獄』，那是全球首創的 24 小時障礙賽跑。當時我還背著念法學院的貸款，這對我來說是一筆相當大的開支。我從沒想過自己能跑完，更不用說要與其他人一較高下。但我最後是一千名參賽者中，11 名完成比賽的人之一。我的人生從此改變，開啟了障礙賽跑的職業生涯，並贏得多次世界冠軍。如果當初沒有繳報名費，這一切都不會發生。

6. 是否有任何與眾不同的習慣，或荒謬的嗜好？

我第一次聽到這個問題，是好友克里斯·揚（Chris Young）訪問我的時候。克里斯是科學家，也是《現代

主義烹調》（*Modernist Cuisine*）的共同作者，還身兼 ChefSteps 執行長（詳情請搜尋舒肥機）。當時我坐在西雅圖市政廳的講台上，這麼回答：「哇……這真是個好問題，我要偷來用。」所以我就這麼做了。這個問題的意義其實比一般人預期更深層，答案往往能告訴我們一些特別的事情：第一，大家都是怪人，你不孤單。第二，如果你想追求那種像強迫症一樣的風格，那我的受訪者們都會很樂意幫忙。第三，由第一點我們可以推論，所謂的「正常人」只是我們還不夠熟的怪人罷了。如果有人以為自己是與眾不同的神經病，我不得不告訴你，其實每個人都有一部分的自己像伍迪・艾倫。這一題的參考範例取材自現場訪問，編輯後的文字如下：

〔範例〕史翠德（Cheryl Strayed）是暢銷書《那時候，我只剩下勇敢》作者，作品改編電影由瑞絲・薇斯朋主演：

我對三明治的看法是這樣的……每一口都應該要跟前一口一樣，懂我的意思嗎？不能這邊一堆番茄，那邊一坨鷹嘴豆泥，所有內餡都應該均勻分布。每次我拿到一個三明治，就會馬上一層一層分開，徹底重組它們。

7. 過去五年，讓生活變好的新信念、行為或習慣？

這個問題簡潔有力，稱不上別出心裁，但這是我在衡量反思自己的中年人生時，特別有幫助的問題。我很驚訝居然沒有更常聽到這樣的問題。

8. 對即將進入社會、聰明有抱負的大學生，有什麼建議？可以不聽哪種建議？

第二句「可以不聽」的問題最關鍵。我們總是喜歡問：「我該做什麼？」很少問：「我不該做什麼？」其實，我們不做什麼就會決定我們可以做什麼，因此我很喜歡問「不要做」清單。

9. 在專業領域聽過最糟的建議？

基本上就是上一題的「親戚」。專注的最佳方法就是定義出我們可以忽略的部分。

10. 過去五年，有什麼事不再難以拒絕（讓人分心的事物、邀約等）？有什麼新的領悟或方法嗎？

答應容易，拒絕難。書中許多受訪者都跟我一樣，想解決「如何拒絕」這個課題，有些答案真的很有用。

11. 感到超載、無法專注，或暫時失焦，會怎麼做？（如有幫助：會問自己什麼問題？）

當腦袋當機時，沒有什麼事比這個問題更重要了。再強調一次，「如有幫助」的部分往往很關鍵。

止因為這本書所有精華都出自於他人，所以我敢說，不論你處於人生哪個階段，都會愛上這本書的某些部分。同樣地，不論我如何吵鬧耍賴，都會有人覺得書中某些部分很無聊、很沒用，甚至讀起來很蠢。我估計，在全部約140篇的大師訪談中，你可能會喜歡70篇、愛上其中35篇，人生

或許會因為其中17篇而有所改變。好玩的是，某人不喜歡的70篇，可能恰好是另一人所需要的內容。

如果所有人都遵照完全相同的規則，想必生活會非常無趣。我們都想要擁有選擇的權利。更令人意想不到的是，這本書會與我們一同改變。隨著時間的推移、生命的延展，起初你認為是令你分心的干擾，很可能變成至關重要的存在。

你平常覺得很像幸運餅乾裡寫的陳腔濫調，可能轉瞬間變得意義非凡，甚至成為化不可能為可能的力量。也有可能，最初覺得受益良多的文字，如同一名偉大的中學教練，會將你交到大學教練手中，繼續帶領我們到達新的境界。

書中的建議沒有有效期限，也沒有一致性。許多建議出自三十多歲的年輕新秀，也有些出自六、七十歲的資深老將。我希望這本書就像《易經》和《道德經》，每次你拿起來，都會發現新的東西，或動搖自己對現實的想法、看清自己的盲點、確認自己的直覺、修正自己的方向。這本書中包含人類的各種情緒與經驗，從開懷大笑到椎心之痛、從失敗到成功、從生至死。願你都能細細品味。

我的茶几上放了一塊漂流木，上面有一句作家尼恩（Anaïs Nin）的名言：

「生命格局的大小取決於勇氣的多寡。」提醒著我，成功取決於我願意跨出舒適圈的對話與行動。我認識最充實又

具影響力的人，例如世界知名創作者、億萬富翁、思想領袖等，都認為他們的人生旅程有25％在追尋自我，剩下的75％則在創造自我。

這本書不是一種被動的體驗，我希望它成為鼓勵你採取行動的力量。你就是人生的作者，重寫新的人生故事永不嫌晚，我們隨時都能開始新的篇章、加入令人驚奇的轉折，甚至是徹底改變風格都沒問題。

如果這件事很簡單，它會變得不同嗎？

現在就帶著微笑提起筆，好戲上場啦。

敬人生！
提摩西・費里斯
德州奧斯汀

可能有幫助的注記

◆ 本書從頭到尾穿插「費里斯畫線名言」，其中引述這兩年多來改變我想法及作風的文字。出版《人生勝利聖經》之後，我開始人生最多產的一年，大部分歸功於我選讀的書。我會在免費的 5 Bullet Friday 電子報（tim.blog/friday）分享名言（很多出自《人生勝利聖經》）與每週最酷或最實用的五個東西（書籍、文章、器具、食物、補品、應用程式等）。希望大家跟我一樣受到啟發。

◆ 還記得前面提到因為寫這本書而收到的拒絕信嗎？有些婉拒真的很棒，我也收錄到書中！我將信的內容原封不動放進書中，成為三篇「拒絕的藝術」。

◆ 我幾乎將所有大師的答案都修短，主觀地選出「最佳答案」。所謂「最佳答案」有些是盡量減少重複的內容，有些適度保留細節，讓答案既能幫助我們採取實際行動，又不會過於淺白。

◆ 我在幾乎每一位大師的簡介中都注明了大家能在哪些社群媒體上與他們互動：TW＝Twitter、FB＝Facebook、IG＝Instagram、LI＝LinkedIn、SC＝Snapchat 和 YT＝YouTube

◆ 在與導師們聯繫時，我都以相同的順序提問。但在書中，我會考量流暢性、可讀性及影響力而稍作調整。

◆ 我在書中也加入一些沒有正面回應的內容，像是「我超不會拒絕別人的」，讓大家在遇到相同難題時會好過一點。世上沒有完美的人，我們都在努力求進步。

我人生的前 33 年
都在避免失敗，
但最近我開始不怕失敗，反而
擔心不敢冒險，因為我相信
自己能挺過所有失敗。

好萊塢「黑名單」幕後推手
Franklin Leonard
富蘭克林·倫納德

TW: @franklinleonard
IG: @franklinjleonard
blcklst.com

富蘭克林·倫納德被NBC新聞稱為「好萊塢祕密劇本資料庫『黑名單』的幕後功臣」。2015年，倫納德調查近百位電影監製，他們在該年度有哪些很喜歡的劇本，沒有被拍成電影。從此之後，調查人數更擴大至500人。目前已有300部「黑名單」上的劇本被製作成電影，全球票房累計高達260億美元，得到264個奧斯卡提名，48個奧斯卡得獎紀錄，包括最佳影片《貧民百萬富翁》、《王者之聲：宣戰時刻》、《亞果出任務》、《驚爆焦點》。最近20部最佳原創本獎獲獎作品中，有10部就是出自黑名單。

有沒有任何失敗，或看起來是失敗的經驗，成為後來成功的墊腳石？有「最喜歡的」失敗經驗嗎？

我開始工作的頭三年可以說是一連串的失敗嘗試。我參與的國會議員競選活動成果不盡人意。我在《千里達衛報》（*Trinidad Guardian*）寫的文章雖然不差，也沒有特別的成績。在麥肯錫公司時，我也是很普通的分析師。

但就是這些嘗試沒有成功，我才會想到好萊塢試試。從很多角度來看，之前的努力都沒有白費。我在「黑名單」做的事，需要統籌競選活動的能力，而且黑名單的出發點就是找出好的寫作作品，黑名單要成功，也需要懂企業的系統與營運。

與眾不同的習慣，或荒謬的嗜好？

我不知道這算不算很與眾不同、稱不稱得上荒謬，但我會為了足球廢寢忘食。我每週五晚上都會在洛杉磯踢足球，在英格蘭超級聯賽球季，我六、日會為了看每場比賽，凌晨4點就起床。我是英超官方經理人遊戲《夢幻英超》（Fantasy Premier League）的死忠玩家，我也會為了去看現場比賽安排出國行程。反正我就是熱愛足球，也欣然接受這些事會讓我無法工作，好笑的是，我也因此與一些足球愛好者牽起事業上的關係。

感到超載或無法專注時，會怎麼做？

我會放一天假（就算沒辦法一整天，我也會休息幾個小時，甚至幾分鐘都好），可以不想自己在苦惱的事。這一天通常會包含一些激烈的活動，至少重看一部自己喜歡的

電影，通常是《阿瑪迪斯》（*Amadeus*）和《富貴逼人來》（*Being There*），可能不意外，都是講述天才總是藏身在意想不到的地方的電影。

我也會就近和其他人一起踢足球。我天生不太喜歡健身房，但健身很必要，能保持體態，又能靠身體的疼痛來轉移超載的心理負擔。我很幸運就住在洛杉磯格里斐斯公園（Griffith Park）的幾個街區外，所以想到山上走一走也很方便。

過去五年，讓生活變好的新信念、行為或習慣？

大概兩項值得一提：第一是旅行的必要。我出生在軍人家庭，9歲以前從來沒有在同一個地方待超過一年，所以我一直有四處漫遊的衝動。這十年多來我一直在抗拒旅行的欲望，試著專注在工作上，像大家一樣待在辦公室、處理文書。但從三年前開始，我開始答應每個工作上的旅行機會，而且每年至少有一個月的時間離開美國，這對我的心理健康有很大的影響，也讓我在回到辦公室後能夠有效區分出重要與不重要的事情。

第二，就是相信自己能撐過失敗。我人生的前33年都在避免失敗，但最近我開始不怕失敗，反而擔心不敢冒險，因為我相信自己能挺過所有失敗。就算明天「黑名單」就沒了，我也相信自己找得到別的工作。

在專業領域聽過最糟的建議？

我聽過最糟的建議就是「全球觀眾不會去看有色人種主演的電影」。這種建議通常都是檯面下，但反映了好萊塢還

是會接受這種傳統思維，即使沒有任何證據支持這種假設。

對即將進入社會、聰明有抱負的大學生，有什麼建議？
在接受自己想避免的人生備用計畫前，先把想做的工作都嘗試一遍再說也不遲。

大部分我們焦慮的事
都不會發生，
所以清空那些念頭吧！
別讓焦慮在腦中白吃白住。

曼德勒娛樂集團董事長
Peter Guber
彼得·古伯

TW: @PeterGuber
LinkedIn Influencer: peterguber
peterguber.com

彼得·古伯是曼德勒（Mandalay）娛樂集團董事長兼執行長，曾任索尼影業董事長兼執行長。古伯親身製作或監製五部入圍奧斯卡最佳影片的電影（《雨人》獲獎），他製作的其他賣座電影包括《紫色姊妹花》、《午夜快車》、《蝙蝠俠》、《閃舞》，以及《性福拉警報》。他是金州勇士隊的共同擁有者與執行董座，勇士隊於2015年及2017年得到NBA美國職籃總冠軍。他也是洛杉磯道奇隊的老闆、洛杉磯足球俱樂部的老闆與執行董座。古伯更是知名作家，著有《好萊塢風雲》（*Shootout*）以及紐約時報暢銷榜首的《會說才會贏》（*Tell to Win*）。

有沒有任何失敗,或看起來是失敗的經驗,成為後來成功的墊腳石?有「最喜歡的」失敗經驗嗎?

1970年代,年紀輕輕的我在哥倫比亞影業擔任經理,當時公司正試圖迎戰錄影帶所帶來的衝擊,相信電影製作人及發行公司會受到這個新挑戰的威脅。我提出不同的看法,我認為錄影帶的出現能讓電影以新的方式觸及觀眾,大家可以依照自己的行程來決定何時觀看內容,對電影產業或觀眾都是好的,公司主管沒有看到電影不同的可能性。最後他們看到錄影帶的價值時,才知道挖到的不是定時炸彈,而是寶藏。

之後有人開始挑戰電影公司的發行權,希望收購電影資料庫,許多公司便開始賣出發行權,想大賺一筆。我強烈要求公司不要賺這個錢,不要讓那些人建立新的價值模式,我們應該利用自己擁有的內容,自己踏足這個新興產業。然而,公司最後選擇眼前的鈔票,放棄後來可成為金雞母的事業。

我永遠無法忘記自己無法說服他們,無法讓他們了解眼前的利益並非長久之計。諷刺的是,二十多年後,作為索尼影業執行長,我收購了哥倫比亞影業,花了大筆費用買回電影資料庫及發行權,我認為握有電影資料及發行權是維持公司及品牌生機的關鍵。

如果可以在任何地點放廣告看板,內容不限,想在上面放什麼?為什麼?

我會需要三面看板,分別放上:

「別讓恐懼蓋過好奇帶來的喜悅。」恐懼只是似是而非的存在。

「大部分我們焦慮的事都不會發生，所以清空那些念頭吧！」別讓焦慮在腦中白吃白住。

「態度比才能更重要。」態度是軟實力，但通常在關鍵時刻，態度的影響更大。

對即將進入社會、聰明有抱負的大學生，有什麼建議？

以前到現在，商業已經有了新的變化，年輕人應該以不同的方式看待職涯金字塔。把重點放在你現在所處的位置，也就是職涯開端，把未來視為不斷擴張的機會，透過在金字塔上橫向移動探索各種機會。不斷重新發現自己。讓自己的世界愈來愈廣闊，並把握每一天。

你的夢想
就是現實的藍圖。

世界第一高爾夫球員
Greg Norman
葛瑞‧諾曼

IG: @shark_gregnorman
FB: /thegreatwhiteshark
shark.com

葛瑞‧諾曼是大家口中的「大白鯊」，在全世界贏得超過90場高爾夫球錦標賽，包括兩次公開賽冠軍。他曾經長踞高爾夫世界排名第一長達331週。2001年，諾曼入選世界高爾夫名人堂，並獲得史上最高的得票率。他現在是葛瑞諾曼公司董事長兼執行長，旗下公司業務包括日用品、高爾夫課程設計、資產擔保借貸。他也投入慈善公益，為慈善機構募得1200多萬美元，受惠團體包括兒童癌症研究機構，以及推廣永續發展及環境責任的高爾夫環境研究所等。

最常送人的書？為什麼？或哪些書對人生有重大影響？

米爾曼（Dan Millman）的《深夜加油站遇見蘇格拉底》
（*Way of the Peaceful Warrior*）、費里斯的《人生勝利聖
經》，以及季辛吉的《論中國》（*On China*）。

我也推薦《鯊魚之道》（*The Way of the Shark*），開放且誠
實地探討我人生的各階段，第二部也即將出版。

**如果可以在任何地點放廣告看板，內容不限，想在上面放什
麼？**

「你的夢想就是現實的藍圖。」

最成功或最值得的投資？

我最棒的投資要追溯回1990年代投資眼鏡蛇高爾夫公司
（Cobra）180萬，運動用品公司高仕利（Acushnet）收購
眼鏡蛇之後，我賺進4000萬美元。我後來將這些錢重新投
回自己的事業中。那次投資簡單卻又明智，主要有三個原
因：

第一，我的投資占眼鏡蛇12%的股份，全部都投入研發部
門。那時候，卡拉威高爾夫公司（Callaway）是第一個投
入生產特大號開球木桿的公司，卻沒有跟進生產特大號鐵
桿。所以我們決定攻占這塊新市場，打造男、女專用的特
大號鐵桿。我們也比其他公司更顧及年長球員的需求。這
些決定讓眼鏡蛇成長很快，在市場上占有一席之地。

第二，當時我成為眼鏡蛇接下來幾年的代言球員，每年都
會有一筆收入，我能快速回收當初投資的錢，不僅投資

報酬率獲得保障，還在快速成長中的公司中占有12％的股份。

第三，那個美好的時代，我是全球排名第一的球員。很幸運地，1980年代高爾夫開始興起時，我成為高爾夫運動推廣的代言人，也因此讓大家注意到我們的品牌，促進了銷售。

與眾不同的習慣，或荒謬的嗜好？

我刷牙時只用單腳站立，每次刷牙就換腳站。這對腳、核心肌群及身體的穩定度都很有幫助。

過去五年，讓生活變好的新信念、行為或習慣？

2016年12月我到不丹旅行，認識了佛教。佛教不只是宗教，更像是一種有益身心健康的生活方式。

在專業領域聽過最糟的建議？

「這麼做不可行。」

感到超載或無法專注時，會怎麼做？

首先我會用全力大罵一聲：「該死！」然後開始把事情結構化，馬上開始處理，好好處理。

我也會去健身房，進入獨處時光，遠離生活中的壓力源，讓自己可以自我分析並紓壓。在自家的牧場時，我會騎著我的馬杜克，在綿延的小徑上散步。很紓壓，因為大自然就是最棒的心理醫生。

敢嘗試
就已經領先 99%的人了。

Spotify創辦人
Daniel Ek
丹尼爾·艾克

TW/FB: @eldsjal
spotify.com

丹尼爾·艾克是Spotify共同創辦人兼執行長,這個熱門串流平台每月都有1億4000多萬名活躍使用者。《富比世》雜誌稱艾克為「音樂界的關鍵人物」。他從十幾歲就開始為企業架設網站,在自己房間做網管服務,後來大學退學,為幾家網路公司工作,隨後創立線上行銷公司Advertigo,並於2006年轉賣給瑞典公司Tradedoubler。艾克後來與Tradedoubler共同創辦人勞倫佐(Martin Lorentzon)一同創立Spotify,並成為執行長。

最常送人的書？為什麼？或哪些書對人生有重大影響？

席德（Matthew Syed）的《失敗的力量》（*Black Box Thinking*）。自從讀了這本書之後，我就把書中的思維融入解決問題的方法中。我總會鼓勵周遭的人不要害怕失敗，因為我深信失敗是最珍貴的學習媒介。

科爾賀的《牧羊少年奇幻之旅》。大約是Spotify進軍巴西時，我曾和科爾賀在瑞士碰面，度過了啟發人心的一晚。我和他暢談這本書暢銷的原因，他從不妥協，還為了促進銷量讓人可以免費讀到這本書，這就跟Spotify當初採用免費增值商業模式的原因一樣。

艾克（Sofia Ek）的《雷區女孩》（*The Minefield Girl*）。我的妻子索菲亞‧艾克最近發行了她的新書，我知道她對這本書的努力與付出，為她感到非常驕傲。她同時寫作並兼顧母親的角色，我真不知道她是怎麼辦到的。這本書是她的個人故事，講述一位西方女性如何在獨裁政體底下生活、做生意。這個關於愛與辛苦的故事，發生在一個一切事物都不如表面所見的地方。

最後是蒙格的《窮查理的普通常識》。我一直很喜歡蒙格在網路上的演講，這本書是那些演講的精華集結。我最近在飛機上看了紀錄片《成為華倫巴菲特》，才再次想起蒙格的傳奇故事。

過去五年，讓生活變好的新信念、行為或習慣？

我每天至少有兩場會議會採用「邊走邊講」的模式。即使不是與人面對面在特定地點開會，我會把手機拿在面前，

邊走邊用手機上的Google Hangout，插上耳機通話，這種開會模式能讓我集中精神，也能啟發靈感，還對健康有益。

有沒有任何失敗，或看起來是失敗的經驗，成為後來成功的墊腳石？有「最喜歡的」失敗經驗嗎？

我從大學輟學創立自己的公司，幫企業架設網站，那時候我的家人和朋友都覺得我瘋了，是媽媽給我的安全感讓我能做到這一切，當然她還是比較希望我把大學念完，才有扎實的基礎。對我最重要的是，她曾對我說：「去做你真正想做的事情，我無論如何都會陪伴你。」大概就是這樣的支持，我才覺得只要敢做，世界上沒有什麼事情是不可能的。敢嘗試就已經領先99％的人了。

在專業領域聽過最糟的建議？

「好事會出現在那些願意等待的人面前。」如果我當初聽信這個建議，Spotify就永遠不會成真。我們在公司成立初期面臨許多挫折，U2主唱波諾有一次對我說：「好事會出現在那些拚死拚活、永不放棄的人面前。」這句話我比較認同。

總是問自己：
我漏掉了什麼？
並認真聆聽答案。

電玩《俠盜獵車手》開發商執行長
Strauss Zelnick
史特勞斯・宰爾尼克

IG: @strausszelnick
zmclp.com
take2games.com

史特勞斯・宰爾尼克於2001年創立宰爾尼克媒體集團（ZMC），專門從事媒體和通信產業的私募股權投資。他目前擔任美商得雙互動軟體公司（Take-Two Interactive Software, Inc）執行長兼董事會主席，該公司是宰爾尼克媒體集團旗下最大的資產，也是《江湖本色》、《俠盜獵車手》系列、《WWE 2K》等眾多暢銷電玩的開發商。宰爾尼克也是美國教育網路公司的董事，以及Alloy公司董事會成員。在成立宰爾尼克媒體集團前，他是BMG音樂娛樂公司的董事長兼執行長，該公司是當時世界最大的音樂娛樂公司，旗下擁有200多家唱片行，在54個國家營運。宰爾尼克是維思大學（Wesleyan University）文學學士並取得哈佛商學院MBA及哈佛法學院法學博士學位。

最常送人的書？為什麼？或影響最深的一到三本書？

《卡內基溝通與人際關係》，作者是自我啟發大師卡內基。撇開書中過時的參考資料及過度膨脹的書名，其實是一本很棒的領導與銷售書。

如果可以在任何地點放廣告看板，內容不限，想在上面放什麼？

「總是問自己：我漏掉了什麼？並認真聆聽答案。」

過去五年，讓生活變好的新信念、行為或習慣？

每週運動7到12次，種類多但經過安排，通常會跟一群夥伴一起運動。我們的運動團體叫做「＃TheProgram」。這改變了我健身的方式，也提升了生活品質。

我深信剛開始要慢慢來。雜誌上那種保證三週練出六塊肌的廣告都只是為了要促銷雜誌。如果本來身材就不好，根本不可能短時間練出六塊肌，別妄想速成。一種不錯的開始方式，是先從一週三天、十分鐘的徒手訓練開始，不會過於激烈，訓練內容包括伏地挺身、仰臥起坐、開合跳及深蹲等動作，再加上快走一個半小時。維持幾週後，就能在健身房上一些初階課程、聘請私人教練，或選線上課程。在身體適應之前，一週健身不要超過兩三次。如果能夠慢慢起步，並固定運動持續三個月左右，應該就會養成習慣。

記住不能過量運動又暴飲暴食，運動不是變魔術。我個人很喜歡斐瑞（Marc Perry）的BuiltLean健身課程，是非常平

易近人卻又很有效的訓練方式，搭配他的飲食建議更是效果顯著。

有沒有任何失敗，或看起來是失敗的經驗，成為後來成功的墊腳石？有「最喜歡的」失敗經驗嗎？

我每天都犯一堆錯，但往往可以找出錯誤並加以修正，至少能夠辨識出錯誤。失敗就是由一連串沒被發現或改正的小錯誤累積而成。我最喜歡的失敗是在我個人行事風格及公司品牌都最重視誠信的情況下，在無意間違反了商業道德。更明確地說，我們與一個合作夥伴共有一家企業，而且我們在協議中明確規範不能同時擁有相同性質的其他企業。儘管如此，後來在我們認真考慮的交易中，還是有一家不完全相同卻在相似領域發展的企業。我一方面想要拓展事業，卻又不想處理可能會很棘手的場面，所以我說服自己，那筆交易沒有違背我們之前的協議。最後隨著購買那家公司的時程愈來愈近，我只好向合作夥伴坦承，基本上他們可說是氣炸了。所以我怎麼辦呢？我擔起個人及社會責任，再三道歉，盡力彌補過錯。最重要的是我學到一個教訓，雖然這個教訓我覺得自己本來就懂，但我還是深刻了解到：永遠不能在誠信上妥協，因為誠信是我們唯一真正擁有的東西。而最後的代價就是我們永遠沒能買下那間公司。

雖然道歉可能會令人尷尬及不自在，但道歉是成熟與品格的表現。沒有任何魔法能幫我們表達「我很抱歉」，只能靠自己開口說。

最成功或最值得的投資？

我最棒的投資就是教育。我花四年的時間念大學，又花了四年念研究所。雖然在念書時感覺好像永遠沒有止境，但這些都值得。

對即將進入社會、聰明有抱負的大學生，有什麼建議？

思考成功對於你的意義。不要只是接受他人的看法或傳統的思維，寫下自己對20年後的願景，清楚描述對你來說，成功的人生與事業是什麼樣子。然後再將時間倒回今天，確保你現在的選擇跟那個目標是一致的。

我在二十幾歲時，具體想像了自己幾十年後的生活。對我來說，事業上的成功就是在大型媒體及娛樂公司中持有相當股份，個人的成功就是有心愛的妻子和孩子，在紐約地區生活。這一切正是我現在的生活，不完美，也不適合每個人，但我確實完成自己當初設定的目標，所以大部分的時候我都很滿足。

感到超載或無法專注時，會怎麼做？

我會試著休息一下，不對自己太嚴厲。做點運動。之後，我會問自己：「我是否仍走在對的路上，只是因為今天沒什麼進展而感到沮喪？還是我已經偏離軌道，該重新思考自己做事的方式呢？」如果這麼做沒有幫助，我會把這些問題拿去問我太太及其他親近的友人。如果還是沒有幫助，我就會把這些想法擱置24小時。一天後，事情通常會變得比較清晰、有道理。

費里斯畫線名言

（2016年8月12日至2016年9月9日）

「當你覺得自己走到盡頭時，往往正是另一段旅程的起點。」

——羅傑斯（Fred Rogers）

《羅傑斯先生的鄰居》電視節目創作者

「以其終不自為大，故能成其大。」

——老子

「任何值得做的事情，都值得慢慢去做。」

——蕙絲（Mae West）

美國影史傳奇女星

「如果你發現自己面對的是公平的決鬥之中，那表示你沒有好好計畫這項任務。」

——赫克沃思（Colonel David Hackworth）

前美軍上校與知名軍事記者

懷抱赤子之心。

最佳科技產業創投人
Steve Jurvetson
史蒂夫・尤爾維森

TW: @DFJsteve
FB: /jurvetson
dfj.com

史蒂夫・尤爾維森是矽谷的頂尖風險投資公司德豐傑投資公司（DFJ）合夥人。世界經濟論壇與德勤會計事務所將尤爾維森譽為「全球青年領袖」及「年度風險投資人」。他也數度入選《富比士》「全球最佳創投」，也被該雜誌評為「最佳科技業創投」。2016年，時任總統的歐巴馬宣布由尤爾維森擔任全球創業總統大使。目前他是SpaceX、特斯拉等董事，擁有全世界第一台特斯拉Model S電動車及全世界第二台Model X，第一台為馬斯克擁有。

最常送人的書？為什麼？或哪一到三本書對人生有重大影響？

第一本禮物書：高普尼克（Alison Gopnik）的《搖籃裡的科學家》（*The Scientist in the Crib*），送給即將迎接第一個小孩的家長。第二本禮物書：克萊恩（Ernest Cline）的《一級玩家》（*Ready Player One*），送給跟我一起研發Apple II的高中死黨，還有所有《龍與地下城》（Dungeons & Dragons）遊戲的同好。這本書充滿個人電腦剛發展時的古早阿宅哏，從Trash-80電腦到卡帶遊戲，隨著Rush樂團的2112專輯音樂激起鮮明舊時記憶。

影響我最多的書：第一本是凱利（Kevin Kelly）的《失控》（*Out of Control*）。講述進化演算法以及類生物資訊網絡的巨大影響。

第二本書是科茲威爾（Ray Kurzweil）的《心靈機器時代》（*Age of Spiritual Machines*）。英特爾創辦人摩爾觀察到一個長期的趨勢變化，他發現這個趨勢是早期積體電路產業的一個定律，一個潛藏的訊息，也就是後來所稱的摩爾定律。這個趨勢變化引發很多哲學論辯，也預測驚人的未來。科茲威爾在書中汲取摩爾定律的精髓，他在對數尺度上作圖，畫出電腦效能的變化，發現了一個長達110年的雙重指數曲線變化。我們歷經電氣機械式電腦、真空管電腦等等五個典範轉移之後，1000美元能買到的電腦效能每隔兩年就會增加一倍。而過去三十年，電腦的效能每年都翻倍成長。然而，現代科技產業發展日新月異，我們很難在五年的趨勢變化找到預測價值，更別說是長達一世紀的趨

勢。我讀完科茲威爾的書之後一直在更新這個圖表，每次演講都會給觀眾看，最新版本如下：

120年間的摩爾定律

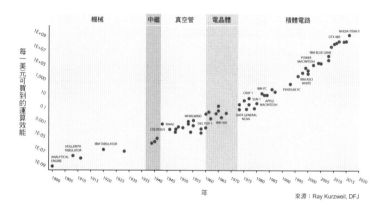

來源：Ray Kurzweil, DFJ

我認為這是有史以來最重要的圖表。地球上所有的產業都會變成資訊產業。以農業為例，如果問一位農人未來二十年的競爭模式怎麼變化，答案是他們如何使用資訊，從衛星影像圖到種子上的編碼都是。這些競爭與技術或人力無關，資訊科技正在滲入全球經濟，最終改變每個產業。

市場的非線性轉變也是創業與任何有意義的改變所不可或缺的。科技飛快的發展速度是一股巨大的推力，長期顛覆市場，提供新興企業源源不絕的機會。沒有顛覆，就不會出現創業家。

摩爾定律並不只是從外部描述經濟，它是經濟成長與進步愈來愈快的原因。每年我們在德豐傑看到的創業點子愈來愈多元、有全球影響力。現存產業也因為科技新創變得

更豐富，產業規模也比1990年代更龐大，無論是手機、航空、能源和化工產業。

過去五年，讓生活變好的新信念、行為或習慣？

我開始採用三十天全食療法（The Whole30 diet）。三十天之後，我不再吃麵包和所有額外添加的糖。現在我感受到前所未有的活力，睡得好，體重也回到高中時代。

嘗試過合成肉之後，我認為這種新產品可以促進人類道德的發展，就如同有人提出經濟替代方案取代奴隸制度之後，終於使得人類社會了解奴隸制度的可怕。回顧兩千年的歷史長河，我們可以看見文化進步，而人類也改變很多。現在主流社會認可的行為，未來的我們說不定認為是不道德的，只是現在的我們很難察覺。身為肉食者，我是第一次意識到這件事。我相信幾年後當我們回顧過去，人類會驚訝地發現今日的吃肉文化是多麼野蠻、造成多少環境破壞（水資源浪費與甲烷排放）。

我們的同理心通常會與時俱進，但有時人會利用同理心合理化以前的行為。我們不喜歡討論肉品產業，因為我們不想要面對無可避免的認知衝突（畢竟培根實在太好吃了）。我們也不願意去想為什麼美國農業部的肉品稽查員都開始吃素。如果有朝一日我們可以透過細胞培養製造肉品，而不是繼續飼養牲畜。我們會改變，甚至譴責以前的自己。

與眾不同的習慣，或荒謬的嗜好？

和我家小孩一起發射自製火箭，還有收集阿波羅計畫的太

空模型（我已經把德豐傑改建成一座太空博物館了）。

如果可以在任何地點放廣告看板，內容不限，想在上面放什麼？為什麼？

「懷抱赤子之心。」我認為所有傑出的科學家與工程師都懷有童心。他們愛玩、探索可能性，不受內心理性、集體的憤世嫉俗、與對失敗的恐懼所束縛。

童心到底有什麼好？我要再次大力推薦《搖籃裡的科學家》給所有要當爸媽的人，書中一個重要結論是：「如果聰明指的是學習速度很快，嬰兒要比成人聰明許多。他們會思考、導出結論、做預測、找出解釋，甚至會動手做實驗。說實話，科學家成功的關鍵就是他們模仿嬰兒生下來就在做的事。」

人類的腦力多源於大腦巨量突觸的交互作用，聖塔菲研究所（Santa Fe Institute）的韋斯特（Geoffrey West）觀察到一個跨物種現象：突觸或神經元網絡與大腦大小會遵守冪定律。二到三歲小孩腦中的突觸數量達到巔峰，約是成人腦突觸的十倍，消耗的能量也是成人的兩倍，在這個時間點之後突觸數目就會愈來愈少。

加州大學舊金山分校的記憶與老化中心畫出認知能力下降的速度關係圖，發現人類40歲及80歲時的曲線斜率相同。年紀愈大，認知能力就會下降愈多，到我們想記東西卻會忘記大部分內容時，就代表認知能力大幅下降了。

不過我們可以減緩這個趨勢，加州大學舊金山分校的梅日尼奇（Michael Merzenich）教授發現，成人的神經可塑性並不會消失。大腦只是需要被訓練。不動腦就會退化。記住活到老，學到老。嘗試新事物。一般身體運動是重複同樣的規律，但腦部的運動要加入多一點變化。

溜滑板可以改變世界，
好好享受過程吧！

史上最強滑板運動員
Tony Hawk
托尼‧霍克

TW/IG/FB: @tonyhawk
birdhouseskateboards.com

托尼‧霍克可說是有史以來最有名的滑板運動員。1999年的X Games世界極限運動大會，他成為世界首位在空中旋轉900度的滑板運動員。《托尼‧霍克職業極限滑板》是史上最受歡迎的系列電玩之一，銷售超過14億美元。霍克的事業還有鳥屋滑板公司（Birdhouse Skateboards）、霍克服飾（Hawk Clothing）、霍克簽名系列運動用品及玩具公司。霍克基金會已捐出超過500萬美元給全美500個滑板公園計畫，每年服務超過480萬名孩童。

有沒有任何失敗，或看起來是失敗的經驗，成為後來成功的墊腳石？有「最喜歡的」失敗經驗嗎？

最初開始討論製作以滑板為主題的電玩時，幾次和開發商會面都令我十分挫折。有幾次甚至到爭吵的地步，到最後我都在捍衛滑板這個運動本身，而不是在發表以滑板運動為主題的遊戲概念。回頭來看，我覺得當時時機不對。幾年過後，動視公司（Activision）與我接洽，終於開發出《托尼·霍克職業極限滑板》系列電玩。如果當初就成功開發遊戲，可能目標玩家對滑板沒有興趣。最初開會的那幾次失敗經驗，成為我為對的機會做好準備的動力。

如果可以在任何地點放廣告看板，內容不限，想在上面放什麼？

「溜滑板可以改變世界，好好享受過程吧！」

與眾不同的習慣，或荒謬的嗜好？

我超愛玩彈珠台！我願意花很大的力氣，只為了玩到保存良好的舊式機台。我在自己家和辦公室裡都有放幾台。

過去五年，讓生活變好的新信念、行為或習慣？

我試著讓自己不要因為太忙而錯過與家人相處的珍貴時光。盡量活在當下，把時間空出來給自己所愛的人，而不是去追求每一個工作機會，不讓工作、滑板，或旅行讓自己一直處在分心的狀態。我最近才意識到要好好經營和太太、孩子的親密關係，但自從這麼做之後，生活比從前變得更有意義了。

對即將進入社會、聰明有抱負的大學生，有什麼建議？

成功不應以財務獲得來衡量。真正的成功就是能做自己喜歡的事，還能養活自己。全盤地了解自己的領域或專業，這麼做能讓我們比其他競爭者更有優勢，也會因此獲得更多且通常更好的工作機會。

給創業家的建議？

我們曾和許多大公司有合作經驗或是授權交易，包括麥當勞、菲多利（Frito-Lay）、美泰兒（Mattel）等等。每一次我都會極力爭取在創意指導、廣告，與產品上的最終話語權，即使有時候會因此拖延到產品或宣傳的時程，但為了守護我的品牌，都是值得的。我的建議是堅守你的價值與產品方向，特別是與其他公司合作時。如果情況以超乎預期的速度失控，無論如何都要盡全力捍衛自己的品牌或想法。

行動的結果
遠比行動本身重要。

撲克女王
Liv Boeree
麗芙・波莉

TW/IG: @liv_boeree
https://reg-charity.org

麗芙・波莉是撲克選手、電視主持人及作家。波莉曾拿下歐洲撲克巡迴賽以及世界撲克大賽冠軍，也四度獲選歐洲年度女性撲克選手，贏得獎金超過350萬美元，有撲克界鐵娘子之稱，目前是撲克之星明星隊（PokerStars Pro）成員。波莉熱中科學，取得曼徹斯特大學天文物理學士一等學位（成績排名前30％）。她支持有效利他主義，崇尚透過理性決策達到全體最大效益，2014年時與夥伴共同創辦「有效公益募資協會」（Raising for Effective Giving），協助全世界成效最高、最具影響力的公益活動募款。

最常送人的書？為什麼？或影響最深的一到三本書是哪些？

心理學家兼關係治療師的德利斯（Dean C. Delis）寫的《熱情的陷阱》（*The Passion Trap*）。我在某段感情的最後走得非常辛苦，那時朋友給了我這本書，讀完之後收穫良多。作者透過觀察吸引力背後的心理因素，解釋親密關係中哪些事情會造成雙方衝突。書中提到重要的一點：通常造成不良關係的原因不是伴侶任一方，出問題的是關係裡的動態不平衡。書裡提供非常多克服關係不平等的技巧，不管你現在是單身、快要分手，還是正擁有一段幸福的感情，我推薦所有人這本書。

尤德考斯基（Eliezer Yudkowsky）的《地圖與疆域》（*Map and Territory*），以及《如何真正改變你的心智》（*How to Actually Change Your Mind*），這兩本書是現代談理性思考最棒的書，我認為尤德考斯基是這個時代頂尖聰明人物之一。他在書中討論非常複雜的哲學與科學概念，但寫的極為有趣又容易消化。我讀完後終於找到認識自己還有周遭世界的方法。這兩本書是尤德考斯基六本系列作品的前兩本，系列名稱是《理性：從AI到殭屍》（*Rationality: From AI to Zombies*），內容取自他過去十年在LessWrong.com的部落格文章。

過去半年或近期記憶中，哪筆一百美元以下的花費，對生活帶來最多正面影響？

Blinkist，這個應用程式可以把知識類書籍濃縮成15分鐘的長度。

最成功或最值得的投資？

學習現代理性思考，對我生活的所有面向都有幫助。撲克的致勝關鍵就是做出最好的決策，我親身體驗過不理性的決策會造成多慘重的損失，讓我更有動力找出自己思考上的根本問題。理性（與撲克）教會我如何以量化的方式思考，如何準確預測以及有效檢視自己的思維，才能更容易達到目標。我也學到控制、處理自己的情緒，我的生活也因此過得更快樂。

如果可以在任何地點放廣告看板，內容不限，想在上面放什麼？為什麼？

我會寫：「行動造成的結果遠比行動本身重要。」

「啊，不然呢！」有一位哲學家朋友向我解釋義務論與結果論的不同時，我的反應就是這樣。義務論者認為，要討論一件事是否道德，就需要先有一套明確的道德規範，若做某件事不符合這一套規範，不管結果如何，它就是不道德；結果論者相信任何舉動是否有道德取決於結果，行動本身不具道德價值，結果才是決定事情好壞的主因。

舉例來說，如果有個斧頭殺手即將要砍殺很多人，除非你先把他殺掉，嚴謹的義務論者會認為「殺人就是不對，不管原因是什麼。」而結果論者會認為「殺人是不對的，因為結果通常會帶來痛苦，但如果殺人可以免除更大的災難就沒關係。」在這個情況下，大多數人都會認同後者的思維模式，我們都很熟悉以大局為重的道理，因此大家很容易看出結果論的價值。

道德的啟發法（heuristics）或是經驗法則對社會有正面影響，在充滿迷信、教育不普及的前科學時代更是如此。然而現代社會，我們可以輕易取得科學數據，可以用比古代更準確的方式衡量事物的結果，因此我們更應該保持開放的心胸，重新檢驗諸多人類仍然相信的經驗法則。

與眾不同的習慣，或荒謬的嗜好？

嗯……我不喜歡刮腿毛，喜歡一根一根拔掉，多年來拔腿毛變成我最喜歡的冥想方式，雖然永遠拔不完，但這是我沉澱最有效的方法！

過去五年，有什麼事不再難以拒絕？

我以前非常喜歡到處交朋友，最喜歡在社交場合盡可能認識新面孔，如果要舉辦派對，我會把所有在附近的人都邀請來，不想遺漏任何我認識的人，也希望他們能認識彼此。當然，我也有點太喜歡成為焦點的感覺。

不過最近大部分的大型聚餐我都會拒絕，現在的我比較傾向一次只專注在一個對話。超過五、六個人的討論通常會變得破碎或不連貫。我現在比較偏重交談的品質勝過數量，希望花多點時間跟少數人談話，而不是把時間分給很多人，卻都不深入。

過去五年，讓生活變好的新信念、行為或習慣？

當我要預測不確定的事情時，例如：「趕不趕得上飛機？」「沒洗碗伴侶會不會生氣？」等等，我會以實際的數字取代「或許」、「有時候」、「大概會」這種模糊的詞彙。我會想我到底指的是百分之幾的機率。雖然數字還

是時常很模糊，但我發現開始這個習慣後，做決定的結果比以前好很多。畢竟，我們周圍的物理世界是受數學主宰的，所以用數字訓練自己很合理，表示我們比較貼近現實世界的運作方式。

在專業領域聽過最糟的建議？

撲克最常見的錯誤就是高估自己解讀對手的能力，經典的不良建議像「注意他們的眼睛」（但人說謊時通常很注意自己的眼睛），或是「他看起來很緊張，一定在虛張聲勢」（緊張跟興奮其實很像）。身體動作透露的資訊遠比大家所說得更不可信，想贏得比賽，更重要的是徹底了解背後的數學理論。

感到超載或無法專注時，會怎麼做？會問自己什麼問題？

最重要的是找出無法集中的根本原因，只是因為今天不順嗎？還是這是一件我很討厭做的事？如果原因明顯是前者，時間又允許的話，我會乾脆把這件事擱在一旁，去做更有趣的事，直到我的注意力回來，就算明天再做也沒關係。如果是後者，我就會檢查自己沒動力的理由，如果我知道完成的好處但還是很不開心，表示我一定有沒察覺到的部分。我可以列出那些令我不開心的原因，看看是否能略過討厭的部分，找新方法完成。要是不可行，至少我能做成本效益分析，決定要不要繼續。如果我認為得到的收穫仍然值得，動力就比較可能自己回來。

在你成為的運動員、你投入的無數練習時間、推你一把的教練，在這一切背後，仍是那個愛上這個運動、不再回頭的女孩，為她而努力。

世界上體態最好的女人
Anníe Mist Þórisdóttir
安妮・索爾斯多特

IG/FB: @AnnieThorisdottir
anniethorisdottir.com

安妮・索爾斯多特於2009年首次在混合健身CrossFit舞台登場，拿下第11名。她在2010年的比賽一舉拿下第二名，並在2011年及2012年蟬聯冠軍，被譽為「世界上體態最好的女人」。2013年，索爾斯多特的背部嚴重受傷，復原後於2014年重返混合健身舞台，並拿下該年度混合健身賽亞軍。

最常送人的書？為什麼？或影響最深的一到三本書？

我通常會送跟冰島自然環境有關的書，像是冰島插畫家席格楊頌（Sigurgeir Sigurjónsson）的《冰島小世界》（*Iceland Small World*），或是尤克斯多特（Unnur Jökulsdóttir）所著、厄藍（Erlend）及赫伯（Orsolya Haarberg）攝影的《冰島之美》（*Iceland in All Its Splendour*）。這代表著我是誰、我從哪裡來，我相信大自然賜予我能量、力量，以及自由。

過去半年或近期記憶中，哪筆一百美元以下的花費，對生活帶來最多正面影響？

我在Urban Outfitters買的《五分鐘日記》（*The Five-Minute Journal*）對我很有幫助，提升了每天的專注力。還有螺旋刨絲器，有了它做沙拉好玩多了。

有沒有任何失敗，或看起來是失敗的經驗，成為後來成功的墊腳石？有「最喜歡的」失敗經驗嗎？

我背部受傷，腰椎第五節和薦椎第一節之間的椎間盤突出，受傷後我才發現我多麼喜歡訓練和比賽。在那之前我沒有意識到運動對我來說有多重要。

如果可以在任何地點放廣告看板，內容不限，想在上面放什麼？為什麼？

「夢想會實現，只要願意為它付出努力。」

與眾不同的習慣，或荒謬的嗜好？

我愛看卡通，還會去電影院看。看卡通是很開心的事，《神偷奶爸》我永遠看不膩。

過去五年，讓生活變好的新信念、行為或習慣？

我試著不要太過於擔心未來，而是認真過每一天，相信每個當下都會帶領我前往我嚮往的目標。

很喜歡或很有用、卻時常被運動員忽視的運動？

我想是低強度的肌耐力訓練。混合健身大部分的項目都是高強度運動，所以運動員常常忽略有氧訓練，然而這些訓練有利於增加肌耐力、加快體力恢復速度。

感到超載或無法專注時，會怎麼做？

我會集中注意力在自己身上，回想我投入運動的初衷。我最喜歡的一句話是：「在你成為的運動員、你投入的無數練習時間、推你一把的教練，在這一切背後，仍是那個愛上這個運動、不再回頭的女孩，為她而努力。」

費里斯畫線名言

（2016年9月16日至2016年10月14日）

「我不僅用盡自己所有的夢想，還把能借的夢想都借來一用。」

—威爾遜（Woodrow Wilson）

第28屆美國總統，諾貝爾和平獎得主

「人生的格局大小與勇氣成正比。」

—尼恩（Anaïs Nin）

知名散文家與回憶錄作家，《情迷維納斯》作者

「作家永遠不用因為觀看而感到難為情，因為任何事物都需要他的關注。」

—奧康納（Flannery O'Connor）

美國作家，美國國家圖書獎小說獎得主

「憤怒往往是痛苦在公眾場合顯現的樣貌。」

—提佩特（Krista Tippett）

皮博迪獎最佳廣播節目主持人暨暢銷作家

想達到最強，
不是挑戰極限重量，
而是找到最佳重量。

超級訓練健身俱樂部創辦人
Mark Bell
馬克・貝爾

IG: @marksmellybell
YT: supertraining06
HowMuchYaBench.net

馬克・貝爾是超級訓練健身俱樂部（Super Training Gym）創辦人，這間位於沙加緬度的健身房經常被譽為「美西最強的健身房」。貝爾創業之前在 Westside Barbell 健身房訓練，接受大師級健力選手西蒙斯（Louie Simmons）的指導。貝爾帶裝備健力比賽的生涯最佳成績是蹲舉465公斤（1,025磅）、臥推377公斤（832磅）、硬舉335公斤（738磅）。他的創業投資額達數百萬美金，也是臥推助力帶（Sling Shot，俗稱彈弓）的發明者，這款裝備可以幫助矯正臥推姿勢、增加重量和次數。

最常送人的書？為什麼？或影響最深的一到三本書是哪些？

范納洽的《衝了！：熱血玩出大生意》。范納洽在這本書提出了先見之明，在Twitter等社群網路及其他科技尚未發展成熟時，他已經看見它們的影響力。他在書中提到當時流行的廣告模式將退出舞台，行銷手法會出現巨大變革，廣告主角將從名人、運動員變成網紅。這本書給我很大的啟發，現代每個人都能上網，甚至在家就有機會成立一間大公司。

費里斯的《一週工作4小時》教會我如何管理時間，我也學到把工作分出去的道理，讓自己太忙沒有好處。

溫得勒（Jim Wendler）的《5/3/1》，想變強壯可以很簡單也可以很複雜，全看你怎麼訓練。溫得勒提供了一套簡單卻有效的精華訓練計畫。

如果可以在任何地點放廣告看板，內容不限，想在上面放什麼？為什麼？

「道不同不相為謀。」我們常常追著不適合的人，不管因為何種理由而無法融入我們的生活和事業。追逐這些人會浪費很多時間，我們應該把時間花在找到適合我們的人。

「要知道自己是誰，要先知道自己不是什麼。」這是我父親麥克說的。健力跟其他競技運動或很多領域一樣，要成為第一非常困難。我當時對健力非常執著，願意付出一切努力變成像柯恩（Ed Coan）那樣的選手。父親剛好在對的時間點對我說了這句話。他幫助我意識到，或許我對健力這個領域的貢獻方式和偉大的健力運動員不太一樣。

有沒有任何失敗，或看起來是失敗的經驗，成為後來成功的墊腳石？有「最喜歡的」失敗經驗嗎？

胸肌撕裂傷。我大概有資格稱得上是運動傷害的專利發明家，如果不是因為受傷，我不會想到要發明臥推助力帶。這項裝備到目前為止已經賣出超過50萬條。臥推助力帶是一種上肢輔助裝備，能幫助你在受傷期間也能訓練，讓你安全地用更多重量做超負荷訓練，用助力帶習慣後，之後不裝也能推更多重量。助力帶還可以幫助你用正確的姿勢出力，長期可以訓練穩固的臥推姿勢或伏地挺身姿勢。

最成功或最值得的投資？

我花1200美元上職業摔角的訓練課程，職業摔角手娛樂觀眾的方式就是在鏡頭或是現場觀眾面前長篇大論，這種演講形式我很不拿手，對我來說非常困難。你要在同行、觀眾面前講話，反應要夠快，能即興演出才行。更麻煩的是有時間限制，要把一定要講的內容在時限內說完。職業摔角手也教會我如何迎向觀眾、介紹自己、跟大家握手時，克服內心緊張的情緒。

過去半年或近期記憶中，哪筆一百美元以下的花費，對生活帶來最多正面影響？

我在日本買了一副有大鼻子還有假鬍鬚的搞怪眼鏡，大概200日幣，相當於2美元。它把觀眾的目光都從其他摔角手吸引過來。這都是行銷自己的一部分。

與眾不同的習慣，或荒謬的嗜好？

我喜歡感受痠痛，喜歡訓練到筋疲力竭。我不是喜歡疼

痛，我喜歡長期堅持後會得到的益處。我在浴室的鏡子上寫下我的目標，我寫過目標體重、臥推目標重量等等。每天寫，這些難以觸及的夢想也會變成摸得到的目標。

在專業領域聽過最糟的建議？

健力比賽顧名思義就是要舉起最高的重量，但是想要變成最強，不是去舉最極限的重量，而是要舉合適的重量。大致來說，健力選手和教練都有舉太重、訓練太頻繁的傾向。我想這是人的天性，我們都想超越自己的極限。但想要進步，就得透過合理的訓練與合適的重量。一旦過度，效果就會打折扣。

對即將進入社會、聰明有抱負的大學生，有什麼建議？可以不聽哪種建議？

花時間投資自己，培養任何的運動習慣都可以、保持營養均衡的健康飲食。沒有做到這些事，做其他事情就會比較困難。

不用管其他企業或其他人在做的事。一旦沒有專注於眼前，可能會走上錯誤的道路，賽馬會戴上擋住兩側的眼罩，就是這個道理。左顧右盼，最後自己跟其他人都會受傷。

我熱愛訓練，沒有任何事能打亂我的訓練計畫。我爸爸曾告訴我：「我知道我不能在你要舉重的日子死掉，或是要守靈或辦喪禮，因為你肯定不會到。」

最偉大的健力選手
Ed Coan
艾迪・柯恩

IG: @eddycoan

艾迪・柯恩是史上公認最偉大的健力選手，締造超過71項健力紀錄，在單層裝備健力方面，柯恩的深蹲紀錄是1019磅（約462公斤），臥推紀錄是584磅（約265公斤），硬舉紀錄則是901磅（約409公斤），總合為2504磅（1135.79公斤）。他的體重僅220磅（99.8公斤），硬舉卻能完成901磅。在硬舉、臥推、深蹲三項總計能超過2400磅的選手中，柯恩是史上體重最輕的選手。

作者注：這篇人物簡介和其他篇都不同，別具意義，柯恩是我孩提時期的英雄，也是史上最傑出的健力選手，因此我忍不住問了很多和健身相關的問題，讀到最後就會知道他給了我哪些可靠又有用的答案。

從以前就一直很擅長運動嗎？

小時候，我的手眼協調很糟。我晚上都要去伊利諾理工學院，戴上像賽馬眼罩之類的器材，因為我連拍球都不會。我以前非常瘦小，高中一年級時，我的身高只有約150公分，體重只有約45公斤，所以我從來不打棒球或美式足球，我很怕那些運動。最後我跑去學摔角，只因為其中有一個量級是98磅，後來我才接觸到健力。

我可以全心投入其中，整個世界只剩下我和重量器材。我會半夜到地下室，坐在特殊的器材上做很輕的訓練，鍛鍊好幾個小時，因為那時候沒有別人在看我。只有我自己。

回顧28年訓練寫下的筆記，有沒有不合理的地方或驚人的發現？

寫筆記的當下沒有發覺什麼特別，但回頭來讀卻另有發現。最令我驚訝的是，我慢慢來，一年有四、五次小小的進步。如果28年來每年都能有四次小進步，你一定能成為領域專家。我從來沒想過「一定要舉起多少磅或是達成什麼目標」，我只是想著：「我要進步，所以我必須做這件事。這些是我的弱點，我可以好好克服這些弱點。」

初學者最常犯的錯誤？

初學者不願意慢慢來，沒有放眼長遠的目標，沒有看見大局。我問年輕人一個老人常問的老問題：「你希望五年後的自己成為什麼樣的人？希望自己變得如何？」如果這個問題套用到舉重上，很多人就會腦袋打結，他們只會思考：「六個月之內我要做些什麼訓練？」新手很常沒有意

識到，從一開始就按照正確的方式訓練，只要三年就能把全身每個部位都練得強壯，打造不會受傷，不會生病，而且一輩子受用的強健身體。

初學者不會花時間注意細節。就好像他們能寫出世界上內容最好的文章交給老師，但就文法來看都不及格。初學者容易忽略小事，輔助訓練、額外的技術訓練、適當的飲食和預防傷害的運動等。

很幸運的是，因為我是很內向的人，更有時間找出自己的弱點在哪裡。我一年只參加兩次比賽，因為我想要進步，把時間都用來補足我的弱點。例如，我比較強的部位是背部和臀部。在長的休賽期間（大概是十二月到六月中旬），我會做高槓奧林匹克式合腿深蹲。有別於一般的硬舉訓練，我會拿下腰帶，從墊高硬舉開始做，或是做墊高直腿硬舉。

至於臥推，我會問自己：「我該怎麼把臥推變得更難，讓自己突破瓶頸？」我會邊躺著邊抬起腳，邊做窄握臥推，然後加大臥推椅的傾斜角度等。這些不只整體幫助我變得更強壯，更幫助了我在深蹲、硬舉和臥推上的表現。只是空有健壯的二頭肌，卻舉不起什麼重量，那沒什麼用。

什麼時候才能用盡全力舉重？

一年兩次，就是在比賽的時候。其實就算在健身房用盡全力，也無法確定最後的成效。好幾年前，我和幾個人去俄羅斯，包括首位在比賽中深蹲超過1000磅（約454公斤）的選手哈特菲爾德（Fred Hatfield）。那是經濟改革之前，蘇

聯的實力非常強大。我在當地一棟老舊健身房，就是洛基電影裡會看到的那一種建築，跟幾個人聊起重量訓練，他們說：「你的身體一生就只有幾次能發揮全力，為什麼要浪費在健身房裡？」我愈來愈同意這個想法。

時常被忽略、應該加入訓練的特定動作？

通常就是特別難的那些動作，像是暫停式深蹲之類的動作。因為比較難，承重要比平常更少，大家時常不想練這類型的動作。當蹲至低點時，向上唯一的方法就是用全身的力量去推，讓全身在正確的時間點同時施力。技巧不能用錯，不然馬上就會往前倒。我做箱上蹲的時候就不會做暫停式，藉此讓自己學會如何持續緊緊抓穩槓鈴。

做槓鈴深蹲最常見的錯誤？

大家深蹲時時常沒有把全身視為一體，認為自己只有在使用雙腿，也常常會想：「不要傷到背，所以不要用背部的力量。」向下支撐時，需要平均的推力，的確就是靠你的腿部，但向上撐的時候，其實就得靠背部對槓鈴施力。這雙向的動作會動到臀部，也能讓髖關節做出如門上鉸鏈般的動作。其中一個動作錯了，就會往前傾倒。所以我會注意用到全身的力氣，用雙腿施力，以及用背部來對槓鈴垂直向上施力，這樣就能讓髖關節有所反應。硬舉也是一樣的道理。

喜歡或不喜歡的預防傷害運動？

過去四年，諾頓（Layne Norton）深受臀部和背部的傷所苦，後來才康復。他在Instagram（@biolayne）上傳了使他

獲益良多的臀部運動教學影片，我照著做過，效果十分驚人。

我還有做過一些史達雷（Kelly Starrett）結合彈力帶的伸展運動，也會用按摩球來伸展胸大肌和菱形肌等部位。例如針對胸大肌，可以站在門框旁邊，把按摩球放在胸大肌的肌腱上，然後斜靠著牆。如果要伸展右邊的胸大肌，就站在門框內的左側，右臂在前方伸直，右胸大肌在門框內，也就是肩膀下方往牆壁的方向擠壓按摩球。這個動作的關鍵是不能移動按摩球，而是應該一邊朝著牆壁擠壓按摩球，一邊把打直的手向上、向下移動，這時就會感覺到按摩球在肌腱上滾動。這會有點痛，但比較容易忍受。

參賽生涯中，幫助復原的特別方式？
我會找戈德曼博士（Dr. Bob Goldman）的朋友做整脊治療，維持一週四次的頻率。每次他都會從腳開始幫我整治。我們很常看到史達雷和達芬（Chris Duffin）等選手使用滾動器材按摩腳底，做腳踝的準備動作。那時候我們用的是像算盤的器材。我每次用完就會四處走一走，突然膝蓋就不痛了，背部也不緊繃了。最近我主要是用按摩球。

聽說訓練時從來沒有舉失敗過，非常罕見。從哪裡學到這種技巧？
我很確定是我自己摸索出來的。年輕時我會參考《美國健力誌》（*Powerlifting USA*），但我的訓練是基本的線性週期，加上特別挑選的輔助運動。大概如下：若有12週的訓練週期，我會從第12週的組數、次數和重量開始做起，然

後開始往回做，做到第1週。我會預先決定好每個運動的組數、次數和重量。不管是後勾腿、暫停式深蹲、肩推還是俯身划船，不管動作是什麼，整個訓練週期的重量、組數和次數都先安排好。

然後，我會停下來看著用鉛筆寫的訓練計畫，接著我會問自己：「好，是不是每個項目我都做得來？」如果還需要想，那就要改，讓訓練計畫變得百分之百行得通。這樣開始執行計畫時，想像一下自己會覺得多麼有自信，心裡會多麼踏實。

我從來不會意志消沉，不會倍感壓力，也不會擔心「下禮拜我做得到嗎？」，因為我總是知道我一定可以。

回顧巔峰訓練時期，那時每週時間分配是什麼樣子？
禮拜一是做深蹲和其他所有的腿部輔助運動，星期二休息，星期三是做臥推和其他胸部輔助運動及許多三頭肌運動。星期三用預先耗盡（Pre-exhaust）法練完三頭肌之後，星期四只練肩膀，主要做適合肩膀的運動，像是坐姿槓鈴頸後推，我會做到400多磅。星期五練硬舉，先用輕量的深蹲作為熱身，還有所有的背部運動。星期六為了復原，會練輕量的臥推，做寬握臥推、飛鳥等等，偶爾加一些像輕量勾腿和推舉這種小型的運動。（星期天休息。）

如果可以在任何地點放廣告看板，內容不限，想在上面放什麼？為什麼？
「待人和善！」我年輕時易怒且固執，這句話讓我的人生變得比較輕鬆。以前只要有任何事情不合我意，我就會皺

起眉頭。我不知道這是不是因為內向，不善表達，還是因為我根本就是個混蛋。我沒有真的做出什麼事，所以我覺得我還不算是混蛋。

後來有一天，健身房裡有個白痴真的一直讓我很不高興。我深吸一口氣，吐氣，走上前去，然後說：「嘿，你好嗎？你看起來狀態真好。恭喜你結訓了。」突然間我心想：「哇！這太棒了！」自己好像自由了。我不再糾結了。即使到現在，我還是會試著放鬆，像是說：「嘿，你好嗎？遇見你真好。」如果我真的不喜歡某件事或某件事不合我意，我會走開，或找比較正面的人說一說。

我認爲健力選手貝爾（Mark Bell）和艾佛丁（Stan Efferding）就做得很好，他們不會讓任何人或任何事影響自己，就好像水滑過鴨子背，了無痕跡。

感到超載或無法專注時，會怎麼做？

旅行以及搭長途飛機時，我會好好把前兩週的事情都想過一遍：我做了什麼、有什麼想法、該如何改進，以及我要怎麼做才不會犯錯。艾佛丁教會了我如何寫清單（大約只需要30分鐘）。把事情寫在紙上，情緒就能抽離，比較容易想清楚。

例如，我做事情最大的阻礙通常就是拖延和恐懼，我常常想著整件事情有多大而感到挫折，但如果我把事情拆開來，好好寫在紙上，半小時之後再回來看，所有的小事似乎都不是大問題。只要把事情寫在紙上，看起來就簡單多了，因為在我心中的恐懼總算變得具體，我可以直視它，

並認知到一切根本沒那麼可怕。

過去五年，讓生活變好的新信念、行為或習慣？

不再比賽之後，我開始練截拳道這種反制暴力的訓練，已經好幾年了，我非常喜歡。這大概就是改善我生活最多的事情，我必須重新教導自己如何移動，因為我想成為真正的運動員，而不是只會一項運動的笨重大猩猩。

過去半年或近期記憶中，哪筆一百美元以下的花費，對生活帶來最多正面影響？

我替我父母的照片裱框。我從來沒聽過我父母講別人的壞話，所以這張照片讓我思考我該如何對待每個我愛的人。

這張照片是在幾年前拍的，是一張我父母站在一起的半身照，我從來沒看過他們這麼恩愛。我這輩子從沒看過是因為我父母有五個孩子，現在又有孫子，所以他們沒什麼機會曬恩愛。現在他們都大概87歲了，雖然有點健康問題，但都活得很好。他們熱愛生活，深愛著子女和孫子，這份愛給了他們前進的動力。

在他們的影響之下，我學會觀察。直到今天，我都認為這是我非常擅長的事情：好好坐著，觀察。我從來不是那種會在派對上炒熱氣氛或高談闊論的人，我通常就只是坐著，微笑觀察一切。可能老了才會發現自己的哪些地方跟爸媽很像。

與眾不同的習慣，或荒謬的嗜好？

我熱愛訓練，沒有任何事能打亂我的訓練計畫。我爸爸曾

告訴我：「我知道我不能在你要舉重的日子死掉，或是要守靈或辦喪禮，因為你肯定不會到。」

另外，從小時候開始我每天都會午睡，我還在努力維持這個習慣。最理想的時間大概是下午三點半或四點，通常會睡45分鐘到一個小時。

近期記憶中，哪一筆消費最棒？

就在不久前，剛做完手術，肺部醫生和麻醉師走進病房，就像電視實境秀《干預》（*Intervention*）播的那樣。我說：「大夥們，怎麼啦？你們好嚴肅。」他們說：「我們得跟你談談。你動手術比一般人還要更花時間，因為你的骨頭密度和肌肉、肌腱的尺寸實在太大了。」

這對我來說不是什麼問題。我心情仍然不錯。但後來他們說：「整個手術過程最難的部分就是要讓你保持呼吸。」接著我去看我的睡眠報告。他們發現我側睡時一分鐘會停止呼吸8次；躺著睡的時候，一分鐘會停止呼吸24次。

於是我買了持續性氣道正壓呼吸器（CPAP），我的人生就此改變。這個機器幫助我提升專注力，克服憂鬱之類的負面想法及其他問題。我的血壓會下降，血流開始改變，身體整個跟著改變。我一輩子都在跟睡眠問題奮鬥，只是我之前不知道而已。

在專業領域聽過最糟的建議？

「最新的訓練方法最棒。」大錯特錯。不管是訓練還是其他事情，經過反覆驗證的基本原則是一切的基礎。

希望不會冒犯，我想問為什麼你要把名字拼成「Eddy」？這種拼法比較不常見。

我不把名字拼成「Eddie」的原因是我受邀參與的第一場舉重表演。年輕時，我在匹茲堡有一場硬舉表演，那天正好是聖派翠克節，我看起來又很像愛爾蘭妖精。表演結束後，有位女士拿著一本珀爾（Bill Pearl）的《激發體內宇宙的關鍵》（*Keys to the Inner Universe*）來找我，那本書真的很大本，她說：「可以幫我簽名嗎？我覺得你有一天肯定會出名。」我回答：「當然。」但因為我才剛做完硬舉，腎上腺素讓我的手一直發抖。我還綁著腰帶，手上還殘留著滑石粉。我在書上簽名，結果簽成了「Eddy」，我心想：「為了不讓給這位女士的簽名作廢，從此以後我都簽『Eddy』好了。」

獨立思考，
但抱持極度開放的態度。

全球最大對沖基金創辦人
Ray Dalio
瑞・達利歐

TW: @RayDalio
bridgewater.com

瑞・達利歐是全球最大投資組合管理及對沖基金公司橋水基金創辦人，公司市值逾1500億美元，他是董事長暨共同首席投資長。橋水基金信奉的價值為絕對透明，內部除了鼓勵不同意見，也歡迎員工公開反對，所有會議全程錄影。達利歐的淨資產估計高達170億美元，他也和蓋茲、巴菲特一樣簽署捐贈承諾，將畢生積蓄半數捐予慈善單位。他還創立達利歐基金會，持續從事慈善活動。達利歐曾獲《時代》雜誌全球百大影響力人物、《彭博市場》雜誌全球五十大影響力人物。他在著作《原則：生活和工作》（*Principles: Life and Work*）寫下自己過去四十年發展、調整和實際應用的一套生活與工作的獨特原則。

最常送人的書？為什麼？或影響最深的一到三本書是哪些？

坎伯的《千面英雄》、威爾・杜蘭（Will Durant）及艾芮兒・杜蘭（Ariel Durant）的《讀歷史，我可以學會什麼？》（*The Lessons of History*）、道金斯（Richard Dawkins）的《伊甸園外的生命長河》（*River Out of Eden*）。

過去半年內或近期記憶中，有沒有花費少於一百美金的東西，對生活有正面影響？

我買了一本口袋型記事本，想到好點子時可以隨時記下。

有沒有任何失敗，或看起來是失敗的經驗，成為後來成功的墊腳石？有「最喜歡的」失敗經驗嗎？

我人生最好的導師就是那些慘痛的失敗經驗，因為失敗會促使我改變。我「最喜歡的失敗經驗」發生在1982年，當時我在知名電視節目《每週華爾街》（Wall Street Week）預測景氣將進入蕭條，甚至也向國會建言，但不久後牛市出現，景氣大好。

如果可以在任何地點放廣告看板，內容不限，想在上面放什麼？

「獨立思考，但抱持極度開放的態度。」

最成功或最值得的投資？

我認為是學會冥想。我很認真地實踐超覺靜坐，但同時也對其他冥想方式充滿興趣、也嘗試過。

與眾不同的習慣，或荒謬的嗜好？

我非常享受反省曾經犯下的慘痛錯誤。我會寫下自己的省思。另外，我也開發了一個iPad應用程式「痛苦按鈕」（Pain Button），可以幫助大家反思經歷過的痛苦。

過去五年，讓生活變好的新信念、行為或習慣？

對現階段的我來說，我相信我能做的最重要的事，就是幫助別人成功，成功不在我也沒關係。

對即將進入社會、聰明有抱負的大學生，有什麼建議？

積極發掘自己不懂的事情、自己的錯誤和弱點，因為唯有了解這些問題，我們的人生才能活到極致。

在專業領域聽過最糟的建議？

「過去表現好的市場，就是投資的絕佳機會。」也就是說，如果有人說「投資這個就對了，它表現很好」，你應該要想的是「要小心，因為它的價格可能已經變貴了」。

感到超載或無法專注時，會怎麼做？

我會冥想。

敢於活在灰色地帶的道德勇氣……與疑問共存。終有一天，生命會給你問題的解答。

聰明人基金執行長

Jacqueline Novogratz

賈桂琳・諾佛葛瑞茲

TW: @jnovogratz
FB: Jacqueline Novogratz
acumen.org

賈桂琳・諾佛葛瑞茲是聰明人基金（Acumen）執行長，聰明人基金募集慈善捐款並投資致力解決世界貧窮問題的企業、領袖及創意。創立聰明人基金前，諾佛葛瑞茲曾任職洛克菲勒基金會，擔任慈善工作坊及下一代領袖企劃負責人。她也是盧安達第一個微型金融機構Duterimbere的共同創辦人。諾佛葛瑞茲的第一份工作在大通曼哈頓銀行（Chase Manhattan Bank），她現在是影響力投資公司Sonen Capital顧問及哈佛商學院社會企業倡議顧問。她是阿斯彭研究機構及IDEO.org董事會成員，也是美國外交關係協會、世界經濟論壇和美國文理科學院會員。諾佛葛瑞茲最近獲選《富比士》400大社會企業創業終身成就獎。

最常送人的書？為什麼？或影響最深的一到三本書是哪些？

艾里森（Ralph Ellison）的《隱形人》（*Invisible Man*）。我22歲讀到這本書，它讓我深刻反思社會上有多少人不曾被「看見」。直到現在我還時常提醒自己要關注、認同和我錯身而過的路人，和他們打聲招呼。聽起來並不難，卻能讓一切變得不一樣。

阿切貝（Chinua Achebe）的《分崩離析》（*Things Fall Apart*），這是我讀到第一本非洲作者的著作。阿切貝勇敢描繪改變所帶來的艱困挑戰、殖民主義的影響，以及掌權者與無權力者的對比。這些議題在今天仍然非常重要。

米斯崔（Rohinton Mistry）的《微妙的平衡》（*A Fine Balance*），這是本狄更斯類型的小說，以非常特別且充滿人性的筆調，精確描述了印度都市區的貧民生活。雖然我在印度工作多年，也讀過許多非文學類的書籍，這本書卻帶給我新的體悟和認識。

有沒有任何失敗，或看起來是失敗的經驗，成為後來成功的墊腳石？有「最喜歡的」失敗經驗嗎？

25歲時，我想著要拯救世界，並且計劃從非洲開始。當時我辭去在華爾街的工作，認為自己有很多能力、也很想付出，但很快我就發現絕大多數人並不喜歡被拯救。我真正需要的能力是設身處地為他人著想、傾聽別人、並且體悟到要解決這些問題並不容易，但是信任能幫助我們開啟各種機會。我學到最寶貴的一課，是學會平衡自己對一個不同的世界的想像，以及如何以謙遜的心去接納世界現在

的樣子。這對於任何想帶來改變的人來說，都是非常重要的特質。而現在，我們所有人都應該成為帶來改變的一份子。

如果可以在任何地點放廣告看板，內容不限，想在上面放什麼？為什麼？

單純追求獲利已不再適合當今高度相互依存的世界。我們必須把焦點從股東轉移到所有利害關係人身上，將眼光放長遠，關心重要的議題，而不只是追求營收數字。當然，這件事並不容易，所以我們在聰明人基金有一份宣言，是我們一切決策、行動的道德指南。這份宣言深具啟發意義，雖然我不一定總是能做到，但我每天都會反思其中的內容。也許整份宣言要放在廣告看板上有點太長，但我們應該能找到合適的地方放置它，並鼓勵人們短暫停下腳步抬頭看看，這應該不是太糟的點子。這份宣言如下：

與貧人同行，傾聽那些被忽略的聲音、在絕望中找到希望。投資是實現目標的方法，不是最終目的，我們必須勇於走進那些市場失靈、援助不足的地方。金錢應該為我們工作，而非奴役我們。我們的願景因為道德想像而繁榮：謙卑地接納世界原本的面貌，大膽設想未來的可能。要有在勝利時依然保持學習的企圖心，以及願意承認失敗的智慧，與東山再起的勇氣。要達成這樣的願景，需要耐心、善心、韌性和恆毅力：這個願望並不容易。我們需要拒絕自滿的領導者，願意打破官僚、挑戰貪腐，勇於做對的事，而非容易的事。這樣的遠景有些激進，但我們試圖在憤世嫉俗的世界創造希望，改變世界處理貧窮問題的方

式，最終建立一個以人性尊嚴為本的世界。

或者，借用詩人里爾克美麗的詩句：「與疑問共存。」簡單的文字，提醒人們要有敢於活在灰色地帶的道德勇氣，接納生命中的不確定，但不屈服於此。試著與疑問共存，那麼終有一日，生命會給你的解答。

對即將進入社會、聰明有抱負的大學生，有什麼建議？

別過度擔心第一份工作，做就對了，讓這份工作教會你許多事情。一步一步，你會開始發現自己想成為怎麼樣的人、想完成什麼事。總是想等到最完美的選項出現，遲遲不肯選擇，最終可能什麼也沒得到。現在就開始行動。

在專業領域聽過最糟的建議？

「做好事就會成功。」哪有人會想靠做壞事成功呢？我們需要做得更好，現在我們極需人們將理想放在利益之前，我們必須正視我們擁有的工具、想像力和資源，可以用於解決艱難的問題，而且現在就必須開始這樣做。

感到超載或無法專注時，會怎麼做？

我會去長跑，提醒自己世界的美好，明天太陽依舊會升起，最重要的是沒有放棄。

幾乎所有
所謂的專家給作家的意見
都是錯誤的。

《瞞天過海》編劇
Brian Koppelman
布萊恩‧考波曼

TW/IG: @briankoppelman
briankoppelman.com

布萊恩‧考波曼是編劇、小說家、導演與製作人。在他共同創作與監製的熱門美劇《金錢戰爭》播出前，考波曼曾擔任電影《賭王之王》及《瞞天過海：十三王牌》共同編劇，也是《魔幻至尊》與《幸運符》的製作人。他曾執導多部電影，包括由邁克‧道格拉斯主演的《非關好男人》。考波曼還負責主持播客節目「The Moment」，我最喜歡的一集是與漢柏（John Hamburg）的對談，漢柏編劇並執導《麻吉伴郎》，也是《門當父不對》和多部電影的編劇，那一集的內容可說是電影學校與藝術創作碩士編劇課程的總和。

最常送人的書？為什麼？或影響最深的一到三本書是哪些？

以下是我曾推薦或送給別人的書，對我的人生意義非凡。

> 《關於跑步，我說的其實是⋯⋯》，村上春樹
>
> 《創作，是心靈療癒的旅程》（*The Artist's Way*），卡麥隆（Julia Cameron）
>
> 《喚醒心中的巨人》（*Awaken the Giant Within*），羅賓斯（Tony Robbins）
>
> 《竊盜城市》（*City of Thieves*），班尼歐夫（David Benioff）

我知道自己列了四本書，但每一本都值得一談。村上的書完美地道出偉大藝術家所需的專注、付出與使命感。除了作家身分，村上也是公認的長跑健將。書中表面上是寫跑步，但其實是在說如何透過捨去一切的不必要以達到你的目標。是一本充滿活力、啟發人心的作品，激勵讀者採取行動。也是這位我心中最好的小說家所寫的非常優美的非文學作品。

《創作，是心靈療癒的旅程》提到了我看過最有用的突破瓶頸的方法（晨間隨筆）。如果你內心深處有一種感覺，發現自己離目標愈來愈遠，相信這本書能幫助你有所突破。

羅賓斯的作品一直以來對我很有幫助，這也是為什麼我會和我的創意夥伴李維恩（David Levien）一起製作紀錄片《東尼‧羅賓斯：做自己的大師》。《喚醒心中的巨人》是我讀的第一本羅賓斯的作品，書中的很多關鍵問題，讓

我發現自己告訴自己的那些故事，如何限制了我的成長。所有人應該都能從羅賓斯的作品中得到幫助。

最後是班尼歐夫的《竊盜城市》。這本書非常好看，小說有一個很重要的功能，許多高成就者往往會忘記，那就是小說能刺激我們、讓我們坐立難安，驅使我們面對困難的問題。這本書就發揮了這樣的功能，而且從頭到尾都很精采。我已經送《竊盜城市》給一百個人，收到書的人都很喜歡，也同樣開始送這本書給別人。

有沒有任何失敗，或看起來是失敗的經驗，成為後來成功的墊腳石？有「最喜歡的」失敗經驗嗎？

以前有段時間，我們每年會賣一個電視劇概念給收費電視頻道。我們會分享這個概念，電視台會付錢請我們寫出劇本，等我們交出劇本後，卻好幾次碰到電視台告訴我們，他們已經不想再做這類型的影集。每次劇本無疾而終，我都好像死了一次。因為我每次都愛上我們寫的劇本，也想好可以如何製作，但劇本的擁有權卻不再屬於我。最後一次發生同樣狀況時，傷害以不同的方式呈現，這次我們決定挺身大聲說：「夠了！」我們決定在賣出概念前就寫出劇本。如果有人想買完成的劇本，我們就能在交易前有更多決定權，或許能堅持讓對方買下劇本後，一定要製作。這就是《金錢戰爭》能被拍出來的原因。

注：《金錢戰爭》由艾美獎和金球獎得主吉瑪蒂（Paul Giamatti）及路易斯（Damian Lewis）共同演出，首播就創下Showtime原創影集的最佳成績，已推出第四季。

與眾不同的習慣，或荒謬的嗜好？

我喜歡桌球的一切。夏林（Jerome Charyn）在《乒乓傳奇》（*Sizzling Chops and Devilish Spins*）中完全寫出我對桌球的感受。我知道這看起來是一項蠢運動，但身在其中時就完全不同了。桌球移動快速，需要高深的策略，要控制自己的恐懼，專注在每一球，一球過去就要準備好下一球。我將近一年都維持一週打四、五次桌球的頻率，我真希望自己更早開始熱中桌球。

過去半年或近期記憶中，哪筆一百美元以下的花費，對生活帶來最多正面影響？

蝴蝶牌科貝爾桌球拍（Butterfly Petr Korbel）。買下這支拍子時，我就知道自己對桌球是認真的。我一直都熱愛桌球，希望自己有一天能打得很好，買下這支拍子的那一天，就好像正式邁入了打桌球的新境界。

在專業領域聽過最糟的建議？

幾乎所有所謂的專家給作家的意見都是錯誤的，因為他們通常都建議想寫作的人在動筆前就要先思考如何行銷作品。或許以非文學來說，這樣的思維合理。但我不認同這種想法。對藝術家來說，最重要的就是全心全意。所以我總是建議其他作家跟隨自己對寫作的好奇、執著，與著迷。

75 歲時我到當地的 CrossFit 健身房，沒有鏡子和健身器材，只有自由重量練習，讓我深深著迷。

長遠當代基金會總裁
Stewart Brand
史都華·布蘭德

TW: @stewartbrand
reviverestore.org

史都華·布蘭德是長遠當代基金會總裁，該機構旨在未來一萬年以創新的方式培養長遠的思維及責任。他負責領導「基因重現及復原計畫」，希望復育旅鴿及真猛瑪象等滅絕物種。布蘭德創立、編輯並發行知名的《全球型錄》（*The Whole Earth Catalog*，1968–85），其中1972年期榮獲美國國家圖書獎。他也是「全球電子連線」（THE WELL）以及「全球商業網絡」（Global Business Network）的共同創辦人。著有《地球的法則》（*Whole Earth Discipline*）、《萬年鐘傳奇》（*The Clock of the Longnow*）、《建築是怎麼學習的》（*How Buildings Learn*），與《麻省理工媒體實驗室》（*The Media Lab*）。他曾在史丹佛大學學習生物學，並在美國陸軍擔任步兵軍官。

最常送人的書？為什麼？或哪些書影響最深？

卡斯（James P. Carse）的《有限與無限的遊戲》（*Finite and Infinite Games*）

史塔克（Rodney Stark）的《唯一真神》（*One True God: Historical Consequences of Monotheism*

赫曼（Arthur Herman）的《西方歷史中的沒落概念》（*The Idea of Decline in Western History*）

平克（Steven Pinker）的《人性中的良善天使》（*The Better Angels of Our Nature*）

這四本書都是有助我們了解文明、甚至促進文明的重要著作。《西方歷史中的沒落概念》描述關於社會衰敗的浪漫、悲劇論述所帶來的後果。《人性中的良善天使》說明了人類的暴力、殘忍程度會隨時間降低，正義感會隨時間增加。《唯一真神》說明了一神論宗教變得刻板且無法相容的必然進程。《有限與無限的遊戲》精采地寫出我們如何超越零和遊戲，轉而專注如何贏得人生的無限遊戲。

過去五年，讓生活變好的新信念、行為或習慣？

CrossFit混合健身，大步走進健身房，搖搖晃晃走出來，周而復始。我現在78歲，我在75歲時到當地的CrossFit健身房，發現裡面沒有鏡子和健身器材，只有自由重量練習，這讓我深深著迷。我一週會去健身房兩次，一次一小時，專注在激烈的鍛鍊中。每次有不同課題，以適度競賽的方式鍛鍊我的力量、耐力，與靈活度。成果？過去一年我瘦了14公斤，回到年輕時的70公斤，我為自己感到驕傲，也很開心。

對即將進入社會、聰明有抱負的大學生，有什麼建議？

我只能從自己的經驗來談。大學畢業後，我透過課程與工作學到許多有用的能力。24歲時，我有很多方法可以養活自己，木工、作家、野外生物學家、商業攝影師、軍官、博物館展覽研究人員，多媒體藝術家。我也學會不依賴物質也能快樂生活，最後雖然沒有選擇以上任何一項職業，但那些能力讓我一生受用，包括發行《全球型錄》。

我很幸運在大學主修生物科學，但我也希望自己當時能修人類學的課，或接受戲劇訓練（內向的人真的很需要）。對我來說，在軍隊服役的兩年比念研究所有價值。以任何形式為國效力（參加和平工作團等）對自己或社會都是好事。

費里斯畫線名言

（2016年10月21日至2016年11月18日）

「人一生最大的恩典，就是可以做自己。」

—坎伯（Joseph Campbell）

美國神話學者與作家，《千面英雄》作者

「當必然受到環境影響時，要立即回復自己，盡全力不要失去自己的節奏，只有這麼做，才能取得心中的和諧。」

—奧里略（Marcus Aurelius）

羅馬皇帝，斯多葛哲學家，《沉思錄》作者

「每個人都想改變世界，卻沒有人想要改變自己。」

—托爾斯泰（Leo Tolstoy）

俄國最偉大的作家之一，《安娜‧卡列尼娜》與《戰爭與和平》作者

「為什麼要離開？因為這樣才能回來，才能用新的眼光與色彩看待這個地方，而且那裡的人也會用不同眼光來看待自己。離開再回來與從沒離開過，有很大的不同。」

—普萊契（Terry Pratchett）

英國奇幻作家，《碟形世界》系列共41部小說作者

最重要的事
就是把自己最重要的事
當成最重要的事。

哈佛藝術史教授
Sarah Elizabeth Lewis
莎拉・路易斯

莎拉・路易斯在哈佛大學擔任建築藝術史、非裔研究和美國非裔研究助理教授。她從哈佛畢業，拿到牛津大學哲學碩士和耶魯大學藝術史博士學位。到哈佛大學任教以前，她曾同時擔任紐約現代藝術博物館和倫敦泰特美術館策展人，也在耶魯大學藝術學院教書。路易斯是《光圈》攝影雜誌（*Aperture*）的客座主編，負責焦點主題「遠見與正義」一欄，在2017年榮獲攝影大獎 Infinity Award「批判寫作與調查」獎項。她的著作《崛起》（*The Rise*）也登上《洛杉磯時代》雜誌暢銷榜。路易斯曾參與美國前總統歐巴馬的藝術政策委員會，現在則分別在安迪・沃荷視覺藝術基金會、《創意時代》雜誌和紐約市立大學研究所擔任董事。

最常送人的書？為什麼？或影響最深的一到三本書是哪些？

我常送兩本書：索爾尼特（Rebecca Solnit）的《迷路實地指南》（*A Field Guide to Getting Lost*）和鮑德溫（James Baldwin）的散文集《票價》（*The Price of the Ticket*）。散文集中〈創意過程〉（"The Creative Process"）這一篇，我認為是所有創新者必讀的地圖。我就不在這裡多說內容，但鮑德溫就是品質保證。任何關於創新精神對社會影響的相關問題，這篇文章都能提供解答。索爾尼特的書則非常適合想燃燒熱情、想鼓起勇氣開闢全新道路的人。

過去半年或近期記憶中，哪筆一百美元以下的花費，對生活帶來最多正面影響？

有研究證明，比起滿足物質欲望，花錢得到多餘的時間或是全新的體驗能帶給我們最大的快樂。我相信這個道理。但老實說，我超愛買Moleskine一般的空白筆記本。

有沒有任何失敗，或看起來是失敗的經驗，成為後來成功的墊腳石？有「最喜歡的」失敗經驗嗎？

我個人常經歷的失敗都與他人的先入為主有關。身為有色人種女性，我靠思考、教書和寫作維生。通常別人在不了解我的工作的前提下，會大幅低估我的能力。也就是說，別人預期我失敗的頻率，比我真正失敗的頻率多很多。他人預期的失敗成為我的動力，我學會感謝這些偏見。

我寫了《崛起》，也在TED發表過相關演講，因為我深深相信失敗或是被低估，都能成為我們打破常規、追求創新的力量。金恩博士在學校表現良好，但成績最差的科目

就是公開演說，甚至連拿兩次C。例子真的說不完，我都想把他們寫成書了。最接近成功的失敗經驗往往最有影響力，因為我們能在過程中獲得強大的動力。我不太用「失敗」這個字，因為當我們真的從經驗中有所學習時，就不再會用失敗來形容這個經驗，而會用「成長」，或至少我們都希望自己有成長。

如果可以在任何地點放廣告看板，內容不限，想在上面放什麼？為什麼？

「最重要的事就是把自己最重要的事當成最重要的事。」簡單，非常重要。我們常因為生活瑣事或社群媒體而分心，一天過去，卻沒有做我們真正在乎的事情。身為在外工作的女人更能體會。要怎麼把最重要的事變成最重要的事呢？對我來說，就是把握早上的時間。可能別人有別的方法，但我發現把每天最重要的事安排在早上，可以幫助我在一天中為這件事留更多時間。

最成功或最值得的投資？

我喜歡冥想和運動。最近我又增加了新的呼吸練習，是跟麥肯錫（Brian Mackenzie）學的，可以舒緩壓力，非常神奇。這是有科學根據的，麥肯錫在我吸氣時檢測我的情緒反應和二氧化碳耐受度，並依此設計一個屬於我的鼻腔呼吸暫停練習。他幫我設計的呼吸運動就像把壓力變不見的魔術。麥肯錫告訴我，這種練習能活化副交感神經，使我們血管舒張，能吸入更多一氧化氮。呼吸練習之後，我會冥想大約15至20分鐘，每天早上做完整套練習大概會花35分鐘。

與眾不同的習慣，或荒謬的嗜好？

在進行創意工作時，我很重視隱私。我會在那段時間遠離社群媒體，也只參加少數會議。這在今天算是滿奇怪的事情，但對我很重要。工作期間的隱私可以鼓勵我們冒險。不看社群媒體，我們就不需擔心其他人會不會想到我們正在思考的點子，可以讓自己的創意有機會萌芽成長。

過去五年，有什麼事不再難以拒絕？

這個問題很重要。出於義務做太多事會消耗我們的能量。對一件事情擁有熱情會讓我們在承擔責任時更有幹勁。如果某個要求是我有熱情的事，這樣的責任我非常願意承擔。如果不是，我也學會了如何拒絕。我在哈佛的同事伯恩斯坦（Robin Bernstein）寫過一篇很棒的文章〈拒絕的藝術〉，教大家如何拒絕別人。

感到超載或無法專注時，會怎麼做？會對自己說什麼，或問自己什麼問題？

「沒有人能控制地球轉動。」這句話能讓我放鬆，也提醒我自己屬於一個更大宇宙的一部分。那些力量很精確，在某個夜晚，一定能看見月亮，即使有人沒完成當天的任務清單也一樣。沒錯，月亮不受我們影響。我們對待地球的方式能引起自然變化，也會藉由自然現象來描述世界（有時甚至不清楚原理），但我們沒辦法創造也無法破壞這些法則。我們受大自然主宰。所以我感到超載或無法專注時，就會讓自己走進大自然，提醒自己身處於各種自然系統中，行動也受制於自然規律。如果在都市，我就會看星星，然後帶著放鬆滿足的心情回去工作。

「勇敢說不」
對成癮者是毫無幫助的口號。
要是他們能拒絕，
早就脫離成癮了。

成癮治療專家
Gabor Maté
蓋伯・麥特

FB: /drgabormate
drgabormate.com

蓋伯・麥特博士是內科醫師，專精於神經科學、精神病學及心理學。他是成癮問題及治療方法的領域權威。麥特博士寫了許多暢銷書，翻譯成20種語言，包括得獎作品《如餓鬼般上癮》（*In the Realm of Hungry Ghosts*）。他曾獲埃文斯（Hubert Evans）非文學獎、北英屬哥倫比亞大學榮譽學位，以及2012年「反對青少年暴力母親陣線」馬丁路德金恩人道獎。麥特博士也是西門菲莎大學犯罪學系兼任教授。

過去半年或近期記憶中，哪筆一百美元以下的花費，對生活帶來最多正面影響？

維格四重奏（Végh Quartet）在1954年錄製的巴爾托克弦樂四重奏。可能是因為我回答這些問題時剛好在聽這張專輯。他們對藝術的謙卑與奉獻、演奏的純粹，都讓我深受感動與啟發。

最常送人的書？為什麼？或影響最深的一到三本書是哪些？

米恩（A. A. Milne）的《小熊維尼》系列對我影響很深。這隻傻小熊陪我度過在布達佩斯的童年。（我常覺得匈牙利文的版本甚至比原文更活潑有趣。）米恩在他的小宇宙裡創造了這些角色，對我們每個人心裡的孩子說話。我們心中的頑皮小孩總有一天要長大面對人生，但幸運的話，我們可以永保維尼的幽默和大智若愚。

第二本是羅素（E. F. L. Russell）的《納粹之鞭》（*The Scourge of the Swastika*），羅素是英國男爵、律師，及歷史學家。這是第一本記載納粹恐怖歷史的書。12歲的我從這本書一窺那段家破人亡的歷史。我生在納粹占領的布達佩斯，祖父母都在奧斯威辛集中營罹難。這本書讓我領悟到，這世界上有很多不公與殘忍，許多無辜的人也會被苦難折磨，這樣的意識一直在我心裡。

第三本是佛教的《法句經》，這是佛陀偈頌的合集。佛陀教導我們向內探索，超越自我中心主義的偏見和限制，看清楚生命的樣態。這些教導說明，唯有在內心找到平靜，才有可能在外在世界找到平靜。我有很多親身經歷能證明

這個說法。佛陀精簡洗鍊的文字啟發了後來許多靈性和心理學的著作，都對我的成長很有幫助。

我還要犯規加碼第四本書，米勒（Alice Miller）的《幸福童年的祕密》（*The Drama of the Gifted Child*）。我從這本書認識到童年創傷對人的深遠影響。從此我把醫治這些傷口視為工作的要務。編輯如果能睜一隻眼閉一隻眼，我再偷偷附送《唐吉訶德》，這個文學史上靈魂最美麗完整的瘋子。

有沒有任何失敗，或看起來是失敗的經驗，成為後來成功的墊腳石？有「最喜歡的」失敗經驗嗎？

1997年，我被溫哥華綜合醫院開除。我很愛安寧中心的工作，很享受和認真的醫護同袍一起照顧臨終病人。然而，這個令人羞愧的失敗，後來變成我人生中最幸運的一件事，我從中學習到寶貴的教訓。一開始我非常震驚與不平，後來才發現原來自己多麼不懂得傾聽與合作，我的自戀使我盲目，對於身邊同事的需求和擔憂毫無感覺。這個經驗也讓我有機會進入新的專業領域。我的下一份工作在溫哥華市東區幫助成癮者，這段經歷給了我需要的經驗、洞見與靈感，讓我可以從事人生現階段最重要的事：寫作和教育。

如果可以在任何地點放廣告看板，內容不限，想在上面放什麼？為什麼？

我認為當代最偉大的老師阿瑪斯（A. H. Almaas）說的話：「做自己就是給世界最好的禮物，這是你的天賦，也是你的成就。」

最成功或最值得的投資？

最值得的投資是幾十年前參加朋友甘迺迪（Murray Kennedy）帶領的一堂密集心靈提升課程。我當然沒有因此開竅。當時我甚至因為覺得沒得到預期的心靈體驗而感到沮喪。不過，那次經驗為我開啟了探索精神世界的大門，也是我第一次有機會體驗從繁忙、不斷追求的狀態抽離，找回自我。心靈提升對我來說仍是現在進行式，我很感激能一直努力下去。現在，甘迺迪已經成為大師級人物，幫助到許多人，當然還有我。

與眾不同的習慣，或荒謬的嗜好？

用匈牙利口音勾引我太太。勾引的部分有時會成功，口音的部分實在不怎麼樣。

過去五年，讓生活變好的新信念、行為或習慣？

身為瑜伽懷疑論者，我是那種會說「我這輩子都不可能去做瑜伽」的人。但現在我幾乎天天做瑜伽。我練習的是印度瑜伽師薩古魯（Sadhguru Jaggi Vasudev）的流派。瑜伽改變我很多，幫助我探索內心的空間與心靈的亮光，那是我過去很不熟悉的感受。

對即將進入社會、聰明有抱負的大學生，有什麼建議？可以不聽哪種建議？

夠聰明的話，就放棄掌控。不管什麼是你的動力，一旦你開始想追求什麼，你就像一片葉子，風就是你的動力。你並沒有真正的自主權。你一定會再度被風吹向別處，即使你自認已經達成你追求的目標。不要混淆外在的動機和發

自內心的感召。前者會讓人筋疲力盡,後者會滋潤你的靈魂與心靈。

在專業領域聽過最糟的建議?

「勇敢說不」 對毒品、賭博、暴食、性成癮者來說是最沒有實質幫助的口號。要是能拒絕,他們早就脫離成癮了。成癮通常來自苦難、創傷、不安或情感的痛苦。如果真的想幫助成癮者,必須先了解到底是什麼事情讓他們痛苦,驅使他們必須透過自我傷害或濫用物質的方式來尋求解脫。找到成癮行為背後的核心議題,再幫助他們從創傷中走出來。這個過程最需要的就是不帶批判的好奇與同理心。

過去五年,有什麼事不再難以拒絕?

不是過去五年,而是過去這五週,我終於試著不要強迫症似的想迎合別人的需求、治療所有人、答應所有教學的邀請。這些已經影響到我內心的平靜,甚至是我的婚姻。有點諷刺,但我終於也開始採納我在《你的身體在說不》(*When the Body Says No*)這本書中給讀者的建議。一切對我來說都是新的體驗,但我已經感受到喜悅與活力。我得以探索自己單純地活著的狀態,而不是一直不停地做事。

感到超載或無法專注時,會怎麼做?會問自己什麼問題呢?

我有一點注意力缺失的症狀,很不容易專注,常常分心。能把我拉回當下的一句話很簡單:「我現在在做的事情,和我人生的使命有關嗎?」我人生的使命——讓我充滿希望與靈感的使命,是讓所有人、包括我自己,得到自由:

政治上、社會上、情感上，與精神上的自由。如果因為情感上的困難而強迫自己轉移注意力，那我就不是自由的。反過來說，如果我因為無法集中而苛責自己，我也沒有獲得自由。只有當我能一次又一次地覺察到自己做的抉擇時，我才是真正的自由。

別忘了，
貝比・魯斯不只是全壘打王，
被三振的次數也是最多的。

美國線上創辦人
Steve Case
史蒂夫・凱斯

TW: @SteveCase
FB: /stevemcase
revolution.com

史蒂夫・凱斯是美國最廣為人知的企業家，共同創辦投資公司Revolution LLC，並兼任董事及執行長。他是網路時代先驅，1985年時共同創辦美國線上（AOL），公司在他的領導下成為規模最大、市值最高的網路公司。AOL不僅是第一家上市網路公司，在1990年代的股市也占有一席之地，股東配息率更高達11,616％。在巔峰時期，美國有近一半網路使用者用AOL。凱斯著有紐約時報暢銷書《第三波數位革命》（*The Third Wave*）。1997年，凱斯與太太吉恩共同創辦凱斯基金會，由他擔任主席。2010年，凱斯夫妻參與捐贈承諾活動，承諾將大部分資產捐給慈善事業。

最常送人的書？為什麼？或影響最深的一到三本書是哪些？

未來學大師托夫勒（Alvin Toffler）的《第三波浪潮》（*The Third Wave*）對我影響很大。書中的全球電子村莊概念給了我靈感，讓我踏上創辦美國線上之路。我大學四年級時讀到《第三波浪潮》，數位媒體連結大眾的想法讓我深深著迷。我知道這就是未來，而我想成為打造這個未來世界的一份子。這本書對我實在太重要，所以我決定要寫書時，甚至還借用了書名，將我的書命名為《第三波數位革命》（*The Third Wave: An Entrepreneur's Vision of the Future*）。托夫勒的三波浪潮是農業革命、工業革命和科技革命，而我的三波浪潮則聚焦於網絡發展：建立連接全世界的平台、在網絡基礎上開發應用程式，最後讓網路在無形中充滿我們的生活。

對即將進入社會、聰明有抱負的大學生，有什麼建議？

第一點，我認為往未來看很重要，為未來先準備好自己，而不是只看眼前。格雷茨基（Wayne Gretzky）能成為曲棍球高手，是因為他不看球當下的位置，而是看球即將的移動方向，然後提早一步抵達攔截。學起來！

第二點，如果你像多數人一樣拿到文學院的文憑，請感到自豪，讓自己配得上這張文憑。雖然傳統觀念認為寫程式才是成功關鍵，但在第三波浪潮中卻未必如此，許多重要產業都會被顛覆，就像在第二波浪潮時大家都專注在開發應用程式一樣。編程能力固然重要，但創新和合作的能力也同樣關鍵。不要試圖成為別人，要對自己的能力有信心，這些優勢將成為你人生道路上最重要的助力。

第三點，不要害怕。這說得容易，做起來卻很難，尤其是在這個直升機父母鼓勵孩子們待在安全舒適圈、社會上充斥失業和恐怖主義的時代。儘管如此，你們還是要勇敢離開舒適圈，勇於嘗試，即使知道可能會失敗。別忘了，貝比‧魯斯不只是全壘打王，被三振的次數也是最多的。冒險，就有可能會面臨失敗，但這不代表你失敗了。這只表示你該拍拍身上的灰塵，重新站起來，再加倍努力。

在專業領域聽過最糟的建議？

最近有三種迷思讓我很擔心，特別是在矽谷這類地方非常盛行。第一，無知成為一種競爭優勢。Paypal創辦人曾說，正因為他們對信用卡產業一無所知，才有創新改革的優勢，這個故事也廣為流傳。無知的優勢在他們身上確實可行，但並不適用於所有人。無知很可能成為創新和產業變革的絆腳石。例如，如果想改革醫療照護產業，我們就不能只懂科技軟體，我們也要知道如何和醫生合作、整合醫院資源、從醫療計畫中獲得資金和解決法律問題。這時如果對醫療產業有一定的認識將會是很大的幫助，而且是很實用的能力，能讓我們更順利地推動改革，也更有機會成功。另外，領域專業知識在農業科技產業也相當重要，了解農業文化是非常關鍵的能力。教育科技產業也一樣，了解教育體系如何運作，對於學生的學習和老師的教學都更有幫助。在專業知識和創意思考之間取得平衡，才是真正的重點。能靈活運用兩者的人將在第三波浪潮中領先。

第二個迷思就是最好什麼都自己來，有些人稱之為「全端」（full-stack）方法。這樣的方式的確能創造成功，但

如果你的工作不只是開發應用程式，獨立作業可能就不是最好的選擇。我們不僅需要工作夥伴，更要仰賴別人才能成功。有一句格言將愈來愈重要：「一個人走，走得快；一群人走，走得遠。」這句話甚至有可能變成第三波浪潮的口號。

第三個迷思就是不管規範地向前衝。不可否認，Uber因為無視地方法律而獲得巨大成功。他們不等待可能永遠不會通過的法案，而是直接向前衝，創造了超高價值的乘客與司機雙邊市場。我向他們致敬。但Uber之所以可以靠這種模式成功，是因為他們違反的是地方法規，不是全國通用的法律。這在多數產業革新上並不可行，例如醫療照護產業。如果你未經允許自行開發新的製藥或是醫療裝置，絕對會被半路喊停。這就像讓無人駕駛車上路，或是讓無人機飛行。要在未來智慧城市創新是絕對要遵守法律，還有很多例子都可以證明。總之，不管喜歡與否，第三波浪潮中的創新者必須和立法單位合作，才能做到真正的創新。簡單來說，第二波浪潮聚焦於打造新軟體、新服務或是病毒式傳播的遊戲規則將不適用於第三波浪潮，因為網路將開始影響人類生活最基礎的面向。

沒被別人說是瘋子，
就代表夢想還不夠遠大！

資本家導師
Linda Rottenberg
琳達・羅騰堡

TW: @lindarottenberg
lindarottenberg.com

琳達・羅騰堡是非營利團體Endeavor Global共同創辦人兼執行長，支援全球具影響力的創業家。羅騰堡曾入選《美國新聞與世界報導》雜誌「美國最佳領袖」，也名列《時代》雜誌「21世紀百大創新者」。她時常受邀至世界五百強企業演講，哈佛商學院和史丹佛商學研究所曾以羅騰堡為對象進行過四次個案研究。ABC美國廣播公司和NPR美國國家公共廣播電台將她譽為「企業家的軍師」，佛里曼（Tom Friedman）稱她是「資本家導師」。羅騰堡的代表作《不瘋狂，成就不了夢想》（*Crazy Is a Compliment*）是紐約時報暢銷書。

有沒有任何失敗，或看起來是失敗的經驗，成為後來成功的墊腳石？有「最喜歡的」失敗經驗嗎？

在Endeavor集團滿十週年，我覺得我們終於撐過來的時候，一場突如其來的變故幾乎徹底擊垮我。我先生布魯斯是暢銷旅遊作家，被診斷出罹患致命的骨癌。這件事癱瘓了我。突然之間，我無法再搭飛機出差，甚至無法上班。我不知道布魯斯能不能撐過去，也不知道Endeavor集團能否度過難關。幸運的是，我們優秀的團隊挺身而出，公司以前所未有的速度成長，或許也是因為我不在他們身邊管東管西。

布魯斯痊癒後，我回到工作，學到關於領導與人生寶貴的一課。作為女性執行長，我一直以為威嚴和自信很重要，絕不能讓別人看見自己流下汗水或更糟，被看到淚水，對吧？但這次重返職場，我發現武裝自己不再有用，我的同事都很關心布魯斯的狀況，關心我們的雙胞胎女兒，甚至關心我過得如何。我不得不打破心裡的高牆，展現出脆弱。驚訝的是，同事並沒有因此不敬重我，反而更貼近我。有年輕職員把我拉到一旁，告訴我他們以前覺得我像超人，難以親近，但現在的我願意展現脆弱的一面，所以他們更理解也更信任我，甚至願意永遠跟隨我。從這件事我學到，與其拚命當個超人，不如捨棄一點超能力，當個更像人的人。

如果可以在任何地點放廣告看板，內容不限，想在上面放什麼？為什麼？

我的看板會寫：「瘋狂是一種讚美！」創立並決定要經營Endeavor的時候，很多人叫我「la chica loca」，西文「瘋狂

女孩」的意思。我希望不只是我，因為要提出一個新的理念，尤其是與現況衝突的全新想法，就要預期被叫瘋子。你不可能破壞現狀還奢望大家都認同你。創業家最棒的資產就是逆向思維，能在大家往西時往東走，開拓出新方向。太多人因為害怕被叫瘋子而不給自己機會嘗試。我認為，瘋狂是種讚美，要是在追求夢想的過程中沒被說過是瘋子，就代表夢想還不夠遠大！

感到超載或無法專注時，會怎麼做？

我的雙胞胎女兒泰比和伊登總是能讓我眼睛一亮，她們深深影響了我個人和事業上的成長，光是她們的誕生就徹底改變了我的領導風格。我以前是完美主義者，從不放過任何細節，也是停不下來的空中飛人，但因為女兒的出現，我開始不再那麼固執，也會為了陪她們而拒絕工作邀約。伊登在五歲時就說出這番有哲理的話：「妳只能當一小段時間的企業家，但妳永遠都要當媽媽！」

與眾不同的習慣，或荒謬的嗜好？

我最詭異的嗜好也許是沒有惡意地跟蹤別人，我喜歡追蹤投資人、董事會成員和其他企業家，這在我剛創辦Endeavor時很有幫助。我曾經在男廁外面等過一位導師，只為了能跟他面對面說話。我記得自己是這樣開頭的：「您好，我是羅騰堡，我剛創辦一個集團希望能幫助新興市場的企業家，非常希望能借用您幾分鐘，到您辦公室裡分享更多細節。」

不要擔心被別人覺得太激進。女性更應該學會這件事。

雅詩・蘭黛就很會跟蹤別人，許多成功創業家也不是以龐大的人脈起家，而是從一些小撇步開始。記得拿出勇氣，向你崇拜的前輩們開口。人們很願意回應熱情與清楚的願景。至少被我跟蹤的人是如此，那位導師最後接下了Endeavor集團國際諮詢委員會的副主席一職。總之，跟蹤其實是一個被大大低估的創業起步策略。

對即將進入社會、聰明有抱負的大學生，有什麼建議？可以不聽哪種建議？

人們總是告訴即將畢業的大學生和社會新鮮人要保持選項開放，不要關上任何一扇門。但保持所有選項開放，就會導致停滯，甚至是自欺欺人。我不知道有多少同學都說，畢業後到高盛或麥肯錫「先待幾年」，再去追求他們真正的志向（料理或是創業），但現在有多少人真的成為主廚或創業家？大多數人依然待在原本的金融顧問業，相信自己還有不同的選擇。所以我會給畢業生的建議是：關門。

這個建議同樣適用於那些一隻腳還在原來的工作的創業者。創業的初期階段沒問題，Nike創辦人奈特（Phil Knight）就當了好幾年會計師，Spanx創辦人布蕾克莉（Sara Blakely）也是賣傳真機直到創業規劃完整才辭職。不過記得，一旦有明確的創業想法，就不能再一心二用，我們不可能兼職建立起成功的企業。多數創業者都會把原來穩定的工作當作安全的退路，即使儲蓄已經足夠全職投入創業，他們仍會因為害怕而不敢離職。我給創業者的建議：當你的事業構想開始有動能，就馬上剪掉臍帶。不離巢，你的點子就無法展翅高飛。

等以後
再不顧一切地追求所愛，
絕對不會比此時此刻簡單。
現在就放手去做吧！

前白宮發言人
Tommy Vietor
托米・維爾特

TW: @Tvietor08, @PodSaveAmerica
crooked.com

托米・維爾特是溝通策略與公共關係公司Fenway Strategy
的合夥創辦人，他也共同創辦Crooked Media，並共同主
持政論播客節目「Pod save America」。他曾擔任歐巴馬
總統發言人近十年，在2011至2013年出任國家安全會議
官方發言人，成為美國國家安全相關議題及外交政策
的第一聯絡人。維爾特在2004年加入歐巴馬的參議院競
選活動，並擔任歐巴馬的美國參議員發言人。維爾特
曾是芝加哥大學政治學院客座講師，《競選與選舉》
（*Campaigns and Elections*）雜誌將他評為2014年「十大溝
通高手」。

最常送人的書？為什麼？或影響最深的一到三本書是哪些？

廷堡格（Robert Timberg）的《夜鶯之歌》（*The Nightingale's Song*）對我的影響非常深遠。記錄五位美國海軍官校畢業生從參與越戰到投入政壇的歷程，包括馬侃（John McCain）、麥克法蘭尼（Bud McFarlane）、諾斯（Oliver North）、波因德克斯特（John Poindexter）和韋伯（Jim Webb）。他們的非凡事蹟充滿勇氣與犧牲，也警示著世人：即使我們自認為在實踐某個崇高的理想，仍然會迷失自我、誤入歧途。

有沒有任何失敗，或看起來是失敗的經驗，成為後來成功的墊腳石？有「最喜歡的」失敗經驗嗎？

2002年，我大學畢業後搬到華盛頓特區，在甘迺迪（Ted Kennedy）參議員底下實習。我立刻愛上了政治，認定這就是我要追求的職業。實習結束後，我應徵華府的每個職缺。但民主黨在期中選舉慘敗，我申請的職缺有一半都消失了，我只好繼續當無薪實習生。後來，甘迺迪議員的辦公室有一個在櫃檯接電話和招呼訪客的職缺，我認為我很有機會。我申請了那份工作、去面試，還有不少人推薦我，結果最後是別人拿到了那份工作。當時我很絕望，但要是我得到那工作、待在華府，我就不可能有機會參與歐巴馬的參議員競選，我的人生也會完全不同。那次的失敗是我職涯最重要的一步。

最成功或最值得的投資？

我最聰明的投資是放棄高薪的工作、選擇無價的經驗。在競選總部工作就是一個例子。沒有薪水，工時超長，而且

如果選輸了就立刻失業。但以短期犧牲換來寶貴的學習經驗，是我做過最明智的決定。

我整整兩年都睡充氣床墊，這張床陪著我到北卡羅萊納、伊利諾跟愛荷華州。每天醒來，床墊就塌掉一半，我的屁股都貼到地上。我的帳戶透支了無數次（多謝美國銀行）。但那時的體驗比任何薪水都有價值，不論在當時或現在看來都是如此。

對即將進入社會、聰明有抱負的大學生，有什麼建議？
別擔心賺不到錢，不要有一定要有計劃的壓力。不要忙著建立人脈或為下一步做打算。盡力去尋找自己熱愛的事，因為現實很殘酷，大部分人永遠都找不到自己真正有熱情的職業。對很多人來說，現實生活不過就是埋頭忙碌，等待週末。等以後再不顧一切地追求所愛，絕對不會比此時此刻簡單。現在就放手去做吧！

感到超載或無法專注時，會怎麼做？
我靠閱讀新聞、寫評論維生，但我每天早上起床都還是會感到資訊超載。當我試著釐清該先專注在哪一件事情上時，就會感覺到自己的血壓開始上升。我調適的方法就是記得：即使什麼都不讀，世界還是會繼續轉動，隔天報紙仍會繼續發行。而與其想什麼都要消化，不如只吸收少量高品質的資訊。這可以應用在很多事情，例如：與其為了見到所有人而到處跑，不如只和一位朋友好好度過美好的夜晚。

如果可以在任何地點放廣告看板，內容不限，想在上面放什麼？為什麼？

「別再看手機了！」寫給別人，也寫給我自己。

費里斯畫線名言

（2016年11月25日至2016年12月30日）

「不可盡信自己。」

──B. J. 米勒（BJ Miller, MD）

安寧照護醫師，引自知名佛門金句

「忘記痛苦很難，但記住快樂的感受更難。快樂不會留下疤痕，我們也難以從和平中學到教訓。」

──帕拉尼克（Chuck Palahniuk）

知名美國作家，《鬥陣俱樂部》作者

「少說，多聽。」

──布朗（Brené Brown）

《脆弱的力量》作者

「不管感覺多麼真實，現實終究只是幻象。」

──愛因斯坦（Albert Einstein）

德國理論物理學家，諾貝爾獎得主

你會發現
這一行的祕密就是沒有祕密，
做自己就好。

傳奇主持人
Larry King
賴瑞·金

TW: @kingsthings
ora.tv/larrykingnow

賴瑞·金被《電視指南》雜誌譽為「電視史上最出色主持人」，《時代》雜誌稱他為「麥克風大師」。在半世紀的主持生涯中，他完成超過五萬場訪談，專訪過福特之後的每一任美國總統。「賴瑞·金現場」節目從1985年開始在CNN持續播出25年。賴瑞·金有「訪談節目界的穆罕默德」之稱，入選美國五個娛樂名人堂，獲得艾美獎終身成就獎和著名紐哈思獎卓越媒體獎。他主持的電視及廣播節目也曾贏得皮博迪獎。賴瑞·金也是名作家，寫過自傳《麥克風與吊帶》（*My Remarkable Journey*）。他現在擔任「Ora TV」的網路節目「Larry King Now」主持人。

作者注：我的朋友福斯曼（Cal Fussman）（@calfussman,
calfussman.com）是《時代》雜誌暢銷作家，也是《君子雜
誌》特約作家，他最為人知的就是在《君子雜誌》的「我
學到了什麼」專欄。福斯曼曾訪問許多影響當代文化的重
要名人，包括戈巴契夫、阿里、卡特、甘迺迪、貝佐斯和
布蘭森。福斯曼和賴瑞・金很要好，兩人在洛杉磯幾乎每
天都一起吃早餐。賴瑞・金是很難訪問到的大人物，但我
很希望能在書中收錄他的洞見，所以福斯曼很慷慨地替我
訪問賴瑞・金本人。除了原訂的問題，我們也希望能收錄
更多賴瑞的故事，所以這一篇的形式和問題有點不一樣。
我再次由衷感謝二位！

賴瑞・金第一次當晨間播報員：

> 1957 年 5 月 1 日星期一早上，9 點鐘錄影，我大概 6
> 點就到電台了。出門前，我叔叔給了我一個大大的擁
> 抱，親了我一下。我記得那天很溫暖，有點潮濕，像
> 是邁阿密沙灘的晴天。電台在 41 街 8 號，對面有一
> 間派出所。我去年還有再回去，現在已經變成另一
> 個電台了。

> 總之，那天我就像小祕書一樣 8 點就到公司，和值
> 大夜班的同事打招呼後就開始準備要播的音樂。大
> 約 8 點 45 分，在我準備好開始的時候，總經理馬歇
> 爾說：「來我辦公室一下。」

> 到辦公室後，他說：「這是你第一天廣播，祝你好
> 運。」我回答：「謝謝。」他問：「你要用什麼藝名？」

「什麼？」

「呃，賴瑞・齊格勒（Larry Zeiger）這個名字不太適合。」齊格勒是我的真名，這個名字今天拿來用絕對沒問題，我現在叫什麼名字都可以，英格伯・漢普汀克（Engelbert Humperdinck）這種怪名字都沒問題。

但那時總經理說不行，他說我的真名太不本土化了，人們會不知道怎麼拼，所以我們一定要取個藝名。「但再 12 分鐘就要廣播了。」我說。

「嗯……」他停頓一下，翻開桌上的《邁阿密先驅報》。現在回想起來人生還真奇妙，我等等還要為那份報紙寫專欄。總之，報紙上有一個華盛頓大道上賣的金牌批發酒廣告，總經理瞄了一眼後問我：「賴瑞・金怎麼樣？」

我回答：「可以啊，還不錯。」但心裡其實頗無奈的，我就這樣得到新名字，準備正式廣播。

9 點整。我播放片頭音樂，調低音樂音量，打開麥克風，卻吐不出半個字。我什麼話都說不出來，我反反覆覆把音樂調大又調小聲，非常焦慮，汗流浹背。我看著時鐘，開始跟自己對話：「我做不到，其他事情我都做得到，但這實在太可怕了，我或許會就此斷送我的夢想了。」這時候馬歇爾（願他安息）一腳把錄音室的門踹開，破口大罵：「這是一個要講話的工作，快給我開口說話！」

他把門關上，於是我把音樂音量降低，打開麥克風

說：「早安。我是賴瑞‧金，這是我第一次這樣介紹自己，因為我剛剛才得到這個名字，而且這是我第一天主持廣播節目。這是我夢寐以求的職業，我從五歲開始就會模仿主持人或講者說話。」

「而且我很緊張，非常緊張，所以希望大家多多包涵。」然後我開始播放音樂，從那之後我再也沒有感到焦慮過。

後來我把這故事告訴戈佛雷（Arthur Godfrey）、格里森（Jackie Gleason）和其他人，他們說：「這一行的祕密就是沒有祕密，做自己就對了。」我不騙你，那之後的 60 年，我都堅持做自己。所以不要害怕問問題，也不要害怕自己說出來的話感覺很笨。

福斯曼最愛聽的賴瑞‧金故事：

我踏入廣播業後主持了兩個月的節目，每天從早上 9 點到中午 12 點，我非常熱愛工作時的每分每秒。我每天都等不及要去電台上班，等不及開始廣播，天啊，我好愛這份工作！

有一天，總經理又把我叫進辦公室：「主持通宵節目的福克斯生病了。你今天晚上可以代替他主持嗎？」「好啊。」我回答。他說：「那你今天要單獨待在電台一整晚，電台太小了，工程師不會在這裡過夜。記住，你要自己負責看錄音設備的儀表板、播音樂和廣播，從午夜一直到早上 6 點。結束後，你就自己找點事做，接完早上 9 點的廣播再休息。」

「好啊，沒問題。」於是我就在電台獨自度過一個晚上，放了許多音樂，跟聽眾聊了時間、天氣變化和世界時事。然後電話響了，我接起來：「WAHR 電台。」

說實話，我到現在都還記得電話裡那個女人的聲音。那個女人用很性感的聲音跟我說：「我想要你。」要知道，我那時候才 22 歲，臉上的青春痘像好時巧克力塊一樣。當時我真的小鹿亂撞，從來沒有人對我說過「我想要你。」

我心想：做這行好處還真不少。我不可置信地問：「等等，等等，妳剛剛說妳想要什麼？」她又說：「到我家裡來。」我回答：「但我正在主持廣播，6 點就結束。」「我家離電台只有十個街區，我 6 點要出門上班，現在不來就沒機會了。這是我的地址，趕過來吧。」

我當時真是天人交戰。我熱愛廣播生涯，但也從來沒有人對我說過這種話。後來，聽眾們聽到的內容是這樣的：「各位先生女士，我今晚代班，所以我決定給大家一個舒適的夜晚，接下來我將不再中斷音樂，讓貝拉方提（Harry Belafonte）的《卡內基大廳》專輯陪你們度過漫長的夜晚。」

我有 23 分鐘，這是我所需要的全部時間，直到今天仍然如此。那時候還沒有預錄卡帶，我就把音樂放著，跑出去開車，找到了她說的車道，停著她描述的車子。我打開門，燈就掛在門上，走進一間小小的、燈光昏暗的房間，沙發上坐著身穿白色薄紗睡衣的

女人。她向我張開雙臂，我抱住她，緊緊將她擁入懷中，我們的臉頰貼在一起，我還依稀聽得到廣播節目的背景音樂。

然後，我聽到貝拉方提唱著〈再會了，牙買加〉：「沿著夜色昏暗的，夜色昏暗的，夜色昏暗的……」音樂卡住了！我馬上把女人推回沙發，跑出去發動車子。我根本就是典型的自虐狂，開回電台的路上也開著廣播，聽著那句歌詞不斷重複：「沿著夜色昏暗的，夜色昏暗的，夜色昏暗的……」

我衝進電台，所有的提示燈都在閃，都是聽眾的call-in。我當時真的覺得無地自容，接起電話一個個道歉。最後一通電話來自一位老猶太男士，我才剛說：「WAHR 電台，早安。」對方馬上說：「沿著夜色昏暗的，夜色昏暗的，夜色昏暗的……我真的快要被『夜色昏暗的』搞瘋了！」我說：「天啊，我真的非常抱歉，但你怎麼不換頻道？」他回答：「我生了重病，整天躺在床上，需要護士照顧。她晚上下班後把收音機轉到你的頻道就走了，收音機又放在衣櫥上，我在床上動彈不得，根本就碰不到。」我說：「真的很不好意思，請問我能做什麼事來補償你嗎？」他說：「幫我播〈讓我們歡樂〉（Hava Nagila）吧。」

影響最深的一到三本書？
《麥田捕手》，還有格雷姆（Frank Graham）的《盧‧賈里格》（*Lou Gehrig: A Quiet Hero*）。

與眾不同的習慣，或荒謬的嗜好？

我喜歡計算一個片語或一句話裡的字母數量，再看看是不是能被字數整除，像是「True love」就是八個字母被平均分成四個單字一組，共兩組字。我不喜歡看到不平均的字數，喜歡什麼都能看起來很和諧，所以常常在腦子裡思考這些事情。

大家都會有特別的嗜好，我吃很多醫生開的藥和維他命，我會把藥罐按一定的順序擺好放在衣櫃裡。吃藥時，我會按順序一瓶一瓶拿出來，再依序擺回去，這是我的原則。

寶貝，平常心就好。

中東媒體女王
Muna Abusulayman
穆娜・阿布・蘇萊曼

TW: @abusulayman
FB: /Muna.Abusulayman.Page
haute-elan.com

穆娜・阿布・蘇萊曼是中東頂尖媒體人，她是阿爾瓦利德基金會的前任創辦祕書長，基金會隸屬於阿爾瓦利德王子（Prince Alwaleed bin Talal）的沙特阿拉伯王國控股公司（Kingdom Holding Company）。蘇萊曼目前擔任沙烏地阿拉伯中東衛星電視網（MBC）知名節目「柔軟言論」（*Kalam Nawaem*）的共同主持人。2004年，蘇萊曼被世界經濟論壇選為「全球青年領袖」。2007年，她成為第一位來自沙烏地阿拉伯的女性聯合國親善大使。她在2009及2010年連續登上全球五百大最有影響力的穆斯林。2011年時，《阿拉伯商業週刊》將蘇萊曼評選為21世紀最有影響力阿拉伯女性，在全球最具影響力阿拉伯人中排行第131名。

最常送人的書？為什麼？或影響最深的一到三本書是哪些？

在人生不同階段，我們會對不同的書產生共鳴，那些書改變我們，使我們成長。要選一本書真的很難，但如果一定要選，我會選尤瑞（William Ury）的《學會說不》（*The Power of a Positive No*）。這本書讓我了解以前為什麼會答應我根本不想做的事。更重要的是，這本書給了我拒絕別人的方法，可以一視同仁、不帶罪惡感地拒絕他人。

當然還有很多書讓我認識自己、引導我改變，但如果不是因為這本書讓我學會拒絕那些耗費時間的活動，我就不會有時間精進自己。

如果可以在任何地點放廣告看板，內容不限，想在上面放什麼？為什麼？

我的兩句座右銘都是出自我爸爸，他知道我是追求完美的人，任何事都想做到最好，所以他告訴我：「妳只能做到妳的最好。」、「寶貝，平常心就好。」阿拉伯文中的 *Azizi* 就是「寶貝」。

盡力而為，相信自己的能力，如果還是事與願違，那就「寶貝，平常心就好。」這句話幫助我度過一段責任太多太重、我又想要面面俱到的黑暗時期。這句話也教會我對自己負責。盡力，平常心，活下來為明天而戰。

與眾不同的習慣，或荒謬的嗜好？

我到新的國家旅行一定會去吃當地特殊口味的冰淇淋。我非常愛吃冰淇淋，我覺得冰淇淋應該成為食物的第六大類。我吃過最怪的口味應該是馬來西亞的榴槤冰淇淋，榴

槤是一種奇特的水果，聞起來像臭水溝，但只要能克服氣味這一關，就會愛上它。另外，羅馬Venchi冰淇淋店幾乎所有水果口味的冰淇淋我都愛。

感到超載或無法專注時，會怎麼做？

我發現工作量超出負荷，我就無法專注於手上的工作，這也是為什麼懂得拒絕對我來說那麼重要。但有時候無法專注可能是一個徵兆，代表我們不在乎這個工作。如果是這樣，就需要好好反思、和心靈導師深入討論，看看自己是否需要休息一段時間，或是旅遊放假，或是轉換職涯跑道。

最成功或最值得的投資？

我最值得的投資就是在孩子還小時陪伴他們。我以前每天行程很滿，工時又長，所以我必須放棄大人的社交活動，才能把時間留給孩子。這讓我與孩子很親近，我們有床邊故事時間，也會一起渡假，製造美好回憶。

現在我的工作已經穩定，擁有更多自己的時間，但孩子們也都離家獨立了。我很慶幸以前有花時間跟他們相處，和他們一起度過許多平凡幸福的時光，因為現在我有時間，孩子們卻開始忙碌了。

我以前只要去外地出差超過三天，都會把小孩帶在身邊，雖然要多花錢，但可以增加我們的相處時間，也能互相探討不同文化的課題。

如果我在電話上討論公事時孩子在身旁，我都會告訴他們

談話的內容、工作的情況以及我如何解決問題。這樣他們不僅可以知道是什麼事情搶走了媽媽，也可以讓他們提早接觸到以後要面對的世界。

人類歷史上，
從來沒有任何一個社會
因為人民變得太理性而遭殃。

暢銷作家
Sam Harris
山姆・哈里斯

TW: @SamHarrisOrg
samharris.org

山姆・哈里斯是暢銷作家，擁有史丹佛大學哲學學士學位和加州大學洛杉磯分校的腦神經科學博士學位，著有《信仰的終結》（*The End of the Faith*）、《給基督教國家的一封信》（*Letter to a Christian Nation*）、《道德風景》（*The Moral Landscape*）、《自由意志》（*Free Will*）、《謊言》（*Lying*）、《覺醒》（*Waking Up*），以及與納瓦茲（Maajid Nawaz）合著的《對話：伊斯蘭與寬容的未來》（*Islam and the Future of Tolerance: A Dialogue*）。他也主持播客節目「和哈里斯一起醒腦」（*Waking Up with Sam Harris*）。

最常送人的書？為什麼？或影響最深的一到三本書？

多伊奇（David Deutsch）的《永恆起源》（*The Beginning of Infinity*）讓我更認識人類智慧的潛能，伯斯特隆姆（Nick Bostrom）的《超智慧》（*Superintelligence*）則讓我擔心機器會毀滅一切。兩本書我都強力推薦。但如果你不想擔心未來，想沉浸在某本徹底改變非文學書寫的傑作，我推薦卡波提（Truman Capote）的《冷血》（*In Cold Blood*）。

過去半年或近期記憶中，哪筆一百美元以下的花費，對生活帶來最多正面影響？

我在WaterField Designs找到很棒的69美元MacBook專用皮套。品質非常好，讓我比以前更常帶電腦出門，也提升了我在外面的工作體驗。

如果可以在任何地點放廣告看板，內容不限，想在上面放什麼？為什麼？

「人類歷史上，從來沒有任何一個社會因為人民變得太理性而遭殃。」人類作為一個物種，一直活在對話與暴力的角力中。所以，讓對方理解自己非常重要。唯有努力以開誠布公的理性溝通，我們才有辦法和數十億的陌生人合作。這也是為什麼教條主義以及不誠信不只是學術問題，更是社會問題。當我們無法誠實理性地溝通，就會失去與世界、與彼此的連結。

過去五年，讓生活變好的新信念、行為或習慣？

我記得五年前我連播客是什麼都不知道，但現在《和哈里斯一起醒腦》幾乎每週都會有新內容。經營播客讓我接觸

到許多特別的人，我在其他場合不可能遇到這麼多形形色色的人，而我們談話的內容觸及的觀眾，也遠比會閱讀我著作的讀者還多。我深感幸運，自己作家兼演說家的生涯能遇見這項新科技。我們正活在音頻的新黃金年代。

對即將進入社會、聰明有抱負的大學生，有什麼建議？

不要擔心剩下的人生該怎麼過。先找到有收入又有趣的方式過接下來的三到五年就好。

過去五年，有什麼事不再難以拒絕？

出於需要，我變得很會拒絕別人任何事。其中最常拒絕的就是工作相關的要求，合作企劃、推薦書、採訪和參加會議等。當我意識到我其實是在「為我自己工作」（或者和家人相處）跟「為他人工作」（而且通常是免費）這兩個選項間抉擇時，拒絕就沒那麼難了。紀錄片訪談特別容易拒絕，參與過幾次之後，我發現這些影片最後大部分都石沉大海。

我並不是不願意幫助別人。其實我很常幫助別人，前提是我真心想要這麼做。「沒辦法拒絕別人」向來都不是我的困擾。

感到超載或無法專注時，會怎麼做？

覺得超出負荷時，我會跟我太太抱怨。經過30秒的耐心聆聽，她通常都會叫我「閉上嘴」。然後，我就會去冥想或健身。

每天醒來，
我都堅信自己的潛力
還未發揮到極致。
「卓越」應該是動詞。

西洋棋大師
Maurice Ashley
莫里斯・阿什利

TW: @MauriceAshley
mauriceashley.com

莫里斯・阿什利是首位非裔美籍國際西洋棋特級大師，曾擔任三屆國家冠軍的教練。他也透過寫作、ESPN體育頻道賽評、iPhone應用程式設計、設計拼圖及激勵演說，傳達對棋藝的熱情。阿什利於2016年入選美國西洋棋名人堂。他的著作《攻棋不備》（*Chess for Success*）點出西洋棋的諸多益處，特別是如何透過西洋棋幫助危機青年。他的TED演講「回溯分析」有近五十萬點閱。我、阿什利和我們的共同好友維茲勤曾拍攝《提摩西・費里斯的實驗》節目中的巴西柔術特輯。

最常送人的書？為什麼？或影響最深的一到三本書？

有幾本書從本質上改變了我。希伊（Gail Sheehy）的《人生變遷》（*Passages*）直到今天我還是深有共鳴。我18歲讀這本書時有一個大發現：在未來的每個人生階段，從年老一直到死亡，我都會成為不同的自己。我意識到自己應該試著顛倒著活，把年老時的智慧運用在現在青春有活力時。我不是總是能做到，但這個概念幫助我釐清哪些才是真正重要的事。

我也推薦達蒂（William Dufty）的《糖的憂鬱》（*Sugar Blues*），徹底改變了我的飲食習慣。倫納德（George Leonard）的《如何把事情做到最好》（*Mastery*）細述在任何領域成為專家都會經歷的挑戰。《一週工作4小時》則幫助我拋棄平凡的生活，選擇我想過的生活。

有沒有任何失敗，或看起來是失敗的經驗，成為後來成功的墊腳石？有「最喜歡的」失敗經驗嗎？

作為西洋棋選手，失敗是成長的必要元素。我人生最重要的失敗是在百慕達的錦標賽。當時只差一場勝利，我就能獲得國際西洋棋特級大師的封號，那是最高的榮譽。那場比賽中，我對上德國特級大師畢左（Michael Bezold），當比賽來到關鍵時刻，我要選擇拿下他的一顆主力或一個小卒。如果只拿小卒，我能保住所有的優勢，但拿下他的城堡，我卻頓時喪失所有攻擊的路徑。賽後，曾經四次拿下美國特級大師的沙巴洛夫（Alexander Shabalov）細心點出我的錯誤，他對我說：「要拿到大師頭銜，你要先成為大師。」這句話我永遠不會忘記，我馬上了解到自己要回去

繼續磨練，才能贏得真正的勝利。這個觀念從此幫助我更專注在過程，而非結果。

如果可以在任何地點放廣告看板，內容不限，想在上面放什麼？為什麼？

「每天醒來，我都堅信自己的潛力還未發揮到極致。「卓越」應該是動詞。」某天早上我突然想到這句話。在長眠之前，我還有一段很長的路要走，所以我要在剩下的日子積極找尋自我精進的方法，年復一年地進步。「卓越」不是某個終極目標，而是在日常中採取許多微小的行動，不斷磨練並更新自己的技能，每天都成為更好的自己。

過去五年，讓生活變好的新信念、行為或習慣？

我最近加入了「地標」（Landmark）自助課程，學到如何在人際關係中更敞開心胸、更透明。長期下來，我的人際關係變少了，品質變好了。我也不再為他人的想法而焦慮。現在，我最重要的口頭禪大概就是「真誠」，它是我心中的尺，幫助我檢視自己是發自內心的真誠分享，還是在說沒意義的廢話。

很多企業煩惱
付出小額的直接成本，
但對於多餘的人力
在會議室開好幾小時的會
卻毫不在意。

天然氣之王
John Arnold
約翰・阿諾德

TW: @JohnArnoldFndtn
arnoldfoundation.org

約翰・阿諾德是勞拉與約翰・阿諾德基金會的聯合主席。基金會的主要目標是透過改善社會、政府和經濟系統改善人類生活。阿諾德是射手座能源顧問有限公司（Centaurus Energy）的創辦人兼執行長，他在2012年宣布從這家市值數十億的能源商品對沖基金公司退休，震驚華爾街。成立射手座之前，他在安隆擔任過許多職位，領導天然氣衍生產品組的時期最為出名，人稱「天然氣之王」。阿諾德擁有范德堡大學文學學士學位，現為突破能源風險投資基金（Breakthrough Energy Ventures）董事會成員。這是由投資人建立的創投公司，致力於投資能降低全球溫室氣體排放量的轉型科技。

最常送人的書？為什麼？或影響最深的一到三本書？

一個人對人生的態度取決於他的樂觀程度。樂觀的人愈會投資自己，因為他們預期以後可以得到更高的報酬。悲觀的人則喜歡以長期投資換取馬上能看見的成果。我們的新聞每天報導的都是負面訊息，是典型的見樹不見林。瑞德里的《世界，沒你想的那麼糟》及平克的《人性中的良善天使》對現實的描寫最為真實：幾乎所有事情以長遠來看都是往正面發展。樂觀具有反射性，會對因果關係產生交互影響。一個社會對於未來愈樂觀，這個社會的未來就愈美好。這兩本書提醒了我們人類社會已經走了多遠。

對即將進入社會、聰明有抱負的大學生，有什麼建議？可以不聽哪種建議？

很不幸地，建議通常是根據個人的經驗，參考價值有限。讀一些大學畢業典禮演講，就會發現每個故事都是獨一無二的。有一個創業家說，他為了一個點子努力了好幾年，最後終於成功，就一定會有人一直轉換跑道。如果有成功人士說他設定偉大的目標，就一定會有人說他都是見機行事。所以不要理會建議，特別是剛出社會的新鮮人。通往成功的道路沒有一條是共通的。

過去五年，有什麼事不再難以拒絕？

我一直到最近才對「時間就是金錢」這句名言有體會。對於時間很寶貴的人而言，學習拒絕不必要的會議是一定要學會的技巧。在一個沒有效率的會議中呆坐的機會成本非常高。這件事相當明顯，但人們在時間與金錢上總是很難取得平衡。很多企業煩惱付出小額的直接成本，但對於多

餘的人力在會議室裡花好幾個小時開會卻毫不在意。近幾年，我變得比較會評估時間的機會成本。

費里斯畫線名言

（2017年1月6日至2017年1月27日）

「計畫表能避免混亂和突發狀況，是捕捉日子的網。」

—迪勒（Annie Dillard）
美國作家與教授，普立茲獎得主，《汀克溪畔的朝聖者》作者

「總是覺得被冒犯的人，到哪裡都覺得有人在挑釁自己。
我們不可能取悅每個狂熱者，試著取悅他們更是有失我們
的人格。」

—希鈞斯（Christopher Hitchens）
作家，記者，社會評論家

「容易被嚇到的人，應該多被嚇一嚇。」

—蕙絲（Mae West）
美國影史傳奇電影女星

「如果一個想法在一開始的時候並不荒謬，那它就是沒有
希望的。」

—愛因斯坦（Albert Einstein）
德國理論物理學家，諾貝爾獎得主

美好人生的關鍵，
就在每一天能過得快樂。
用每一天來衡量人生的美好。

30歲就退休知名部落客

MR. Money Mustache

錢鬍子先生

TW/FB: @mrmoneymustache
mrmoneymustache.com

錢鬍子先生本名艾德尼（Pete Adeney），生於加拿大一個專出鬼才音樂家的家庭。艾德尼在1990年代取得電腦工程學位，在幾家科技公司工作後，30歲時退休。艾德尼和太太住在科羅拉多州博爾德市，育有一子。他們在2005年就辭職開始過退休生活。這不禁讓人好奇：「到底怎麼辦到的？」基本上，他們把生活各面向的支出減到最低、投資簡單的指數基金，過著開心的生活。他們的平均年支出只有25,000至27,000美元，對於物質的需求降到最低。2005年開始，一家三口開始過著自由的生活，投入有趣的計畫、副業和冒險。2011年，艾德尼創辦了錢鬍子先生部落格分享自己的人生哲學，至今觸及2,300萬人，瀏覽人次達3億，成為紅遍全球的自營社群。

與眾不同的習慣，或荒謬的嗜好？

在陽光下曬衣服、撿柴與砍柴、在大風雪過後鏟掉一堆又一堆的雪。我覺得能好好地花時間在這些真實、傳統的人類活動是很令人開心的事，讓我們不會捲入商業、金錢和網路等人造的漩渦中。

過去五年，讓生活變好的新信念、行為或習慣？

發現要衡量自己的人生有多美好，最重要的是問自己：「我現在有多快樂？有多滿意自己的生活？」要過開心的生活比你想像的簡單許多。每個人都有開心和難過的時候，所以目標應該放在增加開心的時光，減少難過的時光。

如果你在很棒的一天結束時，問自己有多喜歡人生，答案通常都是正面的。如果你過了很糟的一天（或很多天），可能就會說人生爛透了。我發現，擁有美好人生的關鍵，就在於每天都過得快樂，如此一來你每天都會覺得人生很美好。要讓自己擁有美好的一天，有幾個簡單的方法：一夜好眠醒來後，吃一頓健康美味的早餐、離開手機與報紙和電腦，簡單拿一張紙開始寫下可以讓今天很美好的事。經過幾個小時的體能活動、認真的工作、有機會好好大笑，以及幫助別人之後，今天就離美好的一天不遠了。

所以，長期的挑戰就是好好設計你的人生，增加有意義的部分，減少沒有意義的部分。做每件事情的時候可以想：「這件事會帶給我更好的一天嗎？如果不會，世界上有沒有人找到不用做這件事的方法，而且還是很成功？」

對即將進入社會、聰明有抱負的大學生，有什麼建議？可以不聽哪種建議？

一般人給的糟糕建議就是大多數中產階級的想法：「找一個不錯、有前景、可以做40年的工作，一輩子仰賴雇主。」

這是個假設，但如果你照大家的方式生活，把收入的85％以上花掉，沒有錢買想買的東西就用借的，這個假設就會順其自然地發生，沒出差錯的話你大半輩子都會剛好活在財富的水平線上。但是，假設我們從自由的角度重新思考，你把原本25至30倍的年支出留住，拿去投資低成本的指數基金，或其他相對無聊的投資。如果把收入的15％存起來，大約65歲可以獲得自由。如果把收入的65％都存起來，30歲那天便能得到自由，而且在這個過程中通常會更快樂。

當然還有其他解決金錢問題的辦法，像是開一家賺錢的公司，或找到一個非常喜歡、可以做一輩子的工作。設法避開多數中產階級「賺錢、借錢、花錢」的循環，對早日獲得自由有很大的幫助。簡單一句話：高儲蓄率（或「人生的淨利率」）是擁有美好創新人生的最佳策略，因為儲蓄可以帶給你自由，而自由是創新的動力來源。

學習優濟大師的超覺靜坐，
冥想能解決痛苦，
帶來喜悦和成就感。
真的超棒！

金獎導演
David Lynch
大衛・林區

TW: @david_lynch
davidlynchfoundation.org

大衛・林區是得獎導演、編劇和製片。《衛報》稱他為
「本世紀最重要的導演」。許多經典電影和創新的電視
節目都是林區的作品，包括《橡皮頭》、《象人》、
《藍絲絨》、《我心狂野》、《雙峰》、《驚狂》和
《穆荷蘭大道》。他也是「大衛・林區以意識為基礎的
教育及世界和平基金會」的創辦人兼董事長，致力於教
導全世界的大人與小孩超覺靜坐。林區曾入圍三次奧斯
卡最佳導演獎，一次最佳改編劇本獎。他兩度獲頒法國
凱薩電影獎最佳外語片獎、也獲得坎城影展金棕櫚獎以
及威尼斯影展終身成就金獅獎。

最常送人的書？為什麼？或影響最深的一到三本書？

唐納（James Donner）的《那個汽車旅館週末》（*That Motel Weekend*）、《*The Srimad Devi Bhagavatam*》，以及卡夫卡的《變形記》。

有沒有任何失敗，或看起來是失敗的經驗，成為後來成功的墊腳石？有「最喜歡的」失敗經驗嗎？

真正的失敗會帶來巨大的自由。因為已經跌到谷底，除了往上，沒有別的地方可以去。沒有什麼可以失去了。這種自由是一種快感，可以啟發你去做你真正想做的事。做你真正想做的事時，你會感受到一種無拘無束的自由與喜悅，沒有絲毫恐懼。一種沉浸其中的快樂。《沙丘魔堡》是我最喜歡的失敗。

過去半年或近期記憶中，哪筆一百美元以下的花費，對生活帶來最多正面影響？

我買了1/8吋、1/4吋和5/16吋乘以36吋的未拋光實木圓木棒。我在Amazon Prime訂購，直送到我家門口。我拿它們來製作邊桌，相當適合用來做木榫。

過去五年，讓生活變好的新信念、行為或習慣？

學會使用Festool產品，提升木工的精準度。

如果可以在任何地點放廣告看板，內容不限，想在上面放什麼？

「學習優濟（Maharishi Mahesh Yogi）大師的超覺靜坐，常常冥想，就能解決你的痛苦，幫助你得到喜悅和成就感。真的超棒！」

最成功或最值得的投資？

1973年7月1號報名超覺靜坐的35美元，這是當時的學生價。

與眾不同的習慣，或荒謬的嗜好？

抽菸。

過去五年，有什麼事不再難以拒絕？

像是這樣的訪談。可想而知，我還有很多事情要忙。

對即將進入社會、聰明有抱負的大學生，有什麼建議？可以不聽哪種建議？

學習優濟大師的超覺靜坐，並常常靜坐。避開悲觀的想法和悲觀的人。

在專業領域聽過最糟的建議？

「即使你不喜歡，但為了錢還是要去做。」

感到超載或無法專注時，你會怎麼做？

坐著，然後渴望靈感出現。

可信賴的第三方
其實是安全漏洞。

加密貨幣先驅
Nick Szabo
尼克 · 薩博

TW: @NickSzabo4
unenumerated.blogspot.com

尼克 · 薩博是位通才，他的知識和興趣又深又廣，非常
驚人。他是電腦工程師、法律學者和密碼學專家，他是
智能合約和加密貨幣研究的先驅。「智能合約」這個詞
和概念就是薩博創造的，目標是把「高度進化」的合約
法和做法引進網路上陌生人之間的電商交易。他也是比
特金（Bit Gold）的設計者，許多人認為是比特幣的前
身。

最常送人的書？為什麼？或影響最深的一到三本書？

道金斯（Richard Dawkins）的《自私的基因》（*The Selfish Gene*）對於生命的解釋，包括對人類行為或自我的解釋，是我至今讀過最深入的。

對即將進入社會、聰明有抱負的大學生，有什麼建議？

每個人都在追尋社會認同，好友的奉承，社群媒體上的按讚數。你愈不需要有人給你正面回饋，能發揮創意的空間就愈大，長期而言，對社會帶來的貢獻也愈大。但你可能要等很長一段時間，才會有人喜歡你的想法，甚至願意付錢。想法愈新，就愈少主管和同儕能夠了解，人都會害怕他們不了解的事物，比較好的情況是大家會視而不見。但對我來說，研究那些想法的本身就是我的獎賞，雖然這是超無聊的派對話題。幾十年後，我當時的想法得到的迴響，有時甚至讓我不知道如何回應。

在專業領域聽過最糟的建議？

矽谷的名言「快速行動，打破成規」用在處理巨款完全行不通！

如果可以在任何地點放廣告看板，內容不限，你會想在上面放些什麼？

「可信賴的第三方其實是安全漏洞。」

過去半年或近期記憶中，哪筆一百美元以下的花費，對生活帶來最多正面影響？

我想不到特別值得一提的百元商品。那種可以打奶泡的東西（作者注：像是 PowerLix奶泡器）滿酷的，可以幫我調

出一杯我想要的可可或咖啡。如果不要把事情視為理所當然，我們現在覺得很平常（但一百年前還做不到）的事，像是將汽車加滿油，開車到舊金山錄費里斯的播客節目！

有沒有任何失敗，或看起來是失敗的經驗，成為後來成功的墊腳石？有「最喜歡的」失敗經驗嗎？

我最喜歡的失敗經驗是讓失業這件事變得有創意。我不會因為我「應該」要找工作或跟朋友吃飯就去找工作或吃飯。我最好的靈感會在沒人打擾時浮現，或是在沒有工作或社交包袱的時候出現。我能天馬行空、想出瘋狂點子，而且有時間可以好好思考。雖然這麼說，良好的教育（電腦科學和法律）以及從積極主動的工作經驗所培養的自律還是很重要（我還是需要錢！）。

最成功或最值得的投資？

最成功的投資就是，專心完成自己的想法，而不做我應該要做的事，雖然短期而言，這件事會惹來麻煩，例如，忽略老闆的想法……。換句話說，優先實現我認為很棒的點子，而先忽略社會上或從消費者角度的點子。例如，我會把這些點子用新穎且實用的方式結合，或利用新科技重新思考以前的點子。

另一個很棒的長期投資是理論導向電腦科學教育。學習過程中，我發現了很棒的技術，這些技術可以用來解決我想解決的龐大問題。那段期間對我的電腦科學能力也帶來實質好處，因此我很早就發現了網際網路，認識了擁有相同目標的少數同好，如果不是因為網路，我們可能一輩子都

不會認識。

與眾不同的習慣，或荒謬的嗜好？

我喜歡寫字在影印機的白紙上！我知道大家都很喜歡
Evernote，但就算身為電腦科學家和工程師，我還是會忍不
住拿白紙畫畫和寫下腦子最近一閃而過的想法。

感到超載或無法專注時，會怎麼做？

哈，我多希望能解決這個問題。我期待別人怎麼回答！

如果你笑不出來，就輸了。

健身狂人
Jon Call
喬恩・柯爾

IG/YT: jujimufu
acrobolix.com

喬恩・柯爾是知名的 Jujimufu，是位健身狂人兼特技表演者。2000年，他開始自學極限武術（tricking），那是一種結合空翻、轉體和踢腳的美感特技。2002年，柯爾創立trickstutorials.com 網站，經營12年後成為線上最大的極限武術社群。將超大槓鈴高舉過頭在椅子上劈腿是他最知名的影片，讓他一炮而紅，還上《美國達人秀》。《男士健康》（*Men's Health*）雜誌形容他：「看起來是肌肉猛男，動起來像忍者，表演出你從沒看過的瘋狂特技。」

最常送人的書？為什麼？或影響最深的一到三本書？

我這輩子最受用的書是黃忠良（Chungliang Al Huang）的《心生活運動》（*Thinking Body, Dancing Mind*）。那是一本運動心理學的書，以道家思想為基礎，但作者對道家思想有獨特的闡述。我很幸運在15歲時能在書店遇見那本書，對我當時的跆拳道訓練非常有幫助，今天我仍然會隨手拿起那本書翻閱。

過去半年或近期記憶中，哪筆一百美元以下的花費，對生活帶來最多正面影響？

單頭電熱爐。我買了Aroma Housewares AHP-303/CHP-303單頭電熱爐，售價不到20美元，很適合保溫咖啡，裝一到三杯都沒問題！

有沒有任何失敗，或看起來是失敗的經驗，成為後來成功的墊腳石？有「最喜歡的」失敗經驗嗎？

2012年3月，我在練習特技時扭傷腳踝，是第二級扭傷，有7個月不能正常練習特技。那是很漫長的復原期，但有趣的部分來了，扭傷期間我決定瘋狂練吊環，那半年時間我每兩天就做一次高難度的吊環運動。比起自由重量訓練，吊環比較不容易增加肌肉質量，但我靠吊環增加了15磅！腳踝幾乎痊癒時，我又開始練習特技，結果發現那段期間的高強度吊環訓練讓我的特技有不可思議的轉變，效果到現在還看得到。假如當時沒有扭傷腳踝，我的特技技巧就不會變多元，甚至可能還是那個在公園獨自練特技的瘦小孩。

如果可以在任何地點放廣告看板，內容不限，想在上面放什麼？為什麼？

「如果笑不出來，就輸了。」這是我今年自己編的一句話，我想在生活中實踐這句話。這句話很棒的地方在，反面狀況會帶給人很大的啟示。有人過世時，特別是你愛的人過世時，就會笑不出來，這代表生命中並不是每一件事情都可以獲勝，有時候，我們真的會輸！但我們必須分辨真正的失去和性格上的缺陷。車子被刮到，或趕不及在一週來一次的垃圾車來之前把垃圾拿到路邊，都是很惱人的事，這時候應該笑一笑讓這些事過去。愈早可以笑，就愈早能繼續向前走。愈早能笑自己，就愈早能活出真正的人生。

與眾不同的習慣，或荒謬的嗜好？

我喜歡聞嗅鹽！健力選手上台舉最高重量之前都會聞嗅鹽。嗅鹽是一種化學物質（通常是阿摩尼亞）組成的化合物，可以用來提高警覺和增強表現。

嗅鹽有很多種，安瓶是最好的保存方式，因為每次使用都能維持品質H5041-AMP急救用氨吸入劑安瓶滿不錯。我喜歡看別人第一次聞嗅鹽的樣子，超刺鼻！大部分的人聞嗅鹽都是為了舉重，但我為嗅鹽開發了更多用途：坐太久而疲勞嗎？可以聞嗅鹽！開車開到打瞌睡嗎？可以聞嗅鹽！滿腦子都是性但無處發洩嗎？也可以聞嗅鹽！

過去五年，讓生活變好的新信念、行為或習慣？

經營我的社群媒體。消費社群媒體和在社群媒體創作，這

兩種角色完全不同。在社群媒體中當創作者,可以讓你得到很多正向的關注,但我想的更遠,我創作的目的是要擴大我的粉絲群。如果創作者能提供有價值的資訊,社群媒體的功效就能發揮到極致。我會注意所有的數據(按讚、負評和觀看次數等),並努力讓自己的內容跟上潮流,提供最有價值的資訊。我永遠都不會做我不想做或不喜歡做的內容,而是製作屬於我的風格、會逗人大笑的內容。自從開始努力經營社群媒體,我真的能把原本在做的事發展成職涯。我依靠做真實的自己維生,這是個很奇妙的感覺。這一切會發生都是因為努力經營社群媒體。

在專業領域聽過最糟的建議?

在柔軟度訓練上,很多人都以為做同一個伸展動作很久就能變得柔軟,但這是錯誤的。在同樣的時間內把伸展動作分成幾組,每組中間有短暫休息,才會獲得最佳效果。休息對於柔軟度訓練非常重要。就算不喘也不累,但身體還是需要時間適應。最好的方式是伸展一分鐘、休息三分鐘、重複三次,而不是同一個伸展動作連續做三分鐘。要做柔軟度訓練就要用正確的方法,不然只是在浪費時間。方法就是分成幾組,每組中間要休息。

過去五年,有什麼事不再難以拒絕?

跟別人聊天時,我現在比較會拒絕我的大腦去想更厲害的故事。我的意思是,可能對方在說一個故事,是他的個人經驗。以前的我是馬上想到自己發生過比他更厲害或更酷的經驗。現在,我不會趁空檔時開始講自己的故事,而是會問對方更多的細節。這個改變很不可思議,損失一點炫

耀自己的機會，完全比不上我問了更多問題之後學到的事。每個故事一定都有某部分會讓人感到驚喜。別以為故事的開頭不太有趣，就認為整個故事很無聊，多問一點問題，就會發現很多驚喜！

感到超載或無法專注時，會怎麼做？

感到超載或無法專注時，我會打電話給我爸媽。我爸媽結婚超過40年，他們是我認識最真誠的人，現在還住在我從小長大的房子裡。每次打電話給他們，我都有種還是家裡的小男孩的自在感。我會跟他們分享我的壓力，但我還是比較喜歡聽我爸最近在後院蓋什麼、家裡的狗狗過得如何，這些跟我當下碰到的困難沒有關係的事。我很幸運我仍然能打電話回家。

費里斯畫線名言

（2017年2月3日至2017年2月24日）

「人生如果不是一場大膽的冒險，就什麼都不是。」

—海倫·凱勒（Helen Keller）
首位取得大學學位的盲聾者，電影《熱淚心聲》就是改編她的故事

「長久以來，我發現一件事：有成就的人不會坐著等事情發生，而是出門去找事情做。」

—達文西（Leonardo Da Vinci）
義大利文藝復興時期的博學者，創作《蒙娜麗莎》與《最後的晚餐》

在最低處並不是壞事，
因為你沒有別的選擇，
只能往上。

最快女子泳將
Dara Torres
達拉‧托里斯

達拉‧托里斯是全美最快的女子游泳健將。她14歲時首次參與國際游泳賽事，幾年後就參加1984年的奧運。2008年北京奧運，41歲的托里斯是年紀最大的選手，她贏得三面銀牌，包括只差金牌0.01秒的50公尺自由式。托里斯參加過五次奧運，共贏得12面獎牌。她是第一位登上《運動畫刊》泳裝特輯的女性運動員。2009年，她在ESPY年度卓越運動頒獎典禮得到「最佳回歸運動員獎」，也是《運動畫刊》「十年最佳女性運動員」。托里斯著有《年齡只是一個數字》（*Age Is Just a Number*）。

對即將進入社會、聰明有抱負的大學生，有什麼建議？可以不聽哪種建議？

許多人都是從基層開始向上爬，所以不用覺得身在職場底端是壞事，你沒有別的方向，只要努力往上就好。忽略那些聽說與謠言，只相信事實。

過去半年或近期記憶中，哪筆一百美元以下的花費，對生活帶來最多正面影響？

我用來舒緩曬傷Crepe Erase的護膚產品。

與眾不同的習慣，或荒謬的嗜好？

腸胃不適時我會吃沒煮的Top Ramen泡麵。

感到超載或無法專注時，會怎麼做？

騎飛輪、游泳、打拳，或是芭蕾舞桿伸展，釋放壓力，讓自己更專注。

如果可以在任何地點放廣告看板，內容不限，想在上面放什麼？為什麼？

「未來屬於那些相信自己夢想的人。」——普遍認為出自愛蓮娜・羅斯福（Eleanor Roosevelt）

我喜歡流汗，
流汗對我來說是一種淨化。
不只是冒汗，是真的爆汗。

摔角天王
Dan Gable
丹‧蓋博

TW: @dannygable
FB: /DanGableWrestler
dangable.com

丹‧蓋博是摔角史上最傳奇的人物。蓋博在高中及大學時期締造181勝1敗的驚人紀錄，在全國大學生體育協會摔角大賽榮獲兩次冠軍，在全美摔角大賽得到三屆冠軍，也三次在Big Eight大賽摔角項目中拿下冠軍。在大學嘗到一敗後，他開始每天訓練七小時，一週訓練七天。直到1972年，他未失一分在奧運拿下金牌，才終止這樣的訓練。他是愛荷華大學1976年至1997年的最佳教練，贏得15次全國大學生體育協會摔角大賽最佳團隊的頭銜，ESPN將蓋博列入20世紀頂尖教練。2012年奧運，國際摔角總會將他選為摔角名人堂傳奇，是世界上第三個獲得此殊榮的人。蓋博入選的名人堂眾多，包括全國摔角名人堂以及美國奧運名人堂。他寫過許多書，如暢銷書《摔角人生》（*A Wrestling Life*）。

最常送人的書？為什麼？或影響最深的一到三本書？

理查茲（Bob Richards）的《冠軍之心》（*The Heart of a Champion*）對我很重要，解答了我所有的疑惑。這本書剛好在對的時間找到我。理查茲是1950年代的奧運撐竿跳冠軍，他的臉也出現在早餐脆片盒上，當代言人很長一段時間。我一直很推薦那本書，事實上，我還為最新的修訂版寫序。如果要推薦第二本書，大概會跟桑拿有關，我很愛桑拿。可以幫助我紓解壓力，光是閱讀桑拿的書就對我幫助很大。

過去半年或近期記憶中，哪筆一百美元以下的花費，對生活帶來最多正面影響？

小時候到現在，只要有自己的房間或是新家，我的門口都要放一個東西：引體向上拉桿。花費少於100美元，前提是要有穩固的支撐，才不會跌下來。我通常用來伸展，每天暖身或起床時吊幾分鐘，如果覺得狀況不錯，還會往上拉幾下。

如果可以在任何地點放廣告看板，內容不限，想在上面放什麼？為什麼？

我的看板上會寫著：「不是每個人都適合摔角，但其實大家都應該練。」練習摔角的過程會學到紀律，不只適用於摔角，也能應用到生活。要成為好的摔角選手必須學會的能力（營養、生活能力、面對競爭）也都是提升生活其他面向表現的關鍵能力。

與眾不同的習慣，或荒謬的嗜好？

或許在芬蘭不奇怪，但對很多人來說應該算與眾不同：我愛流汗。流汗對我來說是一種淨化過程，不是出汗而已，而是真的流很多汗。運動可以讓人大量流汗，但我的方式通常是桑拿。對我而言這是每天都要做的事，如果有一天沒有流汗，我會全身不舒服。

對即將進入社會、聰明有抱負的大學生，有什麼建議？

別想著要馬上「中樂透」，因為通常不會發生。把事情做好、慢慢累積資產，也是一種中樂透，只是需要時間。每一天都努力工作、每一天都有進步、每一天都有賺錢。時間久了，你自然會到達很好的狀態。如果你第一年就成功了，我一定第一個恭喜你，但不要指望馬上就成功這件事。

我相信只要望向夜空、感覺自己的渺小、對宇宙說:「哇!多麼神祕!」我們就會放下一點人類短淺的傲慢。

暢銷書作者

Caroline Paul

卡洛琳‧保羅

TW: @carowriter
carolinepaul.com

卡洛琳‧保羅是四本書的作者,最新作品是紐約時報暢銷書《勇敢的女孩》(*The Gutsy Girl*)。曾經很膽小的保羅,有一天決定不再讓恐懼阻擋她追求自己嚮往的生活,選擇加入國家雪橇隊代表美國參賽奧運,也成為舊金山第一位女消防員,她所隸屬的救援二隊不只要救火,還要參與水肺潛水搜救、繩索垂降救援、危險物品應變處理,以及最嚴重的汽車和火車事故。

最常送人的書？為什麼？或影響最深的一到三本書？

雷伊（H. A. Rey）的《星星》（*The Stars*）。我一直很喜歡星空，但小時候古老的星座圖對我來說一點意義都沒有，只是幫一些不明確的線條加上大熊座、獅子座、獵戶座等名字。但雷伊重新繪出星星之間的連結，讓獅子座看起來真的像獅子、大熊座看起來像大熊。我喜歡送這本書，希望鼓勵人們抬頭了解天空，感受自己存在的微不足道。這可能有點荒謬，但我相信只要望向夜空、感覺自己的渺小、對宇宙說：「哇！多麼神祕啊！」我們就能放下一點人類短淺的傲慢，甚至意識到應該在太遲之前拯救我們的地球。這對一本書的要求是不是太多了？但我認為《星星》有這樣的能力。

最成功或最值得的投資？

作家可以在自家餐桌上寫作，不用花錢，或者到咖啡廳工作，只要付咖啡錢就好。但我出版第一本書後，決定在舊金山寫作社（San Francisco Writers Grotto）花錢租一個空間。可以和其他為寫作奉獻的作家一起工作，我覺得很值得。同樣在為書這個東西流汗、流淚、拔頭髮的人，他們給予的支持是無可取代的。我現在已經出版四本書，還保有健全的心智，都歸功於這些人。如果是獨自工作，我可能連一本書都寫不出來。

與眾不同的習慣，或荒謬的嗜好？

我喜歡整理項鍊。我以前是滑翔翼飛行員，每次從袋子裡拿出裝備時，滑翔翼上的繩索總是打結成一團。但我知道繩索終究會連到滑翔傘的兩端，只要有耐心就能理出頭

緒。馬克努頓（保羅的伴侶）總是把項鍊隨意丟進抽屜或口袋，拿出來時也總是一團糟。儘管交到我手中時是一片混亂，但憑耐心和一定能解開的信念，就能讓一切再次有條有理，我喜歡這種感覺。

過去五年，讓生活變好的新信念、行為或習慣？

我以前很討厭散步，我的膝蓋不太好，而且我覺得很無聊。但三年前，我和馬克努頓在收容所領養了一隻狗，所以必須遛狗。沒想到，我竟然愛上散步了。散步是走出戶外的好機會，沒有特定目的，只是和狗待在一起。我遛狗時不會一邊講電話（狗公園很不喜歡遛狗的人講電話，天知道為什麼），也不會試著趕往特定地點。好笑的是，我的膝蓋狀況因為散步而改善了。我每天都期待遛狗的一小時，一腳在前、一腳在後、觀察、呼吸，就跟冥想一樣，只是多了要停下來讓小狗上廁所的時間。

原創性
只會發生在現實的邊緣。

金獎導演
Darren Aronofsky
戴倫·艾洛諾夫斯基

TW/IG: @darrenaronofsky
darrenaronofsky.com

戴倫·艾洛諾夫斯基是獲獎無數的電影導演，作品包括《死亡密碼》、《噩夢輓歌》及《力挽狂瀾》等非主流經典。1998年，艾洛諾夫斯基的首部電影《死亡密碼》獲得好評，為他贏得日舞影展最佳導演獎。他最為人所知的作品也許是《黑天鵝》，該片入圍五項奧斯卡，包括最佳影片及最佳導演獎。他以聖經為本的史詩大片《挪亞方舟》上映即登上票房冠軍，全球票房超過3億6200萬美元。他的最新作品《母親！》是心理驚悚片，由勞倫斯（Jennifer Lawrence）及巴登（Javier Bardem）主演。

最常送人的書？為什麼？或哪一到三本書對人生有重大影響？

我還是膽小大一新生時，走在校園裡的圖書館，眼角瞥到「布魯克林」這個字。我在布魯克林長大，又是第一次遠離家鄉，馬上就對這本書生起興趣。我從書架上抽出塞爾比（Hubert Selby Jr.）的《布魯克林黑街》（*Last Exit to Brooklyn*），徹夜讀完，我從沒看過有人這樣處理文字，他的風格深深啟發了我，影響我後來的敘事風格。我也把他的另一本書《噩夢輓歌》（*Requiem for a Dream*）拍成電影，最後還跟他本人變成朋友。

有沒有任何失敗，或看起來是失敗的經驗，成為後來成功的墊腳石？有「最喜歡的」失敗經驗嗎？

我的每一部新電影一開始都會被所有人否決，曾經跟我合作的製作人還因此有一句名言：「當每個人都說不時，你就知道自己做對了。」所以，我想所有成功一開始勢必會遇上各種拒絕，關鍵就在於能否不去理會那些攻擊。

過去半年或近期記憶中，哪筆一百美元以下的花費，對生活帶來最多正面影響？

我買了一把好用的鍋鏟，適當的工具對早餐的影響實在太驚人了。

作者注：我為戴倫的鍋鏟拍了張照片，看起來應該是網路評價很好、只要10美元的Winco TN719漢堡鏟刀。

對即將進入社會、聰明有抱負的大學生，有什麼建議？

大部分輸贏的關鍵都在於堅持，這是最重要的人格特質。

當然，得到機會時就要盡力表現到超乎他人的期待，但往往最困難的就是得到那個機會。所以，我們要時時提醒自己不忘目標，而且不管碰到什麼障礙都要達到目標。

感到超載或無法專注時，會怎麼做？

我很幸運，我的爸媽總是在我要出門工作時對我說：「要好好享受樂趣！」和「別太拚了！」這些話讓我在不順利時能放過自己。我認為拖延是創作之路上必經的過程，即使有時候我們可能覺得自己在浪費時間，但我們的身體跟大腦可能在不知不覺中還在解決我們無法正面面對的問題。所以出去走一走、在書店閒晃、看電影，游泳都好（只要不沉迷手機就好）。

在專業領域聽過最糟的建議？

如果把十個人關在一間房間，要他們挑一種冰淇淋口味，最後他們一定會選香草，因為「合群」的壓力始終存在。但原創性只會發生在遊走現實的邊緣，所以要把持好那條線，差一步就可能陷入跟現實脫節的瘋狂中。所以，我們應該抗拒那些要我們走向中庸之道的建議，因為最好的作品永遠來自於追求極限。

有時候沒成的交易，
才是最成功的交易。

Medium執行長
Evan Williams
伊凡・威廉斯

TW/Medium: @ev
medium.com

伊凡・威廉斯是Blogger、Twitter、Medium等平台的共同創辦人。1999年1月，他共同開辦Blogger的前身Pyra Labs，發明了部落格一詞與形式，2003年被Google收購。威廉斯後來與其他人合作創辦Odeo與Obvious Corporation，2006年創辦了Twitter。他是Twitter的共同創辦人，也是最重要的投資人與前執行長。威廉斯現在是線上平台Medium執行長。他在內布拉斯加州克拉克斯的農場長大。

有沒有任何失敗，或看起來是失敗的經驗，成為後來成功的墊腳石？有「最喜歡的」失敗經驗嗎？

我在Blogger時，正好經歷網路泡沫化，我們和許多其他公司都面臨資金問題，開始四處尋求軟著陸。那時有一家企業提出低價收購我們全數的股份。我並不贊成，但公司團隊很想接受（這個決定其實合理，團隊能保住工作，而且理論上我們也能繼續研發手上的產品）。我本來已經準備接受，但最後對方董事會沒有批准，交易以失敗收場。我不得已必須資遣當時的團隊，公司就這樣繼續苦撐了兩年，最後Blogger賣給了Google，而本來要收購我們的公司倒閉了。後來我了解到，有時候最成功的交易反而是沒有成的交易。

過去五年，讓生活變好的新信念、行為或習慣？

我從大概五年前開始規律地練習正念冥想，這是改變我最大的習慣。好像我的大腦經過重塑（或許真的有被重塑）。一開始的效果非常明顯，練習幾年後，改變不再那麼戲劇化，但冥想已成為生活不可或缺的一部分。如果連續幾天沒有好好坐下靜一靜，我會全身不對勁。真希望能更早開始練習正念冥想。

對即將進入社會、聰明有抱負的大學生，有什麼建議？

急於學習，但不要急於證明自己是對的。在團隊的工作環境，表現出不全為自己考量，會給人比較好的印象。為自己著想很正常，每個人都會，只是不要表現出來。要求不要太多，得到的往往愈多。

費里斯畫線名言

（2017年3月10日至2017年3月24日）

「溈山問雲巖：

『頓悟的關鍵是什麼？』

雲巖答：

『不被事物的表面束縛。』」

—溈山靈祐禪師
中國禪宗僧侶，為仰宗的開創者

「果敢行動只會片刻失足，不敢行動則會失去自我。」

—齊克果（Søren Aabye Kierkegaard）
多產的丹麥作家，存在主義哲學之父

「訓練就是準備好應對出其不意，教育則是準備好擁抱意料之外。」

—卡斯（James P. Carse）
紐約大學榮譽教授，《有限與無限的遊戲》作者

少攝取糖分，
特別是汽水跟果汁。
其他飲食建議都是噪音。

BT發明人
Bram Cohen
布拉姆·科亨

TW: @bramcohen
FB: /bram.cohen
Medium: @bramcohen

布拉姆·科亨是P2P檔案分享協議BitTorrent（BT）發明
人，也是BitTorrent公司創辦人。2005年《麻省理工科技
評論》將他選為「35位35歲以下科技創新青年」。

有沒有任何失敗，或看起來是失敗的經驗，成為後來成功的墊腳石？有「最喜歡的」失敗經驗嗎？

我在BitTorrent之前研發的案子Mojo Nation命運不佳，雖然它應該有各種很酷的功能，卻都不好用。我過去的軟體研發計畫也有類似的失敗，加上這次經驗，我決定以後的開發只專注把一個功能做到最好。我的目標不再是成功，而是不要失敗。所有東西都比沒做出來的東西好。後來BT就誕生了。近幾年流行「最簡可行產品」的思維，強調試驗的重要性，不追求大成功，而是盡可能努力「不要失敗」。大部分的軟體開發都是失敗的。

如果可以在任何地點放廣告看板，內容不限，想在上面放什麼？

「少攝取糖分，特別是汽水跟果汁。其他飲食建議都是噪音。」

與眾不同的習慣，或荒謬的嗜好？

我喜歡發明科學玩具。我最新的作品在許多玩具店都買得到，叫做扭扭魔方（Fidgitz）。希望這些益智玩具能促進思考，讓玩過的人變聰明，沒變聰明也至少是好玩的娛樂。

過去五年，有什麼事不再難以拒絕？

我開始接受人生的一個教訓，就是不要與瘋子一起工作。交朋友時保持心胸開放很好，但工作時，我們時常需要倚靠的夥伴的心理健康，就成為能不能共識的一大考量。

有很多很明顯的跡象可以觀察，有些甚至是不能提的議

題。如果有的人認為所有稅收都是偷盜，或深信全素才是最健康的飲食方式，這樣的人很明顯缺乏判斷力，將重大的決定權交到他們手上時就會有疑慮。雖然和有多樣政治主張及生活觀點的人來往很好，而我一直也想這麼做，但有時候「極端」與「瘋狂」只有一線之隔，拿捏非常重要。

面試時，小心自戀者。如果求職者跟你說，公司不該以目前的職缺，而應該用更高層的職缺聘請他們；或說如果不雇用他們，公司就會倒大楣；或是表現得像是做足功課的投資人，高調評論公司的種種，這樣的人還沒進公司就開始玩政治遊戲，這些都要馬上拒絕錄取。這樣的行為在到職後只會愈來愈嚴重，這種人就算你事先告知這樣的行為不被接受，他們也不會有所改變。

過去五年，讓生活變好的新信念、行為或習慣？

我開始認真看待自己的乳糖不耐症，生活品質有顯著的改善。事實上，美國很多人都有乳糖不耐症，但許多人都沒被診斷或根本不知道。我的狀況比多數人嚴重，只要一不小心，就會因為腹脹而疼痛。在我開始做幾件事之後，就改善很多：一是避免攝取乳糖，起司和奶油等，不幸的是大部分巧克力也是，如果標示寫上「可能含有微量牛奶」，就表示絕對有乳糖。二是每天服用兩次乳糖酶藥物，不管有沒有吃到含乳糖的食品，畢竟外出用餐時你不會知道所有食材成分。最後是每天服用兩次舒胃錠（Gas-X），有助於排氣，也不要擔心打嗝，反正氣體只有兩個出口，從前面總比從後面排出好。

雖然有一群人開始正視麩質過敏，卻沒有人在乎乳糖不耐症。乳酸發酵的成本其實相當低，而且通常可以在牛奶製成起司和奶油前完成，所以無乳糖應該是所有人的共識才對。美國多數的非裔和亞裔人口都有乳糖不耐症，每天午餐的主食卻都有他們無法消化的食物。

對即將進入社會、聰明有抱負的大學生，有什麼建議？

選擇職涯初期的工作時，以能獲得最多有價值經驗為目標。如果想創業，先不要馬上投資，加入剛起步的新創公司，學習做事的方法、從犯錯中累積經驗，還有薪水可領。獲得必要的經驗和知識後，再自立門戶。這是我的做法，我待過的新創雖然多數都倒了，沒有那些經驗，我也不可能成功。

人們通常都樂於助人與合作，但如果你堅持掌控一切，就沒人能幫到你。

TED策展人
Chris Anderson
克里斯·安德森

TW: @TEDChris
ted.com

克里斯·安德森2002年成為TED策展人，將TED發展成國際平台，致力於傳播值得了解的知識。安德森出生於巴基斯坦農村，在印度、巴基斯坦、阿富汗和英國長大。他在牛津大學取得哲學及政治學位後加入新聞業。1985年創立自己的事業，發行電腦雜誌。雜誌的成功讓他得以出版更多作品，他的未來出版社（Future Publishing）成長快速，有「熱血媒體」之稱。1994年，安德森建立想像傳媒（Imagine Media）、發行《商業2.0》雜誌，並創建知名遊戲網站IGN，將事業版圖拓至美國。未來出版社與想像傳媒合併後，每月發行超過百本雜誌，員工多達2000名。2001年，安德森的非營利機構種子基金會收購TED，他開始全心投入TED事業。在他的領導下，TED的內容變得更廣泛，科技、娛樂和設計，科學、政治、商業、藝術及全球議題都成為探討主題。2006年，TED演講開始上網。今天我們可以在網路上觀看超過2500場演講內容。

最常送人的書？為什麼？或影響最深的一到三本書？

多伊奇（David Deutsch）的《永恆起源》（*The Beginning of Infinity*）中主張知識不只是人類的能力，也是形塑宇宙的力量。

平克（Steven Pinker）寫的任何內容。他是這個時代頭腦最清晰的思想家及溝通專家，他讓我相信要了解自己，一定要先了解人類進化的歷程。

路易斯（*C.S. Lewis*）的納尼亞傳奇系列。小時候這些書激發了我的想像力。

如果可以在任何地點放廣告看板，內容不限，想在上面放什麼？為什麼？

「為比自己更大的目標而活。」說來奇怪，這竟是讓自己活得更滿足的關鍵，雖然實踐起來不一定輕鬆。

過去五年，讓生活變好的新信念、行為或習慣？

我意識到，完成事情的最佳方法就是放手。人們通常都樂於助人與合作，但如果你堅持掌控一切，就沒人能幫到你。愈是放手，就愈可能有意想不到的收穫。這幾年，TED就是最真實的例子。我們把想傳遞的內容放上網，熱心學習的人透過網路傳遞這些內容，增加了TED的普及率。我們發放TEDx授權許可，讓世界各地成千上萬的志工，用TED的品牌、以我們從沒想過的點子舉辦活動，一天之中全球可能有十場這樣的活動在進行。在這個連結的新時代，堅持與放手的規則已改變。分享與接納反而能讓自己聲名遠播，往往會有意想不到的回報。

對即將進入社會、聰明有抱負的大學生,有什麼建議?可以不聽哪種建議?

我們普遍對「追隨熱情」這樣的陳腔濫調深信不疑,但對很多人來說,這是很糟糕的建議。二十幾歲時,我們可能會不知道自己哪項能力最強、什麼機會最適合自己。所以更重要的應該是追求學習、自律及成長。同時也要與人建立連結。就算短時間內追逐並支持他人的夢想也沒關係,因為這能建立珍貴的關係,也能從中學到有用的知識。有一天,熱情會來到我們的耳邊低語:「我準備好了。」

停下手邊的瞎忙，
真的開始寫點東西。

知名作家
Neil Gaiman
尼爾‧蓋曼

TW/IG: @neilhimself
FB: /neilgaiman
neilgaiman.com

尼爾‧蓋曼是《文學傳記辭典》評選十大在世的後現代作家。他的創作涵蓋散文、詩作、電影、新聞、漫畫、歌詞及戲劇。他的小說曾榮獲紐伯瑞獎、卡內基文學獎、雨果獎、星雲獎、世界奇幻獎及艾斯納獎。我在1990年代接觸到他的《睡魔》（*Sandman*）及《無有鄉》（*Neverwhere*）及《美國眾神》（*American Gods*），開始受到蓋曼的想像力吸引。他的暢銷書還有《從邊緣到大師》（*The View from the Cheap Seats*）、《萊緹的遺忘之海》（*The Ocean at the End of the Lane*）、《第十四道門》（*Coraline*），以及我最喜歡的有聲書《墓園裡的男孩》（*The Graveyard Book*）等。蓋曼的畢業典禮演講〈做好藝術〉（Make Good Art）是每個想要達到長期創作成就的人的必讀。

感到超載或無法專注時，會怎麼做？會問自己什麼問題？

　　＊我有睡夠嗎？
　　＊我有吃東西嗎？
　　＊該散步一下嗎？

如果回答了也解決了以上問題，但還是因為某件事而感到壓力：

　　＊我能做什麼，來解決目前的狀況？
　　＊有沒有人有經驗或是我需要的資訊，可以讓我尋求建議嗎？

如果不是因為某件事，純粹是我自己不開心、無法專注：

　　＊我有多久沒有好好寫東西了？
　　＊不管在做什麼，都馬上停下來，那些事都跟工作無關，開始動筆，開始寫東西。

過去半年或近期記憶中，哪筆一百美元以下的花費，對生活帶來最多正面影響？

讓我最開心的消費大概就是法國的帕可（Paco）系列書，由呂榭（Magali Le Huche）出版，包括《帕可好愛交響樂》、《帕可好愛爵士樂》、《帕可好愛搖滾樂》、《帕可好愛韋瓦第》、《帕可好愛莫札特》等等。只要按下書中特定的位置，就會有音效或樂曲。我的小兒子艾許很愛這些書，什麼東西都無法安撫他時，只要拿一本帕可，他就會很高興，書中短短的旋律讓一切都變得美好，兒子開心，我就開心。

過去五年，讓生活變好的新信念、行為或習慣？

我發現一對一的私人瑜伽課程很棒。孩子出生後，我和亞曼達（Amanda Palmer，蓋曼的太太）能一起去上瑜伽課的可能性變得超級低，附近瑜伽教室的課程時間也往往和我的時間對不上。但我知道如果沒有好好伸展，放鬆身心，我一定會後悔。

每天都是活出傑作的機會。

知名心理師
Michael Gervais
麥可・傑維斯

TW/IG: @michaelgervais
findingmastery.net

麥可・傑維斯博士是研究頂尖表現的心理學家，與奧運金牌得主、世界紀錄保持人，及超級杯得主西雅圖海鷹隊合作，將冥想和正念融入訓練。他與海鷹隊教練卡羅爾（Pete Carroll）共同創立Compete to Create，幫助人們成為最好的自我。傑維斯寫過許多同儕審閱的期刊論文，也是人類潛能發揮這個議題最具影響力的講者，深受全球媒體關注。他主持的播客節目「Finding Mastery」訪問世界級的大師，剖析精通之道。

最常送人的書？為什麼？或影響最深的一到三本書？

弗蘭克的《活出意義來》。作者描述在納粹集中營、最後倖存下來的深刻經驗，也探討如何找到生命的意義。

老子的《道德經》。老子提出的81個教導是道教學說的基礎，目的是了解「美德之道」。老子的學說複雜難解，內含豐富的智慧。

梅克（Gary Mack）的《心智鍛鍊》（*Mind Gym*）把難懂的應用運動心理學講解得清晰易懂，介紹許多心態訓練的法則，簡單且容易實行。

過去半年或近期記憶中，哪筆一百美元以下的花費，對生活帶來最多正面影響？

我送兒子伍登（John Wooden）教練寫的《寸寸和里里：成功之旅》（*Inch and Miles*）。我們每天都會一起讀，聽兒子對伍登教練見解的看法令我樂不可支。

有沒有任何失敗，或看起來是失敗的經驗，成為後來成功的墊腳石？有「最喜歡的」失敗經驗嗎？

我第一次到職業運動團隊擔任運動心理師的經驗，就是一次失敗。我與團隊經理透過共同的朋友介紹認識，我們暢談他對團隊未來的願景，他給了我那份工作。我太想得到那份工作，沒有進一步了解詳情就接受了。我沒有充分認知到，還有很多人會影響團隊的文化及表現，例如總教練。我沒有先與總教練坐下來談過，根本不知道自己面臨的處境，我不知道總教練對運動心理學不感興趣，甚至認為這對他的領導風格是一種威脅。

我與教練的第一次會面就很挑戰，當然是他挑戰我。他很清楚我是菜鳥，所以「特別安排」運動員跟我的第一次見面。他安排了一場時間超長、強度很高的練習。結束後，他把運動員叫回到更衣室，規定他們不准脫掉裝備，並叫我到他辦公室談談。我們談話時，隊員們因為汗水浸濕的衣服而發冷，開始不耐煩了。然後，教練好像感覺到隊員的躁動一般，一點頭，他說：「來吧！你不是要向團隊介紹自己嗎？」他帶我走進更衣室，說：「這位是運動心理師傑維斯，如果腦袋有什麼問題，就去找他。」講完他馬上走出更衣室。

我很愛這個經驗，因為我學會在答應事情前先了解所有牽涉其中的相關人，「有準備才應戰」。

如果可以在任何地點放廣告看板，內容不限，想在上面放什麼？為什麼？

「每天都是活出傑作的機會。」人類對生命的掌控其實遠勝預期。我們創造或與他人共創生命經驗，每一天都是可以活在當下的新機會，每一個當下都是潛力顯現、發揮的時刻。生命的傑作不在畫布上，不是刻在石頭上，也不是用墨水寫下，而是不斷追求並展現洞見與智慧。

最成功或最值得的投資？

投資別人的成長。我們會與眼神接觸到的人事物產生連結（真的目光接觸，或是概念上的）。連結有時強烈到我們會用分心與忙碌填滿自己的時間；現代人的各種成癮就是為了麻痺瀕臨極限的緊張情緒。我們只能透過人際關係來體驗真實、美好與良善，也藉由這些關係，我們才能發揮

頂尖表現，展現自己的潛力、意義與決心。

在專業領域聽過最糟的建議？

「只要有心，你可以做到任何事。」不，這不一定。我們可以看出給這個建議的人有多天真。

過去五年，有什麼事不再難以拒絕？

「我想要向你請教，能約時間電話聊，或喝杯咖啡見面談嗎？」不要。「我有個點子想聽聽你的意見，可以見面聊聊嗎？」不要。「我覺得自己的條件很符合你的播客節目來賓，我們可以通電話進一步討論嗎？」不要。

拒喝餐廳裡的水。
拒看有線電視頻道。
拒絕在車上接電話（開車時最常有人打來了）。
拒絕新的專案和創業點子。
拒絕沒有影響力的媒體訪問。
拒絕理念不同的合作夥伴和潛在客戶，也就是不認同努力工作、熱情工作、適應未知等價值的人。
拒絕加工食品。

感到超載或無法專注時，會怎麼做？

體內的衝動反應升高時，我會深呼吸。

因為疲乏而注意力下降時，我會聽音樂，並起身動一動，出門走走。

感到超載、變成追趕模式、沒有在做有意義的工作時，我會關掉電子信箱。

只有在眼睛離開目標時，
才會看見嚇人的阻礙。
——福特

科羅拉多州立大學動物科學教授

Temple Grandin

天寶・葛蘭汀

IG: @templegrandinschool
FB: /drtemplegrandin
grandin.com

天寶・葛蘭汀是探討自閉症及動物行為的作家暨演說家。她是科羅拉多州立大學動物科學教授，在動物福利諮詢與畜牧設備設計業界有很高的成就。她是BBC特別節目「像牛一樣思考的女人」（*The Woman Who Thinks Like a Cow*）的主角。葛蘭汀2010年的TED演説「世界需要多種思維的人」有近五百萬觀看，《時代》、《紐約時報》、《發現》雜誌、《富比士》及《今日美國》都有報導她。HBO以她的人生為題材製作了艾美獎得獎電影，由知名演員丹妮絲（Claire Danes）主演。2016年，葛蘭汀成為美國文理科學院的一員。

有沒有任何失敗,或看起來是失敗的經驗,成為後來成功的墊腳石?有「最喜歡的」失敗經驗嗎?

我剛開始設計畜牧處理設備時,以為所有問題都能用工程學解決,只要有正確的設計與技術,就能解決與動物有關的問題。某一次重大的失敗教會我,必須解決問題的根本。1980年,我受雇設計一套輸送系統,可以將豬隻運送到辛辛那提一處老舊肉類加工廠的三樓,因為豬隻在上樓的長坡上寸步難行。我高興地接下工作,設計出一條配有輸送帶的傾斜通道。結果慘不忍睹,上了輸送帶的豬會往後翻滾。進一步觀察後我才發現,多數爬坡有困難的豬都來自同一個農場。與其製造一台亂七八糟的大型輸送機,解決農場的問題要簡單、也便宜得多。只要改變豬隻的遺傳缺陷就能解決大部分的麻煩。

這次失敗讓我認知到,自己一直在處理問題的表面,而非根本。之後,我開始在工作上小心區分問題,歸類出需要設計新設備才能解決的問題,以及可以用其他方法解決的問題。後來我又發現,大部分的人其實不想改進管理,而是期待靠新奇的機具來解決問題。究竟哪些部分需要融入新科技,哪些是回歸基本、調整管理方針才更有效,就需要仰賴公司經營者謹慎決策了。

感到超載或無法專注時,會怎麼做?

我二十幾歲時,在大學文學院的牆上看到這句話:「只有當你眼睛離開目標時,才會看見麻煩的阻礙。」那時候我才知道這是福特說的,只是原句是用「嚇人的」而不是用「麻煩的」來形容阻礙。回顧職涯,我曾為許多肉品公司

設計牲畜處理系統，最好與最壞的經理我都合作過，為了讓每次合作順利，我想出一套「忠於計畫」的概念，我的工作就是把事情做好，讓計畫執行，糟糕的工廠經理只是過程中的阻礙。這樣的想法讓我有動力繼續努力，成功完成每次計畫。

費里斯畫線名言

（2017年3月31日至2017年4月21日）

「真正的士兵並不是因為憎惡眼前的人而戰，而是為了身後所愛的人而戰。」

—卻斯特頓（G.K. Chesterton）

英國哲學家，被稱為「悖論的王子」

「所有的幸福都來自一頓悠閒的早餐。」

—岡瑟（John Gunther）

美國記者，《死神別驕傲》作者

「對許多人而言，獲得財富並非終點，只是換一種形式的麻煩。」

—伊比鳩魯（Epicurus）

古希臘哲學家，伊比鳩魯學派創始者

「馭己用腦，馭人用心。」

—羅斯福（Eleanor Roosevelt）

在職最久的美國第一夫人，外交官，社會運動人士

獨立思考。
每個人對於事情運作的方式
都有獨特的思維，
你的想法跟其他人一樣重要。

最偉大職業衝浪手
Kelly Slater
凱利·斯萊特

IG/FB/TW: @kellyslater
kswaveco.com

凱利·斯萊特被《商業週刊》封為「全球最佳且最知名
衝浪手」。他在世界衝浪聯盟的奪冠次數高達11次，包
括1994年至1998年的五連冠，他也是史上最年輕和最年
長的冠軍，在20歲與39歲時締造紀錄。凱利在世界巡迴
錦標賽有54勝的紀錄。他的凱利斯萊特海浪公司（Kelly
Slater Wave Company）專門製造衝浪訓練用的高品質人工
浪。

最常送人的書？為什麼？或影響最深的一到三本書？

李丹（Daniel Reid）的《性與長壽之道》（*The Tao of Health, Sex, and Longevity*）。知識含量極高，可說是一本個人健康聖經。告訴我們生活中哪些事可以改善我們的身、心、靈健康。紀伯倫（Kahlil Gibran）的《先知》（*The Prophet*）是我青少年時期讀的第一本心靈成長書，書中簡短又切中要點的主題，啟發我許多思考。有些書可能包含太多容易忘記的細節，《先知》讓我深刻思考自己的觀點。它清晰地討論許多主題，讓我看見過去不見得看得懂的全貌。

有沒有任何失敗，或看起來是失敗的經驗，成為後來成功的墊腳石？有「最喜歡的」失敗經驗嗎？

2003年的世界衝浪大賽中我以些微之差輸掉了。我在賽前一個月就對奪冠很有把握，所以輸的時候特別難受。但這次落敗讓我開始重新檢視生命中阻礙我前進的事物。我在愛與真實、工作與家庭之中得到了幫助，才能贏得後來的五座世界冠軍。

對即將進入社會、聰明有抱負的大學生，有什麼建議？

獨立思考。每個人對於事情運作的方式都有獨特的思維，你的想法跟其他人一樣重要。很多時候要信任自己、對他人開放心胸，也要清楚表達自己，讓別人理解。

最成功或最值得的投資？

投資朋友相當重要。有一棟我和50位死黨共同長大的房子，充滿我們成長的回憶，所以我們決定要集資整修，這

需要很大的熱忱，也不是每個人都有餘力出錢。這個任務的困難度就像是要把貓咪集合起來一樣不可能。後來，我和其中一個朋友決定負擔大多數資金，畢竟這是我們的想法。我發現自己愈願意分享，就會在其他地方得到回報。我能感覺到助人的喜悅與隨之而來的好運，彼此息息相關。

發揮自己的極限
就是最好的結果。
結果如何，都是勝利。

混合健身女子冠軍
Katrín Tanja Davíðsdóttir
卡特琳娜・塔尼亞・戴維斯多特

卡特琳娜・塔尼亞・戴維斯多特是冰島CrossFit混合健身運動員。她是2015年和2016年混合健身大賽女子組冠軍，被譽為「世上體態最好女性」。卡特琳娜是第二位拿下兩次混合健身大賽冠軍的女性，第一位是她的同鄉安妮・索爾斯多特。

最常送人的書？為什麼？或影響最深的一到三本書？

《伍登：場上與場下的人生觀察與反思》（*Wooden: A Lifetime of Observations and Reflections On and Off the Court*）是我的最愛。我爺爺以前是籃球員，幾年前他送了這本書給我。我和我的教練貝吉隆（Ben Bergeron）都對伍登的訓練方式有許多共鳴，讀這本書時我會不自覺頻頻點頭，他的哲學不只能套用在訓練及競賽場上，也適用人生。我常覺得運動就是人生的縮影，原則與教訓都通用，只是在運動場上感覺會更明顯。我最喜歡的部分並不是出自伍登，而是他以前訓練的球員沃爾希（Bill Walsh）寫的序言，其中談到他與教練的關係及學習到的種種，敘述很令人動容，我到現在都記得。

另一本書是阿弗雷莫（Jim Afremow）的《冠軍心理學》（*The Champion's Mind*）。這是我讀的第一本運動心理書籍，那時的我正好需要它。2014年夏天我輸掉那年混合健身大賽資格賽，很可能陷入「我不屬於這裡、我不夠好、我是個失敗者」的負面想法中，但這本書給了我不一樣的觀點，我知道自己不是失敗，只是失敗一次。而且已經是過去式。重點是我「現在」可以怎麼做，才能讓自己更好？我開始把注意力放在表現最好的自我，而非跟他人比較。讀這本書時我也開始接受貝吉隆教練的指導，他的訓練也剛好與書中概念不謀而合，在訓練之前、過程中、之後都會不停提醒我記住這樣的新思維，我因此愛上通往目標的過程。

很喜歡或很有用、卻常被忽視的運動？

絕對是心理上的鍛鍊。我們很容易執著於身體的訓練，動得更快、更多深蹲、更快完成深蹲推舉、引體向上做得更好，但在頂尖的圈子裡，每個人身體條件都是最好、最強壯的，這時候致勝的關鍵就是心理素質。

如果真的要選運動，我會說基本體能訓練，也就是你的肌肉可以維持在臨界乳酸極限值的時間。很辛苦，但這就是最關鍵的祕密。體能無法透過一次重訓就快速進步，也不是嘴上說說就有效果，你必須在快要撐不住的時候告訴自己還可以再撐一下。基礎體能提高之後，你的恢復效率也會提高，體能提升對很多能力都有幫助。

有沒有任何失敗，或看起來是失敗的經驗，成為後來成功的墊腳石？有「最喜歡的」失敗嗎？

我剛開始接觸混合健身就表現不錯，不到真的頂尖，但已足以參加混合健身大賽。2012、2013年都獲得參賽權後，我很高興能成為混合健身運動員，也以此身分自居。我一直是認真的人，受訓參賽的同時，我還兼顧學生與教練的身分。但現在再回顧，那段時間我只是順著事情走，把待辦事項一一劃掉，為了做而做。

那時候，我其實不知道在學校要做什麼，也不太喜歡當教練，這些都是我覺得自己應該做的事，但我真正很確定想做的，只有混合健身。然而2014年我沒有獲得大賽參賽資格，這應該是我人生最大的失敗，卻是我一生中最大的幸運。

沒能參賽，讓我知道自己有多想參賽，為了比賽我願意付出多少。那個夏天我暫停練習，開始閱讀運動心理相關的書，當我準備好時，我是真的準備好了。我找貝吉隆擔任我的教練，之後也決定暫停學業與教練的工作，從冰島搬到波士頓，把自己的一切都投注到混合健身。我愛這個改變。那是2015年年初，當年7月我們就贏得了大賽冠軍。2014年沒拿到參賽權是我最大的幸運，也是改變我人生的重大事件。

最成功或最值得的投資？

2014年初、從冰島飛到波士頓參加貝吉隆的CFNE訓練營機票。那幾乎是我當時所有的積蓄，但我實在太想跟貝吉隆及他訓練的選手們一起訓練。那時候他還不是我的教練，因為參加了訓練營之後，貝吉隆才成為我的專職教練，我也因此結識許多後來很親近的朋友。

感到超載或無法專注時，會怎麼做？

很多時候，事情不容易，也不好玩，有時候會碰到極大的困難。就是在這種時候，我會告訴自己，現在就是關鍵時刻！狀態好的時候，所有人都可以到健身房鍛鍊。但誰能在不想去的時候、很累的時候，仍堅持去健身房呢？

這些時候，我會依靠我的「為什麼」，我的「為什麼」就是我的祖母及她的光輝。她是最支持我的人，是我最好的朋友。我從冰島搬到波士頓接受全職培訓時，我們約好會永遠與彼此同在。祖母在2015年4月去世，但我仍然感覺她一直在我身邊。處境艱難時，我知道她一定陪伴在我左右。

過去五年，讓生活變好的新信念、行為或習慣？

我相信我的「最好」就足夠了。無論是比賽、訓練，還是其他事情，我們都很容易陷入「一定要贏」的執著，覺得自己該做出偉大的事。我了解到發揮自己的極限就是最好的結果，才是勝利。盡力就好，可能聽起來很簡單，但完全相反。盡力就是給出我們的全部，毫無保留。盡力的美妙就在於這是我們可以掌控的。在任何情況，我們都能付出百分百的努力。對我來說，這就是勝利。

想在這項運動中進步，
要改善自己的弱點，
而不是追求別人的強項。

最強體態男子
Mathew Fraser
馬特·弗雷澤

IG: @mathewfras

馬特·弗雷澤是2016年及2017年Reebok混合健身冠軍，
獲得「全世界體態最好男性」封號。2014年他首次參賽
贏得年度新人獎，當年與隔年都得到亞軍。弗雷澤原是
舉重項目的奧運候選人，2012年轉戰職業混合健身。

過去半年或近期記憶中,哪筆一百美元以下的花費,對生活帶來最多正面影響?

飛利浦喚醒燈,毫無疑問。這是以光線而非聲音叫醒你的鬧鐘,這會讓我們覺得有睡到自然醒,不會感到昏沉。

有沒有任何失敗,或看起來是失敗的經驗,成為後來成功的墊腳石?有「最喜歡的」失敗經驗嗎?

我最大的失敗就是我最為人所知的紀錄:連續兩年在混合健身大賽拿下亞軍。第一年參賽,本來沒有期待的新人拿下第二名,自然感覺是勝利。第二年,衛冕冠軍退役了,我因此很有把握,但再次得到亞軍。這次的亞軍對我來說就是很大的失敗。隔年比賽前,我盡了有史以來最大的努力,結果在2016年大賽以最大的差距勝出。我永遠不會想改變2015年的賽季,因為我從中學到的教訓受用一生。

過去五年,讓生活變好的新信念、行為或習慣?

當我全心投入、而且為自己感到驕傲時,我會更珍惜努力的成果。例如,用划槳機訓練時、當我感覺到背部肌肉在燃燒,手指起水泡,頭頂陣陣刺痛,因為身體在吶喊「停下來」,我就會告訴自己:「撐下去,你會因為自己有撐下去而多麼驕傲。」每次這樣健身之後,我一整天都會很開心,因為我知道我盡了全力想變得更好。

在專業領域聽過最糟的建議?

我很常聽到人家說:「要變成最強,就做最強的人做的事。」在混合健身領域,這句話完全不適用。我看到很多人模仿頂尖選手的訓練模式,但事實上,想在這項運動進步,應該專注在改善自己的弱點,而不是追求別人的強項。

感到超載或無法專注時，會怎麼做？

覺得無法負荷時，我會列清單。或許看起來是太簡單又太笨的方法，但對我很有效，我身邊總是會放筆記本。我發現，通常會覺得不堪負荷，都是因為事情有太多步驟或太多變因，那該怎麼解決呢？寫下來。有時候我會先寫下理想的結果，再往回推出每一個執行的步驟。有時候只是寫下待辦事項，讓一天比較有條理。

我通常在早上喝咖啡時列清單。我很常忙一忙就忘記一些小事，所以我會在自己被一整天的事務分心之前，把事情都先寫在紙上。清單能幫助我整天保持冷靜與效率。

我以前列一個比較特別的清單，是在2015年大賽之後。我當年表現很糟，滿分大約1,200分中我丟掉了36分，總共13個比賽項目，我有些表現很好，有些墊底。比賽結束後，我列了一張改進的清單。我在「足球場切片機」（soccer chipper）這個項目表現得很糟。選手必須一邊滾動「小豬」，一個重600磅（272公斤）的冰箱，在美式足球場上來回跑12趟，結束後再徒手攀爬20英尺（6公尺）的繩索。我在滾「小豬」時表現特別差，我想找出原因，是「小豬」太重嗎？我沒有用對技巧？我的身體強度還不足？找到原因之後，我從理想的結果回推到我的現況。在理想（我精通這個項目）與現實（我表現慘不忍睹）之間，我設定了幾個小目標，一次克服一個目標。這讓我能專注在眼前可被完成的小目標，不會望著遠處那個好像做不到的終極目標。

不要「做自己」。
字面上當然沒錯，
但這句話會阻礙你進步。

基金管理高手
Adam Fisher
亞當・費雪

亞當・費雪共同創辦了管理總資產約22億的宏觀類對沖基金CommonWealth Opportunity Capital。2017年9月，他是索羅斯基金管理公司擔任宏觀及房地產投資長。費雪在2008年成立CommonWealth並擔任投資長，累積深厚的全球公營與私人企業投資經驗。在那之前，費雪於2006年共同創辦東方地產集團，專注亞太地區的投資。

最常送人的書？為什麼？或影響最深的一到三本書？

科特勒（Steven Kotler）的《超人的崛起》（*The Rise of Superman*）引人入勝、簡單易讀，而且這是我第一次了解生理狀態與表現之間的密切關聯。也了解到自己應該結合我的心理狀態與最佳的生理狀態。對我來說，理想的生理訓練就是維持良好的作息，包括高品質的睡眠、HRV心率變異練習、冥想、幾段專心工作的時間，還有運動。當我把這些都融入到生活中，就能進入最佳狀態。

對即將進入社會、聰明有抱負的大學生，有什麼建議？可以不聽哪種建議？

保持謙虛、有自知之明，忽略「做自己」這種概念。字面上當然沒錯，但這句話會阻礙你進步。追求熱情沒問題。

有沒有任何失敗，或看起來是失敗的經驗，成為後來成功的墊腳石？有「最喜歡的」失敗經驗嗎？

成為宏觀基金交易員之前，我專門投資房地產。我一直喜歡由上而下的思考方式，狀況好的時候都能得到最好的洞見。上而下的思維（宏觀的思維）就是我在決策時會以大方向為主要考量，大局會影響我對優先順序的考量。這不代表我不在乎細節，小事也要考慮，但不是最優先的考量。例如，我專投資知識份子會想居住的地點，即使在國內其他地點投資，長期也能賺錢。當然還有其他因素，但這就是我投資的必要條件。

投資房地產有時會失敗，很多時候是因為我的團隊投資時的思維跟我不一致。對我來說，全球金融危機及其中的風

險看起來很清楚，但團隊成員卻沒有看見。如果我們有先取得共識，做決策時就能有不同的結果。

現在，我會確認一起共事的人是否能接受類似的思維。如果沒有過去的失敗經驗，我就不會意識到擁有相似投資理念是多麼的重要。

過去五年，讓生活變好的新信念、行為或習慣？

冥想。我無法一一列出冥想的諸多好處。我覺得自己在接觸冥想之前，腦袋好像都坐在沙發上沒動過一樣。每天早上做完HRV呼吸練習之後，我就會冥想，每天固定在家中一個安靜的角落，持續約十分鐘，以焦點冥想為主。

最成功或最值得的投資？

聘請表現教練是我去年最棒的投資。我一直以來都相信教練的重要，但不知道為什麼很慢才在自己的生活中實行。我深信世界級的高手都需要教練，導師或許也有相似的功效，但我覺得還是與教練不同。教練會把注意力放在受訓者身上，導師則是先考量自己再引導別人。教練還會為受訓者設計提升表現的訓練，不只是像導師一樣提供建議。

在專業領域聽過最糟的建議？

「找到自己的專業領域。」這句話很奇怪，其實只要學會如何學習，你自然而然就會知道接下來你需要學習什麼。

過去五年，有什麼事不再難以拒絕？

我一直有一套「行事曆架構化」的方法，而且很堅持希望周遭的人尊重我的安排，甚至協助我完成該做的事。行事

曆架構化就是設計一套可以不斷重複的固定作息。作為一個內向者，我需要很多時間獨處，還好我身邊的人都願意一起捍衛這個時間。這種做法也讓我的一天不會充滿雜事。

感到超載或無法專注時，會怎麼做？

我會進行HRV呼吸練習。十次高品質的呼吸可以把我帶回原點，十次的佛陀式吐納可以帶給我寧靜。

不斷突破自己的極限，才有可能成就偉大的事。

《犯罪心理》演員
Aisha Tyler
艾莎・泰勒

TW/FB: @aishatyler
courageandstone.com

艾莎・泰勒是演員、喜劇演員、導演、作家，也是行動主義份子。她擔任過日間艾美獎得獎節目「The Talk」共同主持人，也為《風流007》中的凱因配音，還在《犯罪心理》中扮演路易斯博士，因演出《CSI犯罪現場》、《Talk Soup》、《六人行》而成名。泰勒主持喜劇《對台詞》（Whose Line Is It Anyway?），也是《自我傷害：那些超丟臉的溫馨小故事》（*Self-Inflicted Wounds: Heartwarming Tales of Epic Humiliation*）作者。

如果可以在任何地點放廣告看板，內容不限，想在上面放什麼？為什麼？

我很喜歡坎菲爾（Jack Canfield）說的「一切所求都在恐懼的另一頭」。我愈怕什麼，我就愈會往那裡衝，這樣的做法對我的工作與生活都有很多好處。但每個人都會害怕，我也時常需要提醒自己勇敢，當我已朝目標邁出幾步、無法回頭、感覺像是隨時會踩空的時候。

我試著在生活各方面活出勇氣：創意、職業、家庭、友誼。勇敢就是面對當下，不計結果付出。簽書時，我時常寫上「要勇敢」，這不只是給粉絲的話，也是給自己的提醒。勇敢總是能幫助我撐過失去信心的低潮。

有沒有任何失敗，或看起來是失敗的經驗，成為後來成功的墊腳石？有「最喜歡的」失敗經驗嗎？

我的第一部短片就是典型的失敗。幾年前，我還沒真的了解過場景的運作，夢想很遠大，經驗卻少得可憐。然而在幕前幕後，都有朋友願意投資我，我雖然很有熱忱，卻不知道如何拍攝，最後的成品只是影像的拼貼，沒有適當的剪輯，敘事不連貫。我也沒機會好好完成那部作品。但我沒有因此沮喪，而是意識到自己還有很多要學，寫劇本、製作、前製作業、企劃等一切。之後的十年，我盡可能造訪每個拍攝現場，向我認識與不認識的導演學習這個我非常熱中的專業。從那以後我拍攝的每一個短片都是特別的經驗。許多短片得了獎，我的第一部劇情片也獲獎。第一部劇情片是職涯中令我最振奮、最有成就感的創作經驗，也照亮了通往人生下一階段的創作道路。

極端的創作選擇，一定會伴隨極端的風險。沒有追求極限，就無法完成偉大的創作。我做的許多事好像都沒成功，但我學到怎麼樣才會成功、哪些事不要重蹈覆轍、什麼能做得更好。我曾好幾次想：「如果這次不成，一切就毀了。」但後來的幾次失敗，我照常隔天睡醒，繼續創作。沒有什麼比失敗更能讓人看清自己的能耐。躲避失敗的風險，也意味著錯過飛躍性的創作成長。

最成功或最值得的投資？

我的Concept II划船機。2001年到現在，用起來還是像新的一樣。我一直不太有空到健身房找教練上課，有划船機我就能在家隨時運動，不受時間限制。划船機對身體的負擔不大，又能運動到全身，而且效果極佳。

我的划船機健身法有很多種。我曾經是賽跑選手，所以健身會呼應跑步的訓練計畫：先划5公里中距離，緊接2公里短距離高強度間歇衝刺，每週至少加上一、兩次10公里長距離。使用划船機時是我唯一能看電視的時間，這時候我就會瘋狂追劇。我最近看完最新一季的《反恐危機》。《陰屍路》、《驚嚇陰屍路》、《權力遊戲》、《侍女的故事》、《紙牌屋》都是我很喜歡的影集。雖然我有喜劇的訓練，但我通常只看劇情片。要一邊大笑，一邊在划船機上維持500公尺／1分55秒的速度實在太難了。

與眾不同的習慣，或荒謬的嗜好？

我喜歡整理。與其說是習慣，不如說是一種強迫症。例如，每次從國外長途旅行回家，我就會開始整理冰箱。這

當然不是很好的時間運用，尤其是很晚到家，隔天又有很早的工作。但這麼做很療癒。我最喜歡整齊的空間。從中得到的快樂，足以補償我把冰箱內所有東西標籤朝外擺好所浪費的時間。

過去五年，讓生活變好的新信念、行為或習慣？

戒糖。聽起來很像好萊塢流行的生活習慣，我知道。但我有好幾年我都吃糖上癮，已經明顯影響到我的生活，從睡眠品質到整天的效率。我就像毒癮患者，一到特定時間就要吃糖，身體才能正常運作。自從戒糖之後，我的血糖起伏變小、精神比較穩定、健身表現變好、敏銳度也改善了。總之，停止攝取糖分之後，一切都變好了。這可能是我做過最困難的飲食調整，但真的值得。現在我只要一吃糖，就會覺得身體不適，拒絕飯後甜點變得更容易了。

我真希望有什麼招數可以輕易戒糖。我從15年前開始這段漫長的旅程。二十幾歲時，我晚餐後會吃掉半品脫的優格冰淇淋（有時候吃更多）。我完全無能為力，一吃甜食，除非全部吃完或肚子開始不舒服，我都停不下來。我沒放棄，慢慢開始將甜食從飲食中剔除，先以黑巧克力代替優格冰淇淋，後來再戒掉黑巧克力；下午喝冰咖啡代替吃糖，再逐量減少咖啡中的甜精，最後只喝黑咖啡。我也不再吃代糖，代糖還是會引起對糖的渴望。增加飲食中的蛋白質很有幫助，能讓整天的血糖保持穩定。另一個方法就是想吃甜食時，吃一點希臘優格或烤番薯。我現在的飲食重心是高蛋白的健康脂肪食物，讓我遠離甜食陷阱。但真的嘴饞時，我還是會吃點黑巧克力，我又不是機器人。

過去五年，有什麼事不再難以拒絕？

幾乎所有事。過去幾年，我的原則是，如果這件事不會讓我個人或是創作上更有活力，就會拒絕。要貫徹這樣的原則很難，我很喜歡幫助別人，而且在這個行業，總是有募款餐會或其他贊助機會。但久而久之，那些事會侵蝕我的創作時間，讓我離目標愈來愈遠。我現在已經比較會拒絕，但還是差很遠，我時常請身旁的人幫我表現得更無情一點，但我拒絕他人的決心總是會在最後一刻瓦解。所以我決定奉行近藤麻理惠的方法：「丟掉一切不會帶來喜悅的事。」也適用於各種人際上的義務。我還在努力。

感到超載或無法專注時，會怎麼做？

我會停下手邊的事情，獨自出門走走。走很久、靜靜思考，有充足的時間思考、做白日夢，無法衝回辦公桌，不會再次陷入工作的各種責任中，事情的解決方案也會在這期間慢慢浮現。聽起來不是特別的方法，但對我很有用。我出門會帶上數位裝置，因為點子總是突然冒出來，如果沒有馬上記下來，很快就會忘記。獨處的力量也很強大，我們白天其實很少與自己相處的時間。只有自己，是非常珍貴的時光。

費里斯畫線名言

（2017年4月28日至2017年5月12日）

「策無略無以為持，計無策無以為施。」

—孫子

中國軍事策略家，《孫子兵法》作者

「忍過第一次衝動，等待第二次的到來。」

—葛拉西安（Baltasar Gracián）

西班牙耶穌會教士與巴洛克散文作家，受叔本華及尼采推崇

「虛者，心齋也。」

—莊子

西元前4世紀中國哲學家

別花時間追尋正確的答案或道路，應該想辦法更接近自己選擇的道路。

紐約公共廣播電台執行長
Laura R Walker
勞拉·露絲·沃克

TW: @lwalker
wnyc.org

勞拉·露絲·沃克是美國紐約公共廣播電台總裁兼執行長，是全美最大的公共廣播電台。在她帶領下，電台每月收聽人數從100萬增長至2600萬人，至今已籌資超過1億美元。尼曼新聞實驗室（Nieman Lab）形容電台的成長是「打改革超速檔」。沃克榮獲美國公共廣播協會頒發的莫盧獎，有媒體界最高榮譽之稱。沃克被《柯瑞恩紐約商業》雜誌（*Crain's New York Business*）選為紐約「最有權勢女性」，也入選「紐約商業百大影響力女性」，《*Moves*》雜誌稱她為「女強人」。沃克是衛斯理大學歷史學士，並獲選奧林學者（Olin Scholar），也是耶魯大學工商管理碩士。

最常送人的書？為什麼？或影響最深的一到三本書？

送書時，我會找自己喜歡的書，更重要的是與對方的夢想、渴望或挑戰有關的書。給曾經面對或正在面對癌症的朋友，我會送穆克吉（Siddhartha Mukherjee）的《萬病之王》（*The Emperor of All Maladies*），這本文筆優美的書結合科學與故事案例，在我兒子罹患癌症時，幫助我了解癌症的歷史、起因，及各種創新療法。

給新手廚師，我會送彼特曼（Mark Bittman）的《極簡烹飪教室》（*How to Cook Everything*），因為內容與書名完全相符。

給住在紐約的阿宅（我認識不少），我會送索爾尼特（Rebecca Solnit）的《不停息的大都會：紐約地圖集》（*Nonstop Metropolis*）。

如果要送一本很棒的小說，我會送托爾斯泰的《安娜‧卡列尼娜》，我自己已經讀過三遍。

給年輕的女性朋友，我會送西蒙波娃的《第二性》，以前在巴黎時讀過。「女人不是天生的，是後天形成的。」

給努力想提高生產力、掌控人生的人，絕對是《一週工作4小時》。

過去半年或近期記憶中，哪筆一百美元以下的花費，對生活帶來最多正面影響？

我很喜歡筆。最近找到一種可以擦掉的原子筆，藍色的百樂魔擦筆，寫起來非常流暢還能擦掉，讓我覺得充滿主控

權、很開心。我通常會跟可循環使用的「智慧型筆記本」搭配使用，像是超酷自動歸檔筆記本（Rocketbook Everlast smart notebook）。

過去五年，有什麼事不再難以拒絕？

我兒子幾年前罹癌後，我卸下所有職責，只剩下陪伴兒子與工作，我變得很會拒絕邀約，尤其那些無法帶家人一起的活動。

感到超載或無法專注時，會怎麼做？

在困難的情況，我會提醒自己壓力可以讓我更強大，如果我相信自己做得到。我會深呼吸，想像並感受那一股壓力，把它轉為愛與正面的行動力。我是在讀完史丹佛大學麥高尼格（Kelly McGonigal）的研究後開始這麼做。

對即將進入社會、聰明有抱負的大學生，有什麼建議？

畢業就離開舒適圈。問自己對什麼感到好奇，開始探索，擁抱人生必然的模糊與矛盾，並養成一些可以幫助你探索的習慣──運動、和朋友聊天或寫作。別花時間找正確的答案或正確的路，應該花力氣在想辦法更靠近自己選擇的路。思考定義你的價值是什麼？你想探索什麼問題？

人生不會給我們成功與滿足，人生會給我們挑戰，讓我們從中成長。

完全沉浸游泳法創始人
Terry Laughlin
泰瑞．羅克林

TW: @TISWIM
FB: Total Immersion Swimming
totalimmersion.net

泰瑞．羅克林是「完全沉浸」游泳教學法（Total Immersion）的創始人，他打造出更有效率的游泳技巧。1973至1988年期間，羅克林擔任三所大學及兩間美國游泳俱樂部的教練，隊員在他的指導下進步神速，拿下24座全國冠軍。1989年，羅克林創辦完全沉浸組織，訓練重心從年輕泳將轉為沒有游泳經驗的成人。他也是《完全沉浸：游泳新革命》（*The Revolutionary Way to Swim Better, Faster, and Easier*）的作者，我推薦各位在閱讀此書前，可以先去看《全浸式自由泳》（*Freestyle: Made Easy*）系列影片。我透過億萬投資人薩卡（Chris Sacca）認識羅克林。完全沉浸教學讓我在30秒內輕鬆學會游泳。我本來在25碼泳池最多只能來回一趟，經過不到十天的單獨訓練後大幅進步，不只能不中斷完成兩趟，中間有休息最多能游超過20趟。這樣的進步我自己都覺得不可思議，游泳成為我的休閒，改變我的人生。

最常送人的書？為什麼？或影響最深的一到三本書？

李歐納的《精進之道》。我20年前讀到他在《君子》雜誌的文章，才去讀這本書。《精進之道》敘述李歐納從47歲開始學合氣道，一直到成為大師的心路歷程。我當時很快讀完這本書，感到非常興奮，因為內容完全呼應我們的游泳教學法。因為這本書，我開始將游泳視為一種學習「精進」的理想媒介，在學習游泳技巧的同時也學習「精進」的習慣及做法。這本書是我看過最棒的人生指南。

簡單介紹這本書：人生不會給我們成功與滿足，人生會給我們挑戰，讓我們從中成長。精進是十分不可思議的過程，過程中挑戰會愈來愈容易、令人愈來愈有成就感。這種成就感的關鍵，就是達到一種境界，當你單純熱愛練習本身，而不再是本來設定的外在目標。與精進之道唱反調的就是想快速得到成果的思維。

我的精進五步：

1. 挑選一個有價值、有意義的挑戰。

2. 找到老師，或像李歐納一樣的大師級人物，幫助你確立正確的方向與優先順序。

3. 勤奮練習，練習掌握關鍵技能，不斷往下一階段進步。

4. 接受撞牆高原期。所有的進步都有令人興奮的短暫跳躍，還有很長一段時間覺得自己在原地踏步的撞牆期。雖然好像沒有進步，但我們正在把新的行為內化成習慣。只要把握正確原則，即使表面看不見，你仍

然在持續學習。

5. 精進是一趟旅程，而非終點。真正的大師從不認為自己已精通某項能力，總是有更多學問等著我們去學習、更強大的能力等著我們去探索。

有沒有任何失敗，或看起來是失敗的經驗，成為後來成功的墊腳石？有「最喜歡的」失敗嗎？

1972年開始當游泳教練後，我很快嘗到了成功的果實。1975年至1983年，我在俱樂部和大學校隊教出24個全國冠軍，我指導的隊伍全部從中等程度成為高手。然而我的事業在1983年受到很大的打擊，我當時指導一支年輕隊伍，拿下全國青年冠軍後，馬上因為權力鬥爭，被控制欲很強的家長會開除教練身分。

五年心血栽培的隊伍一瞬間被奪走的失望，讓我陷入悲傷的情緒，只是當時的我完全沒有意識到。接下來四年，我當了三次總教練，每次都帶領隊伍成為頂尖，我卻開心不起來，也沒有成就感。

1987年，我終於意識到是過去的傷痛讓我無法享受工作，只有暫時離開教練的職位，才能真正解決。那時我也發現自己的存款一點都不像工作16年應該有的數目，而且再過五年我就要開始為三個女兒付大學學費。

我勉強辭去教練的工作，雖然不知道有沒有機會再回來當教練，但我想測試自己的能耐，想知道自己有沒有辦法在其他領域有更好發展。之後的兩年，我都在做行銷工作，

一開始在科技公司，後來到醫院。雖然付得起每月的帳單，還是沒有多餘的錢為未來打算。更糟的是，我對工作一點熱情都沒有。

我很快就找到問題：當教練這麼多年，我在關鍵時刻都是必要且有用的存在，隊伍的成敗就看我的努力與能耐。但在大公司，我感覺自己只是個小齒輪，有沒有來上班都沒差別。我無法忍受這種感覺。

1989年春天，我辭掉醫院的工作，開始規劃兩期長達一週的游泳夏令營，課程內容針對高階游泳訓練，這就是初版的「完全沉浸」。1990年夏天，我策劃了四期、1991年加開到六期，並加開游泳大師班。這些收入無法養家，所以我一邊寫雜誌與行銷相關的文章。我當時沒想過「完全沉浸」會走多遠，但我的授課確實帶給學員影響，我也很喜歡當自己的主管，報酬只跟我的工作品質有關。雖然起步平凡，「完全沉浸」達到了做夢都沒想過的成功。現在已經是在全球30個國家擁有超過300名教練的教學系統，如今已是公認最高效的游泳法。

多虧以前的失敗和離開教練生涯的時光，讓我知道自己天生就該當教練、要教游泳，我也更加確信自己不適合受雇於人，渴望自己掌控命運。

過去五年，有什麼事不再難以拒絕？有新的領悟或方法嗎？
我的人生目標是成為最棒的游泳教練，從來不是經營公司。但隨著完全沉浸的成長，我就這樣成為了執行長。我承認自己是很糟糕的執行長，每次要在經營和教學間抉擇

時，我總是選擇教課。我把所有心力都放在鑽研教學方法，沒有精進管理與領導能力，對公司造成的負面影響，甚至壓過了我在教學上的正面影響。

兩年前，我被診斷出無法治癒的前列腺癌第四期。我知道療程將占去很多時間，也會消耗大量的體力，讓我無法完成未完成的願景，所以我把公司的經營交給另外兩位夥伴，他們都是年輕一代的聰明人，對公司非常忠心、對工作充滿熱忱。做出這項決策後，「完全沉浸」的命運徹底翻轉，成為能走得長遠的成功企業。

很棒的是，我也因此進入人生最多產的時期。我正在積極設計新的教學內容與課程，並打造更進階的指導系統。這些努力與貢獻讓我更開心、更有動力，也更滿足。隨之產生的正能量不僅對我的健康有幫助，也讓我能更坦然面對治療。

對即將進入社會、聰明有抱負的大學生，有什麼建議？可以不聽哪種建議？

我希望所有聰明的大學生，都能好好檢視自己是為何而努力？究竟是為了內在的自我實現，還是為了外在的目標？幾年前，我在《紐約時報》社論看到一篇文章，內容是關於一份研究，在一萬名西點軍校的學生入學時，先調查每個人的職涯目標，並持續追蹤14年。研究結果顯示，有些學生的目標是成為傑出的軍官，想學習優秀的領導力和溝通能力，贏得下屬的尊敬。這群學生後來成為軍官的比例相當高，服役時間都超過最低要求的五年，多數人快速

晉升，對工作滿意度高。追逐外在目標的學生——渴望升官，爬上更高的地位——成為軍官或提早晉升的比例較低，工作滿意度較低，因此通常在結束五年役期後就轉換跑道。

其實，在任何領域都是同樣的道理。如果你的目標是不斷以耐心持續學習，精進核心能力與關鍵技能，那麼外在的認同、升遷與高薪就會更容易發生。你也更有機會成功、更有成就感，甚至在領域中得到崇高的地位。我身為游泳教練，從年輕到現在40幾年的動機都沒變：

1. 不斷精進自己在技術與表現上的理解。我從未對自己的表現滿意，總是有進步空間，有更多細節要學習。

2. 帶給學生足以改變一生的正面影響。

3. 在游泳教學上不斷立下新的里程碑，把這個專業變得更好。我今年66歲，但我的熱忱和求知欲和21歲時一樣。我還沒有退休的打算。時至今日，我仍想不到有什麼能讓我比現在更滿足。

編注：泰瑞‧羅克林已於2017年10月病逝。

我第一份工作在甲骨文，
我搬進艾利森以前的辦公室，
他留下了四十幾本
《人月神話》。

Salesforce執行長
Marc Benioff
馬爾克・貝尼奧夫

TW: @Benioff
salesforce.com

馬爾克・貝尼奧夫是Salesforce董事兼執行長，也是慈善家。他是雲端運算系統的先驅，1999年以雲端技術為基礎，配合隨收隨付系統並結合慈善事業，開創全新的商業模式。Salesforce在他的帶領下成為《財星》五百大企業，是史上成長最快軟體公司前五名、全球第一客戶關係管理公司。貝尼奧夫也入選《財星》「全球五十位傑出領袖」、《彭博商業週刊》「最有影響力五十人」、《哈佛商業評論》「全球執行長二十強」、《巴倫週刊》（*Barron*）「全球最佳執行長」及《富比士》「時代創新者」，並榮獲《經濟學人》創新獎。他也是世界經濟論壇董事會成員。貝尼奧夫有三本著作，其中暢銷書《我如何在雲端創業》（*Behind the Cloud*）是關於他如何從零開始帶領Salesforce成長到年收入十億美元的故事。貝尼奧夫是少數打造出年收破百億美元軟體公司的人之一，其他三位是微軟的蓋茲、甲骨文的艾利森（Larry Ellison），以及SAP的普拉特納（Hasso Plattner）。

最常送人的書？為什麼？或影響最深的一到三本書？

我看過最厲害的商業書之一就是國際電話電報公司
（ITT）前執行長吉寧（Harold Geneen）寫的《管理》
（*Managing*）。這本書不僅影響我的人生，也改變了我的
管理方法。吉寧相當老派，書中記錄了他經營ITT的經
驗。Salesforce效仿了許多他的管理技巧，例如我們堅持奉
行的季度營運報告。

布魯克斯（Frederick P. Brooks, Jr.）的《人月神話：軟體
專案管理之道》（*The Mythical Man-Month*）也對我影響很
大。我的第一份工作在甲骨文，1990年成為史上最年輕的
副總裁，搬進艾利森以前的辦公室，他沒有清空，留下了
大約四十幾本《人月神話》。艾利森把這本書送給他在公
司裡認識的所有軟體工程師。這本薄薄的小書指出，要寫
出偉大的軟體不用幾百、幾千位開發人員，而是需要小組
通力合作。我記得Salesforce剛開始有成績時，擁有兩千個
客戶關係管理系統開發者的甲骨文說：「Salesforce怎麼可
能打敗我們？」我們能跟他們競爭，應該歸功於《人月神
話》。畢竟在軟體開發上，小組的表現真的更勝大隊人
馬。我能在艾利森的抽屜找到這本書真是意外的收穫。

第三本影響我的書是達賴喇嘛的《看見別人跟自己的不一
樣，友誼從此開始》（*The Good Heart*）。這本書對我來
說非常重要，因為在讀這本書時，我正在學習世界上不同
的宗教，而該書的副標題「達賴喇嘛遇上耶穌」讓我很震
驚。我非常、非常愛這本書，其中最喜歡達賴喇嘛對皈依
佛教的看法。他寫道，如果你已經擁有其他信仰，千萬不

要改信佛教，因為最快頓悟人生意義、心靈平靜的方法，就是忠於自己原來的信仰。我基於這本書的理念，開始改變自己的心靈哲學，重新審視自己信仰的初衷，變得更虔誠信奉猶太教。

過去半年或近期記憶中，哪筆一百美元以下的花費，對生活帶來最多正面影響？

我很喜歡在Under Armour買的這件衣服，上面有球星柯瑞（Stephen Curry）的名言：「我凡事都能做。」大家第一次看到這句話可能會覺得這個人真會說大話。事實上，這位金州勇士隊最有價值球員是虔誠的信徒。柯瑞的這句話最初是出自《聖經》腓立比書第四章第十三節：「我靠著那加給我的力量，凡事都能做。」柯瑞在場上投籃前，都會在心裡默念這句話。

因此，這句話成為柯瑞的座右銘，印在他的球鞋和這件衣服上。這句話非常激勵人心，不只讓人找到內在的力量，也引領我們走向更遠大的目標。我想大多數人看到：「我凡事都能做。」都會認為柯瑞是在說自己很厲害，但其實這更像是他灌輸給自己的信念。我買了好幾件印有這句話的上衣，我很愛穿。

有沒有任何失敗，或看起來是失敗的經驗，成為成功的墊腳石？

我把失敗當作學習，我會花時間與失敗相處。直到我能從經驗中淬煉出心得，轉化成向前的動力。

幾年前，我們的日本辦公室空間不夠用了，恰好我正與

日本郵政集團的總經理在東京會面，他邀請我到日本郵局重新改建的新大樓參觀。大樓位於皇居和東京車站之間，名為丸之內的區域。當時那位總經理說他非常喜歡Salesforce，希望我們能進駐，甚至願意讓我們命名新的建築物。我深感榮幸，與建築師搭電梯參觀了各樓層，但因為日本之前的地震，我不太喜歡頂樓，擔心員工在那裡工作會不安。另外，我又很滿意中間樓層的人本設計，於是我就選了中間四個樓層。然而真的搬進去後，我發現有露台的頂樓才是最酷的，當初原本可以選擇頂樓加上現有的樓層，還可以把我們公司的名字放在大樓上，卻被我拒絕了。

這件事我一直沒有忘記，後來我們有幸承租世界各地的大樓，倫敦、紐約、舊金山、慕尼黑及巴黎。我們不只將這些大樓都命名為Salesforce塔，還租下每棟建物的頂樓外加一些較低樓層。我吸取在日本的教訓，學會了最佳地產策略，並應用到Salesforce的經營上。這是我從失敗中學習的其中一個例子，我常花時間自問：「我能從中學到什麼？」因為未來可能很快又會碰到一樣的問題，我應該學會更好的做法。

我們把所有Salesforce塔的頂樓當作開放空間，叫做「Ohana」樓層。「Ohana」是夏威夷文的「家人」，對我們來說，員工、客戶、夥伴及整個社區都是家人。Ohana樓層通常用來舉辦會議、活動和合作企劃，所有員工都能使用這個區域。公司沒有活動時，Ohana樓層也會借給非政府或非營利組織使用。舊金山的Salesforce大樓完工後是

全市最高的建築物，我非常期待頂樓的風景！

過去五年，讓生活變好的新信念、行為或習慣？

我在控制自己的飲食，採取低醣，也就是提摩西提倡的低醣飲食，我非常認同這個理論。我也在嘗試一週有一天不進食，對我幫助非常大。我有位魔術師朋友布萊恩（David Blaine）在倫敦一個玻璃箱子裡斷食了44天。看了他的表演，我覺得一週一天不吃東西我應該做得到。

與眾不同的習慣，或荒謬的嗜好？

我很愛我的Peloton飛輪車，很享受在上面踩45分鐘，讓自己好好運動一下，也順便和世界上其他正在踩飛輪的人聊天。我最喜歡的教練是里格斯比（Cody Rigsby）。認真運動時，我總是讓自己的名次維持在班上的前10%。我可以接受高品質和高強度的間歇訓練，也能一邊享受音樂、和教練一起度過愉快的時光。對我來說是重要的休閒，讓我更了解自己的身體，也紓解了心理壓力。

如果可以在任何地點放廣告看板，內容不限，想在上面放什麼？為什麼？

「資助一所附幼小學！」兒童教育是世界上最重要的事。如果有孩子沒辦法得到從幼稚園到小學的完善教育，他們在未來就沒有競爭力，無法取得需要數學和寫作等核心能力的工作機會。我自己資助了舊金山的普雷西迪奧中學，是我家鄉的一所學校。巧的是那剛好是我媽媽以前就讀的中學。我知道這件事後，感覺一切都是注定的。

資助學校不需要花很多力氣，卻能帶來巨大且長遠的影

響。現在的學校幾乎都與在地企業及社區分割，但其實要改變現況非常容易，只要去鄰近學校敲校長的門，問他需要什麼幫助。一個簡單的動作就能大幅改善年輕學生的一生。教會學校和特許學校等當然也需要資助，但這些不是美國最普遍的學校類型。美國有350萬名公立學校教師，平均年薪只有38,000美元，他們需要我們的支持與幫助。

我們每個人都盡一份心力，老師才能給孩子更好的教育。

2013年起，Salesforce與舊金山灣區的學校合作，改善當地電腦科學教育資源。目前Salesforce已經捐贈2,250萬美元給舊金山和奧克蘭學區，為當地學校提供科技設備和基礎設施。然而最重要的不是金錢上的援助，我們的員工也親自拜訪學校，提供輔導教學，實際了解孩子在生活中遇到的困難。我們的員工在學校的服務時數已經超過2萬小時。

最成功或最值得的投資？

我最值得的投資是冥想，每天早上都會花半小時至一個小時祈禱和冥想。不只是自我訓練，我現在也在自己的猶太教會開授冥想課程。我已經堅持冥想超過25年，我認為這是成功的一大關鍵。

我會透過冥想面對生活中的各種問題。人生中遇到挑戰時，父親過世、家人身體出問題、經營Salesforce的壓力或是擔心世界上各種紛亂，我總是能從冥想和祈禱中得到救贖，重新找回動力。這是一項一直有回報的投資。

我深受一行禪師的影響，他住在法國西南部的梅村禪修中

心，是一名禪宗大師。（作者注：一行禪師的《橘子禪》也是我人生中很重要的一本書。）一行禪師在2014年中風後，就與他的30位頂尖弟子搬到我這裡療養，我與他相處了六個月。比起拜讀他的著作，親身體驗他們的生活對我影響更深。我印象特別深刻的是他們每天堅持修行、嚴守戒律，而且一定要分組行動，隨時待在一起。

到任何地方都要大方自在，
因為你的氣勢
遠比任何言語重要。

新生代思想大師
Marie Forleo
瑪麗‧弗萊奧

TW/IG: @marieforleo
marieforleo.com

瑪麗‧弗萊奧被歐普拉稱為「新生代思想大師」。她是
得獎節目MarieTV的創辦人，也是B-School計畫的創始人。
《富比士》雜誌將弗萊奧的網站列入「企業家必看百大
優質網站」。弗萊奧在布蘭森創業中心指導過許多年輕
企業家，她的著作《讓每個男人迷上你》（*Make Every
Man Want You*）已譯成16種語言。

過去半年或近期記憶中，哪筆一百美元以下的花費，對生活帶來最多正面影響？

普萊斯菲爾德（Steven Pressfield）寫的《藝術之戰》（*The War of Art*）。這本書有激發人心的魔力。對於受困於自我懷疑、或無法將重大計畫付諸行動的人是很棒的指南。我每年至少會從頭讀一遍。這本書也可以隨手翻到某一頁、讀某個段落，就能找到你當下需要的感動與啟示。

如果可以在任何地點放廣告看板，內容不限，想在上面放什麼？為什麼？

我會在看板上寫「一切都有辦法」，這是小時候媽媽教我的。這個信念給我動力，支撐我的工作與生活，至今仍是如此。這句話的意思非常簡單：不論遭遇任何困難或挑戰，個人生活、職場、甚至是全球性的問題，都有路可走。「一切都有辦法」。你一定可以找到路，或自己創造一條路，只要你不放棄、保持敏捷、不斷採取行動。事情不如預期時，更要提醒自己這個法則，它能馬上把注意力轉向解決方案，不會再浪費時間和精力陷在問題裡。我深信「一切都有辦法」是最實際有效、值得實踐的哲學。

最成功或最值得的投資？

一本3美元的黃色橫線便條本。25歲時，我一邊教街舞一邊當酒保賺錢，同時慢慢建立我的網路事業。每次教課或在吧台時，我都會帶著這本便條。人們總會聊起這個話題：「你不教跳舞或不調酒的時候，都在做什麼呢？」我就會跟他們聊起我的網路事業，然後把筆和便條本遞給他們，請他們留下信箱，訂閱我的電子報。

這本小黃筆記，還有不斷拓展訂戶的決心，就是我事業成功的基礎。它幫助我訂下、達成許多重要的人生目標、建立跨國企業，並創造了七千五百多萬的營收。

與眾不同的習慣，或荒謬的嗜好？

我最愛一個人沒有時間壓力地採購日常用品。我喜歡慢慢推著手推車，在走道間逛來逛去，把購物清單一項一項劃掉。

過去五年，讓生活變好的新信念、行為或習慣？

學會漢瑞斯（Harville Hendrix）博士和杭特（Helen LaKelly Hunt）博士開發的「意象對話」（Imago Dialogue）人際溝通法。這套溝通法適用在和配偶或重要他人談話，特別是爭吵時。剛開始會感到很不自然，有點刻意，但學會如何運用之後，以誠意溝通，就能為親密關係帶來奇蹟般的改變。

對即將進入社會、聰明有抱負的大學生，有什麼建議？可以不聽哪種建議？

我的建議是，追求能燃起自己熱情的計畫、想法或產業。就算那些想法看起來毫無關聯，就算現在看起來你好像無法在這個產業長期發展，都沒關係。以後你會把這些點串連成線。在任何情況都拚命努力，超越眾人期待，建立追求超越的形象。用各種方式賺到錢，讓你可以參加那些能接近自己景仰的人的活動與學習機會。關係就是力量。到任何地方都要大方自在，因為你的氣勢遠比任何言語重要。

忽略叫你只專精一件事的建議。除非你真的確定這就是你成功的方式。不用在意別人怎麼看你的職涯選擇，或是你賺錢的方法，特別是當你在為未來的職涯選擇而努力賺錢時。不要因為害怕別人覺得這不是專業，就放棄自己的熱情。特別給女性的建議，忽略家庭和社會給我們結婚生子的壓力。

在專業領域聽過最糟的建議？

談到培養網路觀眾，許多人都想同時在所有平台曝光，這是很大的錯誤。為了出現在所有平台、所有更新而產出平庸的粗糙內容，結果當然不理想。想同時經營所有平台並不明智也不持久，會浪費你的時間、才華和精力，對一人團隊來說更是如此。即使有團隊支持，一開始還是先專攻一個平台就好。投入新的平台或社群媒體之前，先問自己：「為什麼我想投入這個平台？」、「花時間、精力與資源長期在這裡經營的商業考量是什麼？」、「考量其他規劃及整體的願景後，這麼做合理嗎？」

很多企業主不懂的是，任何認真經營的社群媒體最後都會變成顧客服務的管道。用戶會在社群發問，當然也會在那裡抱怨。要想清楚，擬定計畫，有人定期處理這些訊息，才不會出現客服惡夢。有能力多角化經營，並不代表就該這麼做。

感到超載或無法專注時，會怎麼做？

感到精神渙散或卡關時，我會做高強度的健身訓練。有時是上飛輪課，有時是做循環訓練，總是要搭配振奮人心的

音樂。目標是完全進入感官世界，這樣做有幾個目的。首先，我能徹底清空所有情緒和雜念。更重要的是啟動我所謂的內在智慧，這是我平常專注思考時也很少能達到的境界，進入這個狀態，我會自然地知道接下來該做什麼。對我來說，創造力是潛藏在身體裡的力量，而非仰賴大腦。

過去幾年，
我用九型人格
檢視身邊所有重要關係，
真希望能更早發現這個測驗。

Dropbox 共同創辦人
Drew Houston
德魯・休斯頓

TW: @drewhouston
FB: /houston
dropbox.com

德魯・休斯頓是Dropbox共同創辦人兼現任執行長。2006年休斯頓從麻省理工學院畢業，基於自己使用隨身碟的不便經驗，開始研發Dropbox。2007年初，他與另一位創辦人菲爾多西（Arash Ferdowsi）申請加入Y Combinator，Dropbox成為YC史上成長最快的公司。Dropbox已有超過5億的註冊會員、超過1500名員工，在全球13處設有據點。

最常送人的書？為什麼？或影響最深的一到三本書？

我一直很崇拜巴菲特（Warren Buffett）和孟格（Charlie Munger），他們思路非常清晰，而且很會用簡單的語言解釋複雜的內容。孟格的《窮查理的普通常識》就是這種好書。

身為執行長，或是人生中，我都會面對必須在自己不熟悉的領域做各種決策，而且環境不斷在改變。我們該如何找到正確方向？如何在累積人生經驗之前，就能培養出決斷的能力與智慧？

《窮查理的普通常識》是很好的開始。書中的基礎原則可以幫助我們在資訊有限的情況下做出最好的決斷。我們其實在高中都學過這個道理，但只有少數人真正應用在生活。就我的經驗，這種第一原理的思維方式，就是區別不凡與一般的關鍵差別。

過去五年，讓生活變好的新信念、行為或習慣？

我發現九型人格測驗對生活非常有幫助。這個測驗乍看很像邁爾斯－布里格斯（Myers-Briggs）性格分類指標，分成九種人格，每個人都能被分類為其中一種類型。我發現九型人格測驗更準確，更能幫助我們了解他人的行為特質。

我一開始也是抱持著懷疑，但讀過解析後，結果準得可怕，這個測驗點出了我的行為模式：包括我的生活動力、優勢和盲點等等。九型人格測驗也讓我更知道如何扮演好自己的角色，並且在領導時靈活運用自己的強項。這個測驗對團隊也很有幫助，我們公司所有資深主管都做了這個

測驗，也鼓勵Dropbox的所有員工去測試，學習了解自己。網路上有很多免費的九型人格測驗和資源。

過去幾年，我用九型人格檢視身邊所有重要的人際關係。這個測驗讓我更有同理心，更容易理解他人行為和背後原因。真希望自己能更早發現這個測驗。

對即將進入社會、聰明有抱負的大學生，有什麼建議？可以不聽哪種建議？

我2013年回麻省理工為畢業生致詞時，想過這個問題很多次。後來我在演講時說，如果我能給22歲的自己一張人生的小抄，上面會有：一顆網球、一個圓圈，以及數字30,000。

網球代表的是去找到令自己著迷的事，就像我小時候養的狗，不管是誰在任何時候丟球給牠，牠都會像發瘋一般興奮地追球。我認識的大部分成功人士也都極度著迷於自己重視的問題，想找出解決之道。

圓圈代表的是，你就是最親近的五個朋友的平均值。所以要時常檢視你的環境，確保身邊的人都能激發你最好的一面。

最後是數字30,000。我24歲的時候看到一個網站，上面說多數人的生命只有大約30,000天，我很震驚地發現自己已經活了8,000天了。所以要記得讓每一天都過得有意義。

現在，我還是會給相同的建議，但有一點需要澄清，只靠熱忱或夢想並不夠，要先確定自己熱中的問題有被

解決的需求，而且你的貢獻真的可以帶來改變。誠如Y Combinator的理念：做出人們需要的東西。

過去五年，有什麼事不再難以拒絕？

拒絕對我來說實在很難，我很喜歡幫助他人。但只要思考一些問題，就能完全改變自己：一個人擁有的時間比想像中少很多，而且你的時間通常不是花在你以為的那些事情上。

下面這個譬喻也很有幫助：把自己擁有的時間想像成一個罐子，生活中重要的事就是石頭，其他事情就是小石子和沙子。填滿罐子最好的方法是什麼？

這不是高深的學問。隨便問一個人，他一定會先放石頭，再倒小石子，最後才放沙子，這也是我的答案。這是我最喜歡的管理書、杜拉克的《杜拉克談高效能的5個習慣》中的練習。那時候，我認為我的「石頭」是招募人才和開發產品，我把時間都花在這兩件事情上。但我後來實際以小時記錄自己幾週的行程，結果跟其他做這個練習的人一樣，非常錯愕。我的罐子裡填滿了沙子，石頭還留在地上。

這個練習讓我重新審視別人的各種請求。我的罐子不大，我是要先放自己的石頭，還是放別人的石頭？我還特別新增了一個電子郵件分類標籤「OPP」，提醒自己這類信件都是「別人的事」（Other People's Priorities），也告訴自己要注意，不要把別人的請求擺在我的團隊與客戶之前，他們都仰賴我把自己的工作做好！不過，這不代表「永遠不

要幫助別人」。只是要記得先考慮清楚。

其他技巧：為你的石頭提前規劃好時間，這樣就不用一直掛念。記得不要依賴自己的想像，像是「我有空就會去運動」。如果你的行事曆上沒有石頭，那石頭就跟不存在一樣。睡眠與運動這種石頭更是如此，如果連自己都不重視，沒有人會在乎。

拒絕別人時，我們不必解釋太多，也不需要回覆每一封電子郵件，廣告信更可以直接忽視。一行簡單的回應即可，像「我不克出席，但謝謝邀請。」或是「感謝您想到我，但很不巧最近公司業務忙碌，可能無法與您會面。」都算是有禮貌的回信方式了。

大好機會從來不會表明
自己是大好機會。

企業家及作家
Scott Belsky
史考特・貝爾斯基

TW/IG: @scottbelsky
scottbelsky.com

史考特・貝爾斯基是創業家、作家與投資人,他是舊
金山創投公司Benchmark的合夥人。2006年,貝爾斯基
與夥伴共同創立Behance,在2012年被Adobe併購之前擔
任執行長。現在已有數百萬人使用Behance展示個人作
品,許多人也利用Behance尋找創意人才。貝爾斯基也是
Pinterest、Uber、Periscope等眾多新創的早期投資人兼顧
問。

如果可以在任何地點放廣告看板，內容不限，想在上面放什麼？為什麼？

我的看板會寫上：大好機會從來不會表明自己是大好機會。

最好的工作、客戶、夥伴或商機不太可能一開始就對我們招手。事實上，真正的好機會最初可能根本不會引起我們注意，很多時候從表面看，這些機會看起來都不吸引人。好的機會就在於它的潛在可能性，如果所有好處都一目了然，別人早就搶先了。

如果你做的決策都是根據現在所知的資訊，就沒資格說自己是願景家，更別奢望能發揮多大的影響力。我很常驚訝於人們在做重大事業決定時的懶散與消極。加入團隊不該只考量團隊現狀，更該思考自己入隊後能為團隊帶來多少改變。當一個創辦人就要創造，而不只是加入某個團體而已。

機會一顯現就要主動把握，而不是等到方便出手或是好處明顯的時候。培養運氣的唯一方法就是有彈性（要抓住對的機會就要有所取捨）、謙虛（時機並非我們能掌控）、從容（遇到機會再一把抓住）。人生中最棒的機會不會在我們預期的時機來到。

與眾不同的習慣，或荒謬的嗜好？

隨著我的人生愈忙、挑戰愈多，我開始挑一些自己愛的音樂和零食，留到做特定工作時才享用。例如，我有一個「寫作」播放清單，只有寫作時才能聽的音樂，因為訂定

寫作計畫並徹底執行有時很痛苦，所以我透過這種方式，把自己喜歡卻視為理所當然的事物變成奢侈的獎勵。我寫作和深度工作時的播放清單：

- 〈每一天〉（Everyday），科曼多（Carly Comando）
- 〈飛行員〉（The Aviators），隆恩（Helen Jane Long）
- 〈成為〉（Divenire），伊諾第（Ludovico Einaudi）
- 〈瘋狂世界〉（Mad World），安德魯（Michael Andrews）和朱爾斯（Gary Jules）
- 〈慶典〉（Festival），席格若斯（Sigur Rós）

雖然重要性不如播放清單，我也為長時間寫作和工作留了一些特定零食：

- 紐約Eli Zabar超市的帕瑪森起司洋芋片
- 白巧克力的扭結餅

我不會在一開始就吃這些零食，只有真的進入深度工作時，才能開動。除此之外沒有其他規定。我的深度工作是指不切換事情、不中斷專注的工作時間。在這個隨時都有網路的時代，要連續專注三小時以上實在很難，所以我為自己設下這些獎勵。

對即將進入社會、聰明有抱負的大學生，有什麼建議？可以不聽哪種建議？

別堅持要有完美的工作或頭銜，也別為了稍微高一點的薪水而做出選擇。只要專注在兩件真正重要的事情。

第一，職涯初期的每一步都要朝自己真正感興趣的事物邁進。最有機會通往成功的途徑就是跟隨興趣，並且準備好迎接那些會翻轉我們人生的情誼、經驗，以及合作機會。雖然事情不一定會如我們預期的發展，但為熱愛的事情付出一定會有回報。接下任何新的工作和職位，都要更接近自己的興趣。

第二，剛開始工作時學到最重要的課題都與人有關，如何與人合作、如何在他人手下做事、如何管理大家的期望、如何領導別人。正因如此，早期的工作經驗有多少價值跟加入的團隊與跟隨的上司有很大的關係。所以做選擇時，一定要考量共事者的素質。

在專業領域聽過最糟的建議？

「產業該由專家領導。」當我們過度推崇產業內的專家時，都忘了產業的變革往往來自門外漢。Uber翻轉了交通，Airbnb顛覆了待客之道，這些最大膽的革新都來自局外人。顛覆產業的標準方法大概就是天真到敢於挑戰現有假設，並活得夠久，能在你想改變的領域中發揮獨特、有優勢的能力。或許天真的衝勁與實務的專業一樣重要。

「顧客最懂。」我在Behance只做過一次焦點團體研究。2007年我們剛起步，在討論該用什麼策略來達成「重整創意圈生態」的目標。在焦點團體中，我們跟參與者介紹了五、六個不同的構想，並請他們填寫問卷。幾乎所有參與者都表示他們不需要「又一個媒合同業的社群網站」，他們都認為用Myspace就夠了。但當我們問他們在工作上遇到

最大的阻礙是什麼，參與者又提到建構線上個人作品集有多貴、多沒效率，作品又很難被看見等等。

我們當時面臨的情境正好就是典型的「不要問顧客想要什麼，直接給他們需要什麼」。後來誕生的就是Behance這個為創意人打造的社群網站。網站成為世界最頂尖的創意社群，有超過一千兩百多萬用戶。成立六年後被Adobe買下。

感到超載或無法專注時，會怎麼做？

我會小聲告訴自己：「史考特，快做你該做的事。」我們周遭和內心總是有太多小劇場，我們太常分心、想太多。我們很容易以忙碌為藉口，或拖延該完成的事情。我的解決方案就是廢話少說，要面對枯燥乏味的工作，或要完成難以付諸行動的任務，例如告訴大家壞消息或是開除某人，我就會告訴自己「別再鬼混，快做你該做的事。」這種自我命令對我滿有效。

費里斯畫線名言

（2017年5月19日至2017年6月2日）

「十分鐘可以做很多事情。但十分鐘也一下就過了，永遠也追不回來。把人生切分為一個個十分鐘的單位，盡量把最少的單位浪費在無意義的活動上。」

—坎普拉（Ingvar Kamprad）

瑞典企業家，IKEA創辦人

「當你以為一切都完了的那一天，就是新的開始。」

—路蒙（Louis L'Amour）

知名美國西部小說與短篇故事作家，著作超過百本

「一切的美好都狂放不羈且自由自在。」

—梭羅（Henry David Thoreau）

美國散文家，哲學家，《湖濱散記》作者

我們應該不斷重新衡量自己的思考與信念，對政治、對人生、對自己的思維。否則我們很容易變得僵化。

鄉村音樂歌手
Tim McGraw
提姆・麥克羅

TW/IG: @TheTimMcGraw
FB: /TimMcGraw
timmcgraw.com

提姆・麥克羅的唱片銷量超過5000萬，出過43張國際冠軍單曲。他拿過3座葛萊美獎、16座美國鄉村音樂學院獎、14座美國鄉村音樂協會獎、11座全美音樂獎、3次全美民選獎以及其他許多大獎。BDS電台稱他為全音樂類型中「十年播放次數最高歌手」，擁有全音樂類型「十年播放次數最高歌曲」的榮譽。麥克羅自1992年出道後時常占據鄉村歌手排行寶座，有兩支單曲連續在榜10週以上。他曾和妻子希爾（Faith Hill）一起世界巡迴《靈魂對唱》（Soul2Soul: The World Tour）。麥克羅也曾參與《勝利之光》和《攻其不備》等電影製作，並在暢銷電影《心靈小屋》中演出及配音旁白。

最常送人的書？為什麼？或影響最深的一到三本書？

我常送人貝里（Wendell Berry）寫的《傑布・克勞回憶錄》（*Jayber Crow*）。那本書超棒！既撫慰人心又發人深省，讀者會因此從不同的角度看待人生。好的藝術作品會讓人重新思考一切，我們應該不斷重新衡量自己的思考與信念，對政治、對人生、對自己的思維。否則我們很容易變得僵化。

感到超載或無法專注時，會怎麼做？

常有人問我：「通往成功最大的阻礙是什麼？」我的答案是專注。我認為專注是一切的關鍵，所以我經常思考如何專注這件事。到健身房運動是我找回專注的方式。開始健身，我就會意識到自己的注意力是否集中。健身之後我往往就會看到改變。身體活動會活化我的大腦，讓我專注在下一步該做的事。健身會改變我一整天的狀態、我的精神、我如何準備自己面對一天的行程。

過去五年，讓生活變好的新信念、行為或習慣？

體能訓練改變了我的人生。我認為我的事業能有長期的成功與體能有直接關係。我的工作中，美感當然是一大重點。但成功的關鍵又回到我剛才提到的專注力。而健身正好幫我找回專注力。聽起來好像是不重要的事：鍛鍊體態、保持健康。但以長遠來看，這些不就是我們最渴求的事情嗎？除此之外，健身也是訓練紀律的一種方法。但不要一開始就想長期的效果，剛開始健身時，我並沒有想：「我要持續鍛鍊一年。」而只是想：「我今天要訓練一小時。」今天持續到明天，明天再延續到後天，等某天回過

神，就會發現竟然已經過一年了。

我喜歡起床就去健身，讓我覺得一天有好的開始。讓我精神更好，而且接下來的一天也不用再擔心健身這件事。

如果接下來半年都只能做2到5種運動，會怎麼安排？

首先，我會做綜合槓鈴。五組12個連續的槓鈴動作。第一個循環舉空槓10下（45磅，約20公斤），接著每組循環重量加五磅（約2公斤），次數減少二次。看起來會像這樣：

10下 X 空槓（全部12個動作都做10下，以下動作比照辦理）

8下 X 槓鈴＋5磅

6下 X 槓鈴＋10磅

4下 X 槓鈴＋15磅

2下 X 槓鈴＋20磅（最重的重量）

五組做完之後，再做依次減重的另外五組，每個循環結束後減五磅的重量，最後回到一開始的狀態，12個動作各做10下空槓。另一項運動是泳池健身法，這是我的健身教練羅傑教我的，基本上是一系列在水中進行的武術動作。

與眾不同的習慣，或荒謬的嗜好？

我很喜歡「打魚」（spearfishing）。應該沒有多少人聽過這項運動，或想到氧氣筒跟魚槍。這是一種自由潛水，手持俗稱夏威夷機弦或巴哈馬機弦的武器，有點像是彈弓，但射出去的是矛。我喜歡打魚，我會感覺到全然的放鬆與自在。水下是一片寂靜，只聽得到自己的心跳、呼吸還有

血液在腦中流動的聲音。打魚讓我找回自己的頻率，又很驚險刺激，我喜歡那種感覺。

如果可以在任何地點放廣告看板，內容不限，想在上面放什麼？為什麼？

要是我有自己的廣告看板，我會在上面寫上「老爸」。我們時常期待從媽媽那裡得到答案，好像媽媽一定有辦法、媽媽可以搞定一切，但身為女兒的老爸，我發現與她們的互動及對她們說話的方式，都會深深影響她們對自己的看法。每當我想起自己已經是父親，就會想為我的孩子盡力當個好爸爸。老實說，我並不是每次都能扮演好父親的角色，我甚至覺得自己大部分的時候還滿糟糕的。但只要看板上寫著「老爸」，就足以再次提醒我們「父親」這個角色有多麼重要。

老了以後，
我願意花多少錢倒轉時間，
讓自己再次經歷此刻？

Blockstack 共同創辦人
Muneeb Ali
穆尼普・阿里

TW: @muneeb
muneebali.com

穆尼普・阿里是去中心化網路平台Blockstack的共同創辦人，讓使用者可以掌控資料，應用程式也可以在沒有遠端伺服器的情況下運作。阿里專門研究分散系統，在普林斯頓大學取得電機博士學位。他曾待過頂尖創業孵化器Y Combinator，就像是新創的哈佛或海豹部隊。他後來加入普林斯頓大學及PlanetLab系統研究小組，後者是最早創立、容量最大的雲端測試平台。阿里獲選為傅爾布萊特研究員，以雲端運算為題在普林斯頓大學客座演講。他建立了許多開發系統，發表的學術論文被引用超過900次。

最成功或最值得的投資？

我曾經貸款約1000美元的巴基斯坦盧比，想參加在瑞典為期三個月的無薪研究計畫。巴基斯坦缺乏優質的研究機會，我必須到歐洲或美洲找領域內頂尖的研究員合作，才能朝我的目標邁進。我借的錢其實不夠在瑞典生活三個月，所以我每天只吃一餐，靠著辦公室的免費咖啡和點心生活。這個投資為我開啟通往普林斯頓大學博士的大門，讓我能創業，現在才能募到510萬美元的創投基金。

過去五年，讓生活變好的新信念、行為或習慣？

我會捫心自問：「老了以後，我願意花多少錢倒轉時間，讓自己再次經歷此刻？」如果是抱著六個月大的女兒，哄她入睡的時刻，我願意支付所有存款，讓七十歲的自己再體驗一次。這個簡單的問題可以讓我們更知足，珍惜當下，而不是執著於過去的記憶或未來的想像。

過去五年，什麼事不再難以拒絕？

我領悟到與其廣泛涉獵，不如深入研究幾個少數目標。我是新創公司的創辦人，總是有許多事可以做，但以下方法可以幫助我專注在重要的事情：

- 拒絕所有邀請我分享經驗的外部會議。我希望這類外部會議是由我舉辦（這樣的機會並不多），而不是由其他人發起。

- 拒絕與公司無關的事。像是去其他新創或計畫擔任顧問，或運用我的領域專長投資加密虛擬貨幣。我一次只能做一件事、扮演一個角色。沒有例外。

- 讓團隊其他人應對外界邀約、電話、會議和活動。與團隊保持緊密聯繫，透過他們隨時掌握公司情況。換句話說，團隊夥伴能先過濾所有邀約和雜訊，讓真正重要的消息透過特定管道到我們手中，不會遺漏。

有效溝通非常重要。
好的作品都需要精準的眼光。

慈善家
Craig Newmark
克雷格・紐馬克

TW/FB: @craignewmark
craigconnects.org

克雷格・紐馬克是網路先驅,也是慈善家,提倡打造可靠的媒體,也為退伍軍人及軍眷發聲,並投身公民及社會正義事務。紐馬克平時會將舊金山的藝術及科技活動資訊用電子郵件寄給朋友和同事。1995年,他開始將資料彙整成一份清單,就是大家所稱的「Craig's List」。紐馬克把這個清單經營成公司,僅維持最低獲利,商業模式優先考慮的是「做好事就會做得好」。2016年,他創立紐馬克基金會,鼓勵大家投資對社會有貢獻的組織,同時促進公民參與。2017年,在紐約市立大學新聞研究院的主導下,他成為新聞誠信計劃(News Integrity Initiative)的創始投資人並成為執行委員會成員,期望提升新聞業素養及可信度。

最常送人的書？為什麼？或影響最深的一到三本書？

我覺得柯恩（Leonard Cohen）是我的人生導師，雖然我遇見他時緊張到什麼話也說不出來。他的《渴望之書》（*Book of Longing*）我已經送出好幾本，書中有一種同理心與精神力量，是我在別的地方沒有見過的。他的作品讓我感覺與神聖更靠近，顯然全球數百萬人與我有相同感受。

更精確地說，柯恩的詩作與音樂集結成這本書，像一本聖經。在串流普及之前，柯恩的專輯我可能送得比實體書還多。

柯恩以蜂鳥隱喻精神自由，而當我寫下這句話時，一隻安娜蜂鳥正好在我前面大約三公尺處吸花蜜。

有沒有任何失敗，或看起來是失敗的經驗，成為後來成功的墊腳石？有「最喜歡的」失敗經驗嗎？

我的職涯中，沒有重視有效溝通對我造成許多損失。職涯前期的二十年，我在IBM和嘉信理財集團（Charles Schwab），溝通不良讓我覺得自己在團隊中不是個好成員。我學到，不當溝通或缺乏溝通都可能造成傷害，有時還是從痛苦的經驗中得到教訓。

過去幾年我了解有效溝通是多麼重要。要先有精準的認知，才能做出好作品，否則作品可能無法完成。更糟的狀況是，不對的人甚至會干涉專案，有時會無意義地延長大家的痛苦。

現在我參與許多非營利事務，協助女性在科技業發展、幫

助退伍軍人與家眷生活，及投入值得信賴與良善的媒體。我提供的協助和補助，都需要接受者學會有效溝通，才能從我的錯誤經驗中學習。我認為這是我能善用自己失敗經驗的方法。

如果可以在任何地點放廣告看板，內容不限，想在上面放什麼？為什麼？
似乎每個宗教都同意「想如何被對待，就先那樣待人」。不過大家通常年輕時就忘記這句話了。工作時，我發現簡單的提示標語，就能幫助大家在做事時更有愛心。所以我認為不管是真的告示牌還是比喻，不管聽起來有多天真，反覆強調這些概念非常重要。

與眾不同的習慣，或荒謬的嗜好？
我從小就很喜歡看那些飛來我家的鳥，為了吸引牠們，我會把水盤和餵食器放在外面。我太太和我都會做這件事，鳥兒就會飛來，我待在家就可以賞鳥。

如果有人也想嘗試的話，我推薦Nuttery NT065特大號種子餵食器，可以有效吸引一大群鳥，像是美國麻雀、山雀、五子雀和燕雀等。有些聰明的大鳥，像是西叢鴉（冠藍鴉的一種），甚至是貪吃的鴿子也都會來，這樣松鼠就不敢來偷吃了。現在已經變成是鳥在訓練我們餵食了。特別是一隻西叢鴉，會訓練我妻子餵牠牛板油，這對鳥來說可是頓大餐。

我走路去搭車時，有一群渡鴉開始訓練我餵牠們吃狗食。（牠們可能想帶訊息去臨冬城。）喔，沒錯，我也很喜歡

餵鄰居養的狗。我也很喜歡跟小嬰兒玩，我們會對視著彼此，然後笑出來。有時候還會有流口水的狀況，有時候是嬰兒流口水。

如果已經是大家都知道的事，你很難再針對議題做出什麼大貢獻。如果只有你自己一頭熱，那可能只是在自己騙自己。

全球百大思想家
Steven Pinker
史蒂芬‧平克

TW: @sapinker
FB: /Stevenpinkerpage
stevenpinker.com

史蒂芬‧平克是哈佛大學心理學教授，專門研究語言及認知，時常為《紐約時報》和《大西洋》等刊物撰文，也出版過十本書，包含《語言本能》（*The Language Instinct*）、《心智探奇》（*How the Mind Works*）、《心靈白板論》（*The Blank Slate*）、《人性中的良善天使》（*The Better Angels of Our Nature*）以及最新的《寫作風格的意識》（*The Sense of Style*）。平克入選美國人道主義學會「年度人文主義學家」，《展望》雜誌（*Prospect*）「百大公眾知識份子」、《外交政策》（*Foreign Policy*）「全球百大思想家」，也是《時代》雜誌「當代全球百大影響力人物」。

過去半年或近期記憶中，哪筆一百美元以下的花費，對生活帶來最多正面影響？

X1資料搜尋工具（X1 Search）：又快又精準，透過獨立的搜尋準則（不是 Google 那種像大雜燴的搜尋字串方式），替我準確地找到從1980年代到現在的所有檔案和電子郵件。在資訊爆炸的今天，我的記性並沒有變好，所以X1真的是上天賜予的好東西。

如果可以在任何地點放廣告看板，內容不限，想在上面放什麼？為什麼？

「我不為己，何人為我？然僅為己，我成何物？若非此刻，更待何時？」

——拉比希勒爾（Rabbi Hillel）

對即將進入社會、聰明又有抱負的大學生，有什麼建議？可以不聽哪種建議？

1. 找一個新的主題、領域或議題，是你所尊敬的一群人正在關注的，但尚未發展成全球熱議的議題或大家都知道的常識。如果已經是大家都知道的事，你很難再針對議題做出什麼大貢獻。如果只有你自己一頭熱，那可能只是在騙自己而已。

2. 別聽那種「只要跟著直覺或勇氣走就好」的說法，而沒有想清楚做某件事會不會帶來你想要的成果。

3. 專注在事情的「效益」（你的行動實際能達成什麼），而不要只關心自我表現或其他讓自我感覺良好的方法。

4. 不要認為只有藝術和語言專業的職業才是值得尊敬的工作（勞工階級的後代常有這種心態）。精英份子鄙視商業，認為很庸俗，但正是因為有商業，人們才能得到自己所需以及所想要的一切，也才能花錢買到其他東西，包括像藝術這種奢侈品。

5. 想想自己要為世上帶來什麼。某些賺錢的行業（如高科技金融業）其實對人腦發展不一定有幫助。

除了自己的作品，你最常送人的書？為什麼？或哪一到三本書對人生有重大影響？

郭登斯坦（Rebecca Newberger Goldstein）的《上帝存在的36個論證》（*36 Arguments for the Existence of God*）。（我必須坦承，作者是我太太，但這只會讓我更推薦這本書，因為它真的非常好，否則我的推薦就沒有公信力了。）這本書以非文學、像附錄一樣的形式辯證上帝是否存在，主角是一位宗教心理學家。這本書有趣、感人，更巧妙地諷刺了現代知識份子學術生活中的各種怪僻。

沒有一本書讓我有「啊，原來如此！」的感覺，更別說三本了，我的大腦本來就不是那樣運作的，不過我能列出一些影響我的重要書：

謝林（Thomas C. Schelling）的《入世賽局：衝突的策略》（*The Strategy of Conflict*）
米勒（George A. Miller）的《發現語言的科學》（*The Science of Words*）
穆勒（John Mueller）的《從末日中撤退》（*Retreat from Doomsday*）

哈里斯（Judith Rich Harris）的《教養的迷思》（*The Nurture Assumption*）

西蒙斯（Donald Symons）的《人類性行為之演化》（*The Evolution of Human Sexuality*）

索威爾（Thomas Sowell）的《知識和決策》（*Knowledge and Decisions*）

湯瑪斯（Francis Noël-Thomas）與特納（Mark Turner）的《如事實一般清晰簡單》（*Clear and Simple as the Truth*）

過去五年，讓生活變好的新信念、行為或習慣？

一件無聊乏味卻必要的事情：把我所有的文章、所有新出的書，除了休閒讀物以外，全部轉成電子檔。我以前總是被紙張淹沒，而且因為有好幾個住處，也常常旅行，我總是找不到我需要的文件。電子檔不只便於搜尋，另外的好處是，在這個可能已經達到物質頂峰的世界，能大幅減少我生活中的物品，幫助環境重新復原。

過去五年，有什麼事不再難以拒絕？

有些陌生人或點頭之交會發電子郵件，想請我幫一些很花時間的忙，他們通常想利用我的影響力和權力（事實上我也不一定有權力）。人們說有錢人和美女永遠都不會知道誰才是他們真正的朋友，這個道理也可以套用到在專業領域很有名氣的人身上。

感到超載或無法專注時，會怎麼做？

我的方式雖然膚淺，但短時間內很有效，那就是聽從王爾德的建議：「拒絕誘惑的唯一方式就是向誘惑臣服」（先

假定這種誘惑不會害人害己）。有時候我會細細研讀攝影器材討論區的內容，或是在YouTube上看1960年代的搖滾樂影片。另一種比較深層的方法則是思考「六個月後、一年後、五年後，什麼樣的事情對我而言是重要的？在我人生的優先順序中，哪個是必要，哪個是可有可無？」

我熱愛兒童文學和青少年文學。

我參加三個兒童文學讀書會，我的公寓有一個房間專門展示珍藏的書。

暢銷作家
Gretchen Rubin
葛瑞琴・魯賓

TW/FB: @gretchenrubin
gretchenrubin.com

葛瑞琴・魯賓是多本書的作者，包括紐約時報暢銷書《烏托邦的日常》（*Better Than Before*）、《過得還不錯的一年》（*The Happiness Project*）、《待在家裡也不錯》（*Happier at Home*）。她的作品已譯成30多種語言，全球銷量近300萬本。在深受歡迎的播客節目「Happier with Gretchen Rubin」中，葛瑞琴與好姊妹克拉夫特（Elizabeth Craft）暢談好習慣與幸福（兩人被稱為播客界的雙響搭檔），該節目是iTunes「2015最佳播客節目」，也是播客學院選出的「2016最佳播客節目」。魯賓是《快公司》「企業界最具創意人物」，也是歐普拉的百大超級靈魂人物。

最常送人的書？為什麼？或哪一到三本書對人生有重大影響？

亞歷山大（Christopher Alexander）的《建築模式語言》（*A Pattern Language*）是我很常送別人的書。我不是很仰賴視覺的人，卻因為這本書學會以全新的方式看待周遭的世界，這種分析經驗和資訊的好方法令人印象深刻。

最成功或最值得的投資？

我買了三個桌上電腦螢幕。起初我很擔心使用超過一個螢幕，會讓自己分心且不知所措，但實際上，有三個螢幕大幅提升了我用電腦的效率與專注力。我得以同時寫書與查資料，也能直接複製貼上查到的資料，還可以一邊參考檔案、一邊回覆郵件。

過去五年，讓生活變好的新信念、行為或習慣？

我現在很積極實行低碳水化合物飲食。我戒糖及高碳水化合物的食物，麵粉、米飯、澱粉類蔬菜都不吃，久而久之，我也不愛吃甜食了，算是一種解脫。改變飲食讓我更健康，也更快樂。

因為讀了陶布斯（Gary Taubes）的《面對肥胖的真相》（*Why We Get Fat*），我才開始實行低碳水化合物飲食。讀完這本書的隔天，我的飲食習慣就完全翻轉了。例如，我現在每天早餐只吃三顆炒蛋（含蛋黃），再加上培根或火雞肉等肉類，看那天冰箱裡有什麼肉。

與眾不同的習慣，或荒謬的嗜好？

我熱愛兒童文學和青少年文學。我參加了三個兒童文學的

讀書會（參加的人都不是兒童！），我的公寓還有一個房間專門展示我珍藏的書。

我列出了自己最喜歡的81本兒童文學，連列清單的過程都很令人開心。如果只能列出三本最喜歡的書，我就會作弊列出三名作者，因為三個人都有很多本我喜愛的著作：小木屋（the Little House）系列的懷德（Laura Ingalls Wilder）、《納尼亞傳奇》系列的路易斯（*C.S. Lewis*），以及黑暗元素（His Dark Materials）套書的普曼（Philip Pullman）。

通常，問題過一年就會消失了，但我如何面對問題的評價卻不會消失。

喜劇演員
Whitney Cummings
惠特妮・卡明

TW/IG: @whitneycummings
whitneycummings.com

惠特妮・卡明是住在洛杉磯的喜劇演員、戲劇演員、作家兼製作人。她是艾美獎提名喜劇《破產姐妹》執行製作人，這是她與派翠克金（Michael Patrick King）聯手的作品。卡明曾與許多知名喜劇演員合作，例如席佛曼（Sarah Silverman）、路易C.K.（Louis C.K.）、舒默（Amy Schumer）、安薩里（Aziz Ansari）。2010年，她將《惠特妮・卡明：獵金》（*Money Shot*）搬上Comedy Central頻道，完成人生首次一小時的單人喜劇節目，榮獲美國喜劇獎提名。2014年，她在Comedy Central推出第二個喜劇節目《惠特妮的真心話大告白》（*I Love You*）。2016年，她的最新作品《惠特妮・卡明：大女友宣言》（*I'm Your Girlfriend*）於HBO播映。卡明著有傳記《我很好……才怪！》（*I'm Fine ... And Other Lies*）。

最常送人的書？為什麼？或哪一到三本書對人生有重大影響？

漢瑞克斯（Harville Hendrix）的《得到你想要的愛》（*Getting the Love You Want*）。很喜歡書，很討厭這個書名。這本書極具啟發性，探討為什麼吸引我們的人總是與在生活上照顧我們的人有相似的缺點。後來我發現我在工作上跟生活上真的有這種傾向，真是大開眼界。這本書讓我更懂得如何經營人際關係，也讓我能做出更正確的聘用決策，省下許多時間，也更有效率。我對自己的看法改變了，也愈來愈清楚我想與哪些員工和同事為伍。

費爾斯東（Robert W. Firestone）的《牽絆》（*The Fantasy Bond*）。這本書讓我學到了心理防衛機制的功用，進而幫我建立起一套屬於自己的防衛機制，遇到衝突時能夠更坦率地面對、更有效地解決。心理防衛機制可以防止童年的陰影影響我們長大後的人生。

布哲婷（Louann Brizendine）的《女人的大腦很那個……》（*The Female Brain*）。我對這本書超級著迷，甚至還拍了一部相關的電影，因為我認為所有人都應該要了解自己的神經化學系統，了解自己有時候其實是被大腦原始的本能所控制。這本書讓我對大腦中的化學物質、荷爾蒙，特別是杏仁核有初步的認識，對自己與他人都變得更有耐心，對於解決難題和衝突很有用。這本書也讓我得以分清楚神經化學反應和情緒之間的界線，讓我感到更自由。

過去半年或近期記憶中，哪筆一百美元以下的花費，對生活帶來最多正面影響？

重力毯（weighted blanket）。雖然我不是這方面的專家，但「深度觸壓」真的可以讓身體釋放更多血清素，有助於舒緩壓力。我感到焦慮、壓力大，或是睡不著時，就會蓋上重力毯，心情就會馬上平靜下來。

作者注：卡明喜歡的重力毯出自Weighted Blankets Plus品牌。

如果可以在任何地點放廣告看板，內容不限，想在上面放什麼？為什麼？

「展翅高飛。」不論什麼情況，人能掌控的永遠只有自己如何反應，以及付出多少，所以我用這句話時時提醒自己，別用糟糕的態度處理事情，否則只會傷到自己。通常，問題過一年就會消失了，但處理問題所獲得的評價卻不會消失。從容不迫地解決難題不僅是獲得勝利，事後也不用浪費寶貴的時間和精力，不停回想錯誤或責怪自己。在創作上，不論身體多累、時間多晚，「展翅高飛」總能提醒我，要追求最好的表現。如果準備時間不夠，就再要求更多時間，千萬不要只做到「還可以」。

最成功或最值得的投資？

我領養的一隻馬和三隻狗。在嘗試過抗抑鬱藥物、冥想、催眠和各種療法後，我發現對我來說，和動物相處才是最好的良藥，能讓我心情平靜、保持專注，並且活在當下。我也從動物身上學到不少寶貴的道理，可以應用到每天的

工作和感情生活，例如做人處事的界線、持之以恆的態度，以及有紀律的生活等。直到今天，我的動物家人仍然是我往上進步的最佳特效藥。

與眾不同的習慣，或荒謬的嗜好？

躺在泥巴裡。我時常跟我的馬和狗躺在一起，把自己弄髒會有一種解脫感，既然都已經髒了，就再也不必擔心弄髒了。

過去五年，讓生活變好的新信念、行為或習慣？

馬術治療和狗狗訓練都對我有很大幫助，但我在這裡的答案還是想寫「感謝清單」。不管多忙，或是多不情願，我每天早上都會要求自己寫一份感謝清單。雖然有時候看似很笨或是很勉強，但是這可以有效抑止我的負面情緒，讓我把注意力放在好的事情上，看到自己有多麼幸運，變得更有效率、更有創意，也更專注。總之，寫下感謝會使心靈得到一種難以解釋的自由。負面情緒曾經不斷消耗我，讓我非常疲憊，但現在的我擁有更多的正能量。完美主義者真的很容易把心思聚焦在錯誤上，加上我的工作時常在找瑕疵，但還是不得不說，負面思考絕對是創作的一大阻礙。

對了！還有我的白色刺青！我的手臂上刺了一些字，但只有我看得到。

對即將進入社會、聰明又有抱負的大學生，有什麼建議？可以不聽哪種建議？

我建議大家都能在自己做的事情中找到慈善的面向，不論

是思想上，還是像麥考斯基（Blake Mycoskie，TOMS品牌創辦人）一樣實際行動。通常會讀這本書的人都很可能會成功，但我認為一個人要成功，他所做的事一定要能助人、對人類有所貢獻。與其把目標放在成為執行長或企業家，不如努力成為一個英雄！我們的世界需要更多英雄。

在專業領域聽過最糟的建議？

「人脈很重要。」在創作領域，我認為把焦點放在人脈上通常會有反效果。不要浪費時間應酬，把心思放在精進自己，機會自然而然就會在我們準備好的時候降臨。把專注力放在自己能掌控的事情上，如果不知道哪些事情可以掌控，就去問懂的人。總之，別打造人脈，認真打造實力。

過去五年，有什麼事不再難以拒絕？

最近這段期間，我幾乎什麼事都拒絕，因為我參加了「關係成癮」（codependance）的治療課程。「關係成癮」這種神經狀態會讓人無法忽視他人的需求，甚至會自己想像他人有什麼需求。現在我的大腦已經重整的差不多了，我不再出於罪惡、壓力或是義務而為他人付出。我也學著對「生活無趣」和「害怕缺席」的複雜情緒釋懷，懷抱這種罪惡感非常消耗能量，我會強迫自己參加根本沒時間參加的活動，而時間就這樣浪費了。

拒絕所有外務的結果，就是使用社交軟體的時間也跟著縮短了。我用應用程式Freedom來減少我的社交時間，因為這些活動不健康又容易讓人上癮，還會讓我的大腦本能地覺得自己好像被他人遺忘了而感到恐懼。恐懼的感覺非常討

厭，讓我精神疲乏。對了，我甚至還退追許多親近朋友和同事，這麼做反而讓我們的關係變得更加緊密，也更常聯絡。

感到超載或無法專注時，會怎麼做？
我手機裡有一個相簿叫「心平氣和」，裡面都是寵物的影像、好笑的照片、有哏的圖片、勵志的名言佳句、神經科學的文章，以及感謝清單等，所有能讓我開心或令我振作的事物，這個相簿就像是我的個人數位禪修博物館。老實說，比起裸照，如果這個相簿被駭客公開我會覺得更丟臉，但這個相簿還是必須存在。每當我激動、分心、情緒化或焦慮時，我就會點開這個相簿，重新把平靜找回來，想起生活中什麼事情重要、什麼事情只是暫時的。這對工作很有幫助，因為我只要直接在公開場合或是旅行途中打開手機即可，就算沒有空間或是時間讓我走走也沒關係。對了，我還會先把手機調到飛航模式，這樣才可以徹底逃離簡訊和電子郵件的追殺。

費里斯畫線名言

（2017年6月9日至2017年6月16日）

「一起練習的夥伴劃傷我們或撞到我們，你不用小題大作，也無須抗議，更沒必要懷疑對方要傷害自己。反之，你要直視夥伴，不視對方為敵人，也不心存懷疑，而是保持健康的迴避……面對人生都該如此。對於一同學習的夥伴，要得饒人處且饒人，不帶懷疑或恨意的迴避，其實並沒有那麼難。」

—奧里略（Marcus Aurelius）
羅馬皇帝、斯多葛哲學家、《沉思錄》作者

「拳擊的重點在於自我控制，了解自己的恐懼，才能操控它。恐懼猶如火焰，可以為我們所用：冬天用於取暖，飢餓時用來煮飯，身處黑暗時能照亮周圍，還可以產生能量。但如果失控，則會傷及我們，甚至置人於死地……唯有出類拔萃，才能與恐懼做朋友。」

—達馬托（Cus D'Amato）
美國傳奇拳擊教練兼運動經紀人，訓練泰森（Mike Tyson）、派特森（Floyd Patterson）、托雷斯（Jose Torres）等拳擊手

放膽嘗試。
最好的點子
都是前所未見的。

頂尖音樂製作人
Rick Rubin
瑞克・魯賓

瑞克・魯賓被MTV封為「過去20年最重要音樂製作人」。他合作過非常多音樂家，從鄉村音樂家強尼・凱許（Johnny Cash）到饒舌天王Jay-Z，還包括重金屬樂團黑色安息日（Black Sabbath）、超級殺手（Slayer）、墮落體制（System of a Down）、金屬製品（Metallica），以及討伐體制樂團（Rage Against the Machine）。魯賓也與許多流行音樂家合作，例如夏奇拉、愛黛兒、雪瑞兒・可洛（Sheryl Crow）、拉娜・德芮（Lana Del Rey），以及女神卡卡。他捧紅了嘻哈巨星LL Cool J、野獸男孩、阿姆、傑斯及肯伊・威斯特，被許多人認為是嘻哈音樂的推手。你相信嗎，上述的資歷只是冰山一角。

最常送人的書？為什麼？

我最常送給別人的是米切爾（Stephen Mitchell）的《道德經》譯本。在人生不同階段讀這本書，會有不同的詮釋，並讀出全新的意義。此書藏有亙古的智慧，包括如何成為好的領導者、一個好人、好父母、好藝術家，如何做好任何事。這是一本文字優美的書，會喚醒我們大腦沉睡已久的部分。

另一本是卡巴金（Jon Kabat-Zinn）的《當下，繁花盛開》（*Wherever You Go, There You Are*）。這本好書在1994年出版，其中的美妙就是能讓不冥想的人，燃起學習冥想的欲望。而原本就有冥想習慣的人，讀這本書也會學到很多。我光是現在想到這本書，就想再回去讀一遍。

第三本是沃爾夫（Robb Wolf）的《風靡全美！舊石器時代健康法則》（*The Paleo Solution*）。我常送這本書給朋友，因為我從中學會吃什麼才健康，也了解到我們的身體如何消化不同的食物。市面上實在有太多錯誤的飲食資訊，我因為那些資訊而當了二十年的純素主義者（vegan）。許多普遍被認為是健康的食物，實際上不見得對身體有好處。這本書把食物解釋得很清楚，讀起來又有趣，會讓人更重視健康。

過去半年或近期記憶中，哪筆一百美元以下的花費，對生活帶來最多正面影響？

Nasaline鼻腔沖洗器。基本上就是一支大型的塑膠注射器，像是烤火雞時會用到的滴油管一樣，只是管內裝的是生理

食鹽水。我通常在泡澡或沖澡時使用，反覆將生理食鹽水
注射進鼻孔，水會從另一個鼻孔流出來。一般會用一杯水
混合一匙生理食鹽水，但我個人是用兩杯水。這麼做不僅
能清掉所有黏液，如果每天都用，或一天沖洗數次，鼻竇
內層就會收縮，鼻腔內部就有更多空間，能更順暢地呼
吸。

我以前不太能坐飛機，一來難以適應氣壓的變化，而且高
壓艙會讓我的耳朵很痛，但自從使用鼻竇清潔器後，就再
也沒有這些問題了。請注意：如果忘了加鹽水，而只用清
水清洗的話，會痛不欲生。

我想推薦的另一項商品可能比100美元再貴一點，就是
HumanCharger光源耳機。這種耳機會投射光線到耳中，可
以緩解時差。（有些裝置會向眼睛發出強光，讓人不適甚
至傷眼睛）。HumanCharger在其他情況也派得上用場，像
是冥想時，或是會議、約會、受訓時需要全神貫注，也能
在旅行途中配戴，調整狀態。

**有沒有任何失敗，或看起來是失敗的經驗，成為後來成功的
墊腳石？有「最喜歡的」失敗經驗嗎？**
我最先想到是，我製作的前幾張專輯都非常、非常成功，
因為很年輕就達到這種成績，所以我以為一直都會那麼順
利。直到某張專輯表現不如預期，我受到很大的打擊。

好幾張成功與不成功的專輯之後，我才了解很多時候成功
與否與作品本身並不直接相關。有時候很棒的作品在商業
市場上就是不受歡迎。有時候我覺得藝術上未達標準的作

品，也有可能在市場上大獲成功。

一件事的成功與否是眾多因素的綜合結果，而且全都難以掌控。我們能把手上的作品做到「自己認為的最好」，但之後的發展我們就無能為力了。即便你盡全力行銷與推廣作品，仍無法決定人們的反應。

看到自己覺得很棒卻賣不好的專輯，我了解到在現實中，腳踏實地的努力也不一定保證每次都有好結果，而這個思維讓我受用一生。

如果可以在任何地點放廣告看板，內容不限，你會想在上面放些什麼？

「選擇和平。」

最成功或最值得的投資？

14歲時，我因為脖子痛，小兒科醫師帶我認識了超覺靜坐，在那之後，冥想的時間成為我人生最值得的投資。在那個還有很多時間的年紀就開始冥想，對我後來的人生幫助很大。冥想對於找尋自我與我所做的一切，都扮演了重要的角色。

冥想更明確的效果還包括提升專注力，讓我完全專注。還能幫我跳脫框架，捨去我的成見，看清楚事物的本質。

念大學時，我停止冥想了一段時間，搬到加州後，才再次拾起這個習慣。那時候我才意識到冥想對自己有多大的影響。再次開始冥想，一切感覺都很熟悉。我很像一株不知道自己需要水的植物，有人澆水後就馬上吸取養分。冥想

的感覺很棒，是我生活不可或缺的一部分。會接觸到冥想，真是很幸運。

與眾不同的習慣，或荒謬的嗜好？

我一直以來都是職業摔角的瘋狂愛好者，以後也不例外。職業摔角是一種怪異的表演藝術，不過摔角無異於馬丁（Steve Martin）、考夫曼（Andy Kaufman）、派森（Monty Python）等人的表演，只是披上了運動賽事的外衣，用更誇張的方式評論存在的意義與人心。

過去五年，讓生活變好的新信念、行為或習慣？

活動筋骨、強身健體對我的生活相當有益，這個習慣已經超過五年。以前我是慣於久坐不動的人，但後來我開始嘗試立式單槳衝浪、重量訓練、在沙灘上運動、泳池訓練，以及桑拿與冰水的對比訓練等，嘗試各種不同的體驗。在那之前我從來沒有過這樣的體驗，我發現這麼做能訓練自己大腦以外的身體，學會用全身去感受。

作者注：與最重時相比，魯賓瘦了約45公斤，他通常和史特勞斯（Neil Strauss）等人一起健身。

對即將進入社會、聰明有抱負的大學生，有什麼建議？可以不聽哪種建議？

我會忽視大部分學校教的事，以及所有既定的標準。放手嘗試，最好的點子都是顛覆現狀的。如果你想追求某個學問，比起找教這門學問的老師，要找實務經驗比較多的人。盡量多問問題。

此外，專注在你愛做的事。做自己喜歡的事更有機會成功，而且不論最後成功與否，生活都會過得更好，因為你的時間都花在自己喜歡的事情上。所以，奉獻自己的熱情絕對有利無害。

再者，要努力不懈地做。我覺得自己很幸運也很幸福，可以完全沉浸在工作中。我每一天、每個清醒的時刻，都享受工作、熱愛工作。某種程度上，我並不是在工作，而是在過我的人生。現在回想起來，我可能也因此錯過許多，不過本來有得就有失。想起來，我覺得努力不懈可能是一開始做任何事的必備條件，但不一定是長久之計。以衝刺起步沒關係，但達到目標後，就要花時間去思考如何打持久戰，兩個階段需要的是兩種不同的戰術。

在專業領域聽過最糟的建議？

任何以追求商業成功為目標的建議。任何以測試、票選、收集大眾意見的結果來修改作品的手法。還有那種建議你在起步時選擇安全、穩定的道路等等。都是糟糕的建議。

每次開始嘗試新事物，你很可能是在開拓未知的領域，所以多向產業的前輩發問和學習是好事。但要記住，其他人給建議時，往往是基於他們的專長、經驗及觀點，所以在聽專家的建議時，要知道他們所說的是「他們的旅程」，而每個人的旅程都不一樣。

這不代表不要聽別人的意見，而是要實際試試看他人的方法，再問自己：「這樣的做法，在身心上是否適合我？」有些人用很極端的方法才得到自己想要的目標，但在追求

目標過程中可能失去自己的靈魂。

每個人的旅程都是不同的路，沒有人能告訴你「前面走到轉角，左轉」這樣明確的指示。事實上，如果你跟別人走的是完全相同的路，那才真的不對勁。不同的人本來就不會走相同的路。你要傾聽自己的心，找到屬於自己的路。

過去五年，有什麼事不再難以拒絕？
我不確定自己能不能回答這題，因為我應該算是不太會拒絕的人。

感到超載或無法專注時，會怎麼做？
我會試著休息一下，出去走走或做其他事情，釐清自己的思緒。有時候我會深呼吸、交替鼻孔呼吸、冥想，或者運動。我時常忘記要做，但每次做這些事時，都很有效果。

我覺得最重要的應該是，當我已經覺得超出負荷時，不要一直想著要堅持到底。硬撐下去對於我正在做的事也不一定有幫助，還是休息一下比較好。

活在當下。

Blockstack共同創辦人

Ryan Shea
萊恩・舒

TW: @ryaneshea
shea.io

萊恩・舒共同創辦去中心化網路平台Blockstack，使用者
可以管控自己的資料，並讓應用程式能在沒有遠端伺服
器的情況下運作。他與共同創辦人阿里取得了聯合廣場
風險投資公司及拉維康特（Naval Ravikant）等頂尖投顧
投資。萊恩在普林斯頓大學主修機械與航太工程，輔修
資訊工程。畢業後，他曾在幾間科技新創工作，入選
《富比士》雜誌「30歲以下30位傑出人士」，也經歷過
Y Combinator創業育成。他針對密碼學及區塊鏈技術，主
寫多個熱門的開放原始碼程式庫。

最常送人的書？為什麼？或影響最深的一到三本書？

哈拉瑞的《人類大歷史》

科爾賀的《牧羊少年奇幻之旅》

史蒂芬森的《潰雪》

戴維森（James Dale Davidson）及里斯—摩格爵士（Lord William Rees-Mogg）的《邁入資訊時代》（*The Sovereign Individual*）

如果可以在任何地點放廣告看板，內容不限，想在上面放什麼？為什麼？

「活在當下。」這對大部分的人來說很難辦到，有時候我們需要一點提醒才不會忘記。活在當下，讓自己不再受制於過去或未來，對我們的幸福有很大的影響。

感到超載或無法專注時，會怎麼做？

我會舉重、出門跑一跑、去按摩、讀本書，或看場電影。

我的健身習慣基本上分成三階段：首先，我會做三、四組的臥推、深蹲，或硬舉，每組大約六到十次，以自身極限的70％至85％為準。接著我會做三到四組超級組合（三選一）：（1）15～20下伏地挺身、（2）10次二頭肌彎舉和三頭肌拉伸、（3）10次肩上推舉、側平舉、前平舉。最後會訓練核心肌群（二擇一）：（1）四組一分鐘棒式＋四組仰臥起坐、抬腿、手提箱式＋腳踏車式交替進行、（2）仰臥起坐＋棒式＋側棒式＋抗力球屈膝運動各一組，再接著三組站姿側屈。

最成功或最值得的投資？

我從2016年開始，實踐新月新希望（取代新年新希望）。
以下是我做的一些事：

> 七月：每天閱讀
> 八月：不看電視和電影
> 九月：不吃乳製品
> 十月：不吃麩質
> 十一月：每天冥想
> 十二月：不接收新聞及社群的訊息

如你所見，我的新希望分成「習慣戒除月」及「習慣養成
月」。習慣戒除月的效果很有意思，我發現自己對那些習
慣愈來愈不依賴。我愈來愈少看電視及電影，也愈來愈少
吃麵包和其他含麩質的食物，到現在仍不接收任何新聞及
社群的訊息，唯一恢復的習慣就是食用乳製品。

習慣養成月也很有趣，讓我養成特定的行為模式。我現在
每天都會冥想，雖然還沒有每天閱讀，但幾乎也快做到
了。至今我最喜歡的實驗包括：不接收新聞及社群的訊
息、每天健身、不看電視和電影、每天閱讀，以及每天早
上七點半起床。

我試著當現實樂觀主義者：
對現狀客觀謹慎，
對未來抱持無限希望。

Pinterest共同創辦人
Ben Silbermann
班‧希爾伯曼

PI/TW: @8en
pinterest.com

班‧希爾伯曼是Pinterest共同創辦人兼執行長。他在愛荷華州長大，熱愛搜集甲蟲，難怪會成立Pinterest。2010年3月成立Pinterest之前，希爾伯曼曾在Google 網路廣告部門工作。他於2003年從耶魯大學政治科系畢業，現在和妻兒居住在加州帕羅奧圖。

與眾不同的習慣，或荒謬的嗜好？

你有看過厄本（Tim Urban）的部落格「等等但是為什麼」嗎？上面有一個以週為單位的人生表格。我自己的牆上也有一張人生的大表格，每一格代表一年，每一橫列有十年，總共九行。我在表上也放上美國人的平均壽命等資訊。我一直覺得這麼做挺酷的，因為可以把時間視覺化，我是視覺思考的人。在公司，我每週都會把當週在一年中的位置標出來，提醒大家每一週都很重要。我不覺得我的表格有什麼奇怪，但一月時我把我的人生表格拿給團隊看，以為他們會受到啟發、更有動力，結果發現每個人對於「人生有限」的看法很不同。那是我主持過最糟的一次會議。

大家好像沒有理解我想表達什麼。有人說：「嘿！每一年都令人興奮、有價值！」有人則說：「噢，我快死了。」整體效果並不好，所以我再也不跟人分享我的人生表格了。實驗失敗。

有沒有任何失敗，或看起來像失敗的經驗，成為成功的墊腳石？

我的答案跟這個問題沒有直接的相關，但是跟我如何思考有關。我父母、兩個姊妹、很多朋友都是醫生。我一直感到不可置信的是，醫生經過至少12年的訓練之後，還必須從最基層的醫生做起。這樣的時間和我在矽谷的人生很不一樣。在矽谷，大家通常用極短的時間衡量所有事，大概一到兩年。然而很多其他行業都需要八到十年的訓練，才能取得最基本的執業資格。

長遠的思考模式對於執行計畫很有幫助。事情總會出錯，但如果你預期任何值得做的事都需要五到十年的時間，那這些不順與錯誤感覺就沒有那麼嚴重了。例如，我在2008年離開Google創業，前兩、三次嘗試都失敗。Pinterest在2010年上線，但又過了一、兩年，2012年才真正開始成長。這樣算起來，從2008年到2012年的四年都不算順利，但我告訴自己：「這段時間沒那麼長，四年也才剛念完醫學院，還沒當住院醫師呢。」

最常送人的書？為什麼？或影響最深的一到三本書？

平克的《人性中的良善天使》。大多數的新聞都是負面的事，可能會令人沮喪、覺得沒有力量。這本書則是從長遠歷史的角度來觀察人類的暴力行為其實是逐漸減少的。

納斯瑞特（Samin Nosrat）的《鹽、油、酸、熱》。我很享受烹飪，這本書教會我很多基本的口味與烹調技巧，讓我更有勇氣不靠食譜做菜。

最成功或最值得的投資？

我從大約兩年前才開始去健身房，一部分因為懶惰，一部分是害怕。沒有什麼特別的原因，我只是想：「我要當一個從來不運動的人嗎？如果不想，為什麼不現在開始運動？」這就是我的思考歷程。我沒有特別的健康問題，只是意識到我一直在拖延運動這件事。到健身房時，我完全不知道要從哪裡開始。所以我請私人教練，開始一年的訓練。我沒有仔細挑人選，只是走到櫃台問：「請問你們這邊有教練嗎？」好處就是一旦訓練計畫排出來、也先付了

錢，我就只好逼自己去了。

這是一項沉沒成本，而且不想去還必須傳簡訊給教練請假，這是另一種形式的責任。這種形式幫助我堅持規律運動。規律運動就是最強效的藥。養成運動習慣，身體狀況會完全改變。

很多矽谷人都把自己的人生序列化：先上大學、創業、賺大錢、之後再做某件事。這樣的順序並沒有錯，但很多最重要的事物其實必須平行處理，例如你的人際關係和健康，兩者都無法靠事後彌補。你不可能冷落你太太四年，才說「好，今年開始是專門給太太的年」。人際關係不是這樣的，健康與體能也不是。所以就算你花大量時間專注在某一個目標上，還是要想辦法有一套自己的系統來兼顧這些事，這非常重要。否則在未來等我們的只有寂寞與不健康的身體。

過去半年或近期記憶中，哪筆一百美元以下的花費，對生活帶來最多正面影響？
這答案有點無聊，但我喜歡Apple的AirPods耳機。無線、隨時可充電，我意外地喜歡這項產品。

在專業領域聽過最糟的建議？
我不認同「從失敗中能學到最多」。如果是為了鼓勵人當然很好，但是想要把一件事做好，必須跟做得好的人學習。你不會因為觀摩落選的短跑選手兒學會跑得更快，而是要觀摩那些真正屬害的跑者。事情不成有很多原因，但我們的目標應該是要把事情做成。我的意思不是失敗毫無

意義。出錯時，你當然要把握機會學習，找出需要改進的部分。因為大部分的人討厭失敗，所以學到的教訓會更刻骨銘心。

給人安全感、鼓勵冒險都是好的，但我們不該覺得只能從失敗案例中學習，重點應該是向頂尖的人學。這種對失敗的過度專注，已經滲透到我們的生活中。我經常需要告訴公司的主管：「多花時間和優秀員工相處，不要忙著解決自己的問題。」

過去五年，什麼事不再難以拒絕？

我還不太會拒絕人，但我很清楚時間是零和的，而且時間只會愈來愈少。我沒有習慣的用詞，盡量實話實說，其實別人都會體諒。我通常會說：「我很想參與，但我現在真的必須專心在某專案，希望你能諒解。真心希望未來還能有機會再合作。」也許對方只是沒讓我知道他們不高興，但人們真的比我想像的還要包容。我會想像對方一邊罵「那個混蛋」，一邊打電腦，但我相信他們還是能理解的。

感到超載或無法專注時，會怎麼做？

第一個方法是散步，第二個方法是寫下所有發生的事情，把問題從腦中轉移到紙上，才能仔細檢驗。我們的腦袋有時會陷入迴圈，繞不出來。對我來說，把問題寫下來讓我能實際看見問題，才能反思。

過程並沒有嚴謹的架構，我可能只是寫下「我現在的想法是……」。然後我會試著退後一步思考，再問：「好，發

生了這些事、哪件事才真的重要？」企業會隨時間設定不同的目標，當週、當月、當年度、未來十年。我們很容易忙於短期目標，而沒有時間顧及中長程的目標。長遠來看，什麼是重要的？想到答案後，就開始回推到現在的位置，再照著想好的路走向目標。

過去五年，讓生活變好的新信念、行為或習慣？

好像很老掉牙，但我開始寫感恩日誌。當養成習慣，把值得感謝的事寫下來，你會開始注意那些美好的事，比較容易開心。這道理簡單得不可思議。

我試著在白天找時間寫下我感恩的事，偶爾也會偷懶一、兩天，我不完美。我總是跟夥伴說，我想當個現實樂觀主義者——對現在客觀謹慎，對未來抱持無限希望。把樂觀帶給團隊很重要，而不是只專注要解決什麼問題。有人曾經告訴我：「如果你只和人討論問題，有一天你會變成他人眼中的問題。」我深感認同。在我剛開始學習領導時，我常問：「今天我們需要解決什麼問題？」但現在我會尋找適當時機，告訴大家「這件事做得很好。」

我的感恩日誌本是在辦公室補給站（Office Depot）買的，筆記本本身沒什麼特別，重要的是養成書寫的習慣。不過我滿想改用設計師都在用的Hobonichi手帳，跟其他日本產品一樣，這本筆記本已經變成高級藝術品了。也許明年可以入手。

沒有人有資格告訴你
該如何體驗這世界。

以太坊區塊鏈研究員
Vlad Zamfir
弗拉德 · 贊菲爾

TW: @VladZamfir
Medium: @vlad_zamfir
vladzamfir.com

弗拉德 · 贊菲爾是以太坊（Ethereum）的區塊鏈研究員暨工程師，致力於提升區塊鏈的效率與規模。其中，贊菲爾對區塊鏈治理和隱私服務特別有興趣。他也是第一個向我介紹荒謬主義的人。贊菲爾經常在Medium發表文章，他說自己住在南極（至少他希望我們這樣相信）。

最常送人的書？為什麼？或影響最深的一到三本書？

羅素（Bertrand Russell）的《數理哲學導論》（*Introduction to Mathematical Philosophy*）

懷特博士（Dr. Roger White）的《複雜混沌》（*Complexity and Chaos*）

克勞德（Daniel Cloud）的《百合》（*The Lily: Evolution, Play, and the Power of a Free Society*）

如果可以在任何地點放廣告看板，內容不限，想在上面放什麼？為什麼？

「沒有人有資格告訴我們該如何體驗這世界。」相較於其他我想得到的內容，這句話最能鼓勵大家獨立思考，我也不清楚為什麼。這句話是我的朋友湯姆說的。

與眾不同的習慣，或荒謬的嗜好？

我對「荒謬」（absurd）這個詞的定義有明確的看法。題目中的「荒謬」意思應該是「荒唐可笑」（ridiculous），而不是「自我挫敗」（self-defeating）或「徒勞無用」（futile）。對我來說，荒謬這個詞應該只用來形容「徒勞無用」的情境。我「與眾不同的習慣」就是糾正別人這個詞的用法。

有沒有任何失敗，或看起來是失敗的經驗，成為後來成功的墊腳石？有「最喜歡的」失敗嗎？

我最喜歡的失敗讓我發現了荒謬主義的優點。我以前把事情看得太認真，結果傷害到我在意的人。

也許我該說明一下，「荒謬」與「合理」並不是非黑即白的是非題，也不是能被量化的概念。應該說，一件事合理或荒謬，應該就情境與脈絡判斷。用二分法或量化的方式去思考還是有用。

荒謬主義可以提供非常清楚的失敗思維：動機很荒謬、策略不合理，或是動機與策略很合理，但執行得不正確。究竟是我想嘗試的事情本來就不可能，或者我只是還沒想到合理的方式去執行，還是我的行動正確但技術不足，失敗的原因是哪一種通常很難分辨。

如果我很確定這件事的動機本來就很荒謬，那我就會放棄，必要時我會當機立斷。如果我認為動機不荒謬，那我會繼續嘗試各種可能合理的策略，如果這個動機是我認為有義意、想堅持的，我會繼續執行我認為合理的策略。

荒謬主義不只能幫助人們變得更講理，它本身也是對理性主義的批判。荒謬主義認為，某些動機在特定情境中是荒謬的，有時候理性本身也是荒謬的，應該要被摒棄。在這些情況中，決定該做什麼、如何使用時間都是沒有意義的，如果你的意思是「選一個你想達成的目標」。

過去五年，讓生活變好的新信念、行為或習慣？
荒謬主義！沒有什麼可以比得上。荒謬主義在計算數學、經營關係、對抗無知、辯論倫理、處理憂鬱還是讓生活更快樂，各種面向都「不合理的有效性」。每當我不知道該怎麼做，都會尋求荒謬主義的引導。

「不合理的有效性」確切來說是：某事物有用的程度超出了原先假設的範圍，也超出了該發展脈絡的範圍。數學具有不合理的有效性，因為數學能應用到許多毫不相干的領域。經濟學具有不合理的有效性，因為經濟學非常實用，雖然它的許多假設時常明顯錯誤，例如：理性假設、二次效用函數、效率、價格及布朗運動衍生的價格波動。統計學也具有不合理的有效性，因為就算我們的假設明顯與事實不符，像是假設物體在一般情況都是平均分配，但統計學似乎還是很有用。此外，統計很有用也是因為，即使我們不管最佳典範（觀察完數據之後才改變研究方法或假設，然後再做假設檢定），結果還是有用。

我認為在沒有更好的策略時，不合理的有效性很有用。這種策略能套用在許多情境，資訊不足、缺乏計算能力、與其他概念互相衝突時，或是出於利益考量，都用得上。荒謬主義也具有不合理的有效性，因為它與任何特定領域都沒有關聯，卻能在很多情境中應用。我不知道該怎麼做時，荒謬主義就特別有幫助。

以憂鬱舉例，我發現自己有動機卻因為某些原因而沒有能力行動時，我就容易憂鬱。當我掙扎於這種荒謬的事情時，我就會放棄。我常常在決定要做某件事之後，或者決定要做一大堆事之後，因為沒有行動而苛責自己，甚至因為沒做到而憂鬱。結果，我因為沒做到我自認為應該做的事而把自己推入憂鬱之中。

於是我學到，放棄我決定要做的事，就算是暫時的（不是

每次都有用，只有在認清自己動機、能放棄時才有效）。
只要放棄原本打算要做的事，我總是能立刻從低落的情緒
中恢復。有時候我非得先放棄，才能做好我原本打算要做
的事。這一招也不管用時，我就需要在自己準備好之前做
點別的事。通常，我在放棄之後就會發現那些事並不重
要，我就會忘得一乾二淨。

最成功或最值得的投資？

算數學跟思考哲學的時間，在過去與在未來都持續帶給我
許多好處，這一點我幾乎不太懷疑。質疑貝氏統計理論的
基礎是很有收穫的嘗試。重新思考文獻裡總結的各種定義
與不可能，也一樣很有價值。

過去半年或近期記憶中，哪筆一百美元以下的花費，對生活帶來最多正面影響？

一套關於制度經濟學的講座音頻：「國際經濟制度：全球
主義 vs. 國家主義」。這套課程對我來說相當有趣且重要，
因為這是我第一次理解制度設計。我對於「社會如何運
作」了解更多，也能理解制度的本質。我不敢說自己懂很
多，我試著把自己的某些體會「具體化」，但沒有做得很
好。

在實際應用方面，我對區塊鏈的治理能思考得更清晰。我
發現不成熟的區塊鏈治理機構已經夠多了！我現在理解制
度為什麼需要正式、法定或特設。現在我認為比起個人傲
慢的主導，制度化是合理的發展過程。

感到超載或無法專注時，會怎麼做？

我常常小睡，避免吃碳水化合物。每天我都會試著留給自己三到四小時，不是天天都能做到。我會試著離線工作。有時候我也會冥想。我會試著訂定讓自己更放鬆、更能專注在重要事務上的計畫。我會試著讓生活不要太複雜，通常這就表示我得拒絕一些邀約，但這都值得。這些事情我都還在學習當中。

幾年前，我學當時的太太，剔除飲食中所有植物。

大零幣創辦人
Zooko Wilcox
祖克・威爾考克斯

TW: @zooko
z.cash
ketotic.org

祖克・威爾考克斯是大零幣（Zcash）的創辦人兼執行長。大零幣是一種加密網際網路貨幣，特別注重隱私與交易透明的選擇性。威爾考克斯在開源及去中心化系統、加密及資安以及新創領域有超過20年經驗，對DigiCash、Mojo Nation、ZRTP、祖克三角（Zooko's Triangle）、Tahoe-LAFS、BLAKE2、SPHINCS都有很大的貢獻。他還創辦Least Authority，提供平價好用的資料儲存方案，可以長久保存，也不用擔心外流。

最常送人的書？為什麼？或影響最深的一到三本書？

陶布斯（Gary Taubes）的《好卡路里，壞卡路里》（*Good Calories, Bad Calories*）。這本書在十年前出版時，是20世紀人類營養史上最具權威的研究。不但開拓歷史，也在歷史上占有一席之地。後來的營養學者都必須表態是否支持書中論點。

可惜的是，我送出好幾本《好卡路里，壞卡路里》，但大部分的人從中獲益不多。畢竟他們不是歷史學家或研究人員，而只是要決定下一餐吃什麼的一般人，不需要那麼多的事實與科學論證。我因而認知到，要與人溝通，就要走入他們的生活。

有沒有任何失敗，或看起來是失敗的經驗，成為後來成功的墊腳石？有「最喜歡的」失敗經驗嗎？

我的大學慘不忍睹。我做事沒有章法、總是分心、憂鬱，分數最好也只是低空飛過。我很常拖延、蹺課，睡眠不規律，也不運動，飲食也亂吃。但當時出現一種我很喜歡的新科技，是新創公司開發的。我能夠專注時，就會讀相關的文章，並自己寫一些相關的程式。

我沒從學校課程中學到什麼，最後也因為成績被退學，我求他們再給我一次機會，院長才不甘願地答應。現在再回想，或許當時他拒絕我會更好。

但我當時覺得取得大學文憑是人生重要的目標，甚至是種責任，所以我才堅持繼續念大學。後來我得到一個機會，可以去那家新創當初階程式設計師，但我只能懊悔地告訴

他們我不能去，因為要完成大學學業。我打電話給我最好的朋友，興奮地告訴他那家公司給了我面試機會。「你怎麼回覆？」他問。

我難過地說：「喔，我跟他們說我得先把大學念完。」

他說：「我只問你一個問題，這不是你一直在等待的機會嗎？」

「你說的對。」我回答。我掛了電話，馬上打去那家公司。

輟學是我一生最正確的決定，讓我走上現在的職涯，邁向至今最關鍵的成功，更重要的是，我在新工作中獲得成就感，才重新重拾自尊。當時那家新創就是 DigiCash，也就是比特幣、大零幣等現代數位貨幣科技的前身。這二十多年，DigiCash引領著我開創大零幣。

過去五年，讓生活變好的新信念、行為或習慣？

好幾年前，我學當時的太太安珀，剔除飲食中所有植物。我曾嘗試不同的低碳水化合物飲食法，但總是無法堅持。我對碳水化合物成癮，進行低碳水化合物飲食法的那幾年也沒想過要戒掉。我還有一連串不知名、不斷惡化的健康問題。垂在腰帶上那團不斷增長的30磅肥肉，只是眾多病痛中最顯而易見的問題而已。

當我開始不再抱持「適度就好」的態度時，才終於開始有重大突破。我不只是戒掉所有碳水化合物，而是從我的飲食中剔除所有植物養分。我照著安珀的做法，只吃油脂豐

厚的肉（肋排、牛絞肉、豬排、肥美的鮭魚等）。前四天宛如煉獄，我很想吃碳水化合物，但到了第五天，我醒來時獲得全新的感受，不再想吃碳水化合物了。

我第一次能控制自己的飲食，肥肉不費力地快速消失，接下來的一個月中，其他健康問題也都陸續不見，我的精力、心情和敏銳度都改善了。這是我人生最有生產力也最成功的時期，也是我和安珀研究人類營養及演化的起點。

過去五年，有什麼事不再難以拒絕？

我現在比較會拒絕他人的請求。申請我們公司的職缺、到別人公司擔任顧問、活動或是與我談話。有時候會有陌生人寫信或透過社群媒體訊息問我：「嗨，我可以和你談談……嗎？」我領悟到在這些情況，我能給予最適當且最友善的回應就是直接、快速、堅定的「不行」。

每次我不情願地接受（我常常這樣）或推遲決定，我就會提醒自己，勉強答應才是對所求者的不尊重。

你想要的一切，
都在恐懼的另一頭。

WWE世界摔角娛樂品牌長
Stephanie McMahon
史蒂芬妮・麥馬漢

TW: @StephMcMahon
FB: /stephmcmahonWWE
corporate.wwe.com

史蒂芬妮・麥馬漢是WWE世界摔角娛樂品牌長與集團全球品牌大使。她也是WWE企業社會責任的主要發言人，曾參與特殊奧林匹克運動會、蘇珊科曼乳腺癌基金會（Susan G. Komen for the Cure）以及WWE反霸凌企畫「Be a STAR」。2014年，麥馬漢與丈夫（摔角明星Triple H）李維斯克（Paul Levesque）成立康納治療基金會（Connor's Cure），致力對抗兒童癌症。麥馬漢定期參與WWE旗艦節目，過去五年獲選《CableFAX》雜誌「電視圈最有權勢女性」。美國《廣告週刊》稱她是「體壇最有權勢女性」。麥馬漢在2017年ESPN年度體育人道主義頒獎典禮獲頒斯圖亞特獎。

過去半年或近期記憶中，哪筆一百美元以下的花費，對生活帶來最多正面影響？

我的Bucky頸枕。我總是在旅行，旅途中往往無法獲得充足的休息，所以我必須把握睡眠時間。Bucky 頸枕是長方形的，我坐在飛機座位上時，枕頭恰好可以支撐我的頭。我無法使用U型頸枕，因為我的頭很小（愛爾蘭人的頭通常不是超大就是很小，我就是屬於小頭的那一群人），所以U型枕往往會一直向上滑動。Bucky頸枕則能固定得好好的，讓我可以舒服地搭飛機。

如果可以在任何地點放廣告看板，內容不限，想在上面放什麼？為什麼？

「每天都做一件自己害怕的事。」——普遍認為出自愛蓮娜‧羅斯福。

這句話是我的座右銘，多年來我聽到同一句話的不同版本，最近聽到的是「你想要的一切，都在恐懼的另一頭」。不久前，我在摔角狂熱（WrestleMania，等同於WWE的超級盃盛事），準備走進AT&T體育場，面對破紀錄的10萬名摔角觀眾。摔角狂熱是我父親創辦的大賽，而那一天是我丈夫出道20週年紀念活動的一部分，我的兒子和侄子都坐在場邊。約翰‧希南（John Cena）和巨石強森（The Rock）離開擂台後，全場暗了下來。該我登上懸在空中的寶座，然後唸一段口白，介紹惡棍Triple H登場，我們是眾所皆知的「全權夫婦」（The Authority），所有人都該屈服在我們的權威之下。

但那一刻，我站在黑暗中，完全僵住了，忘記原本要說的每一句話，只聽到自己的心跳，感覺到喉嚨緊縮，身體好像要爆炸了。接著，我想起羅斯福的那句話，如果沒有走出去，我一定會一輩子後悔，世界上有多少人能有這樣的機會？而現在，一切盡在眼前。我深吸一口氣，接收全場的情緒與能量，那是我的時刻，是我作為一名表演者，職涯的高峰。

我的小女兒七歲，就在昨天，她克服了自己的恐懼，從我家附近的攀岩設施上盪下來。其實以前她就爬上去過，但在盪下來的前一刻退縮了。但這次她說，她準備好再次挑戰了。她聽著金屬製品合唱團（Metallica）的〈我邪惡嗎？〉（Am I Evil）調適心情。（是真的，她在爸爸的播放清單找到這首歌，20分鐘的車程不斷重複播放。）她一路爬到約9公尺高的盪繩邊，繩索扣好後，她小小的身軀慢慢移動到平台的邊緣，有點猶豫，又向後退了……但突然，她哼了幾句歌詞，再次向前，倒數的聲音響起：「3、2、1！」她一躍而下！結束後她大叫：「媽咪，我還要再玩一次！我做到了，我克服恐懼了！」我希望她能永遠記住那一刻的感受。

最常送人的書？為什麼？或哪一到三書對人生有重大影響？
費里斯的《人生勝利聖經》。

與眾不同的習慣，或荒謬的嗜好？
我喜歡把整瓶水灌完，這是我補充水分唯一的方式！誰喜歡小口喝水？我整天都在喝咖啡（如果有人想知道，我

喝特大杯星巴克冷萃咖啡，加雙份濃縮，再加兩包甜菊糖）。但如果我有一點口渴的感覺，就會抓一罐水，一飲而盡。

最成功或最值得的投資？

最近期的最棒投資，就是我與祖母共度的時光。我祖母是很了不起的人。她現在已經90歲了，道地的北卡羅萊納州人，1940年代時是預算分析師，特別喜歡伏特加和香菸，想說什麼就說什麼，完全不修飾。她在聖誕節摔傷骨盆，痊癒後的幾個月後脖子又椎間盤突出，今天才發現，本來已經治癒的肺癌又復發了。儘管如此，每次我去找她，她總是坐得直挺挺的，美麗的藍綠色眼睛中，燃著熊熊火光。祖母脖子開刀後，我更常去找她。送女兒們上學後，我沒有做原本的晨間有氧運動，改去看她，我很高興自己能空出時間。祖母總會不斷強調，人生最重要的就是你摯愛的人，也時時提醒我，不要讓別人欺負，她說：「史蒂芬，妳要為自己挺身而出，從來沒有人教過我怎麼做，但我還是辦到了，這樣的態度讓我受用一生，妳也要這樣教導女孩們（我的女兒）。」

過去五年，讓生活變好的新信念、行為或習慣？

我不如自己希望的虔誠，但我睡前會去想三件當天讓自己開心的事情。這是從睡前想三件想感謝的事發展出來的習慣，因為我發現自己如果沒有說出特定想感謝的事情，就會覺得有罪惡感，久了就一直講重複的答案。思考開心的事可以讓我放下包袱，專注真正重要的事情，像是和我三個女兒一起跳進溫尼珀索基湖（Lake Winnipesaukee），或

者突然收到丈夫說我很美的訊息等。我同事告訴我，她是從桑德伯格（Sheryl Sandberg）那裡聽來的。我知道該用寫下來的比較好，但我的孩子分別才11歲、9歲和7歲，而我的訓練時間又在半夜，所以只能盡力而為。

過去五年，有什麼事不再難以拒絕？

學習拒絕其實讓我吃盡苦頭。WWE的文化只有兩個選項：「可以」和「好」。沒有所謂的拒絕。我們可以說：「好，我們可以做，但會遇到以下問題……。」我根本不敢想像自己能說出：「文森，很抱歉，我辦不到。」文森‧麥馬漢（Vince McMahon）是WWE董事長兼執行長，也剛好是我的父親。

但我確實學到，在適當的情況下拒絕，其實可以讓人更有力量。幾年前，我有點太勉強自己，除了每週為了在我們的電視直播節目上四處表演，我還要擔起品牌長的行政責任，四處出差。在我終於有幾天可以在家陪伴女兒時，又突然有一個可以為公司發聲的演講機會。後來我的團隊成員來找我，對我說：「史蒂芬妮，這對WWE來說的確很有幫助，但究竟這個機會是『必要的』，還是『有的話，會不錯』呢？」我意識到答案其實是後者，便拒絕了那次機會。後來我和家人共度我最需要的休息時光，反而讓我在回到工作崗位時，可以表現更好。

費里斯畫線名言

（2017年6月23日至2017年7月7日）

「提前得知苦難，便會因苦惱而承受更多痛苦。」

—塞內卡（Seneca）

羅馬斯多葛哲學家，知名劇作家

「我們總想得益於表面，而不去了解深意。每天努力不做愚蠢的決定，比努力做出超級聰明的決定，長期累積的優勢是很驚人的。」

—孟格（Charlie Munger）

巴菲特的投資夥伴，波克夏・哈薩威公司副董事長

「思想就像是踩進溫泉的霧氣中，以為自己踏出世界之外了。」*

—西行

平安時代末期至鎌倉時代初期的日本名詩人

*讀過法迪曼（James Fadiman）在《人生勝利聖經》那篇對迷幻（psychedelic）的探討，可能比較能理解這句奇怪的話。

當你不再在乎
別人眼中的自己，
你就不會再花力氣
說服別人接受自己的觀點。

醫師
Peter Attia
彼得‧阿蒂亞

TW/IG: @PeterAttiaMD
peterattiamd.com

彼得‧阿蒂亞醫師曾是超耐力運動選手（例如游泳超過
40公里），總是不斷突破界限，也是我所認識最了不起
的人物之一。我有關於表現和耐力的問題都會徵詢他的
建議。阿蒂亞在史丹佛大學取得醫師學位，擁有加拿大
安大略省皇后學院機械工程及應用數學學士學位。他在
約翰霍普金斯醫院擔任過一般外科住院醫師，在美國國
家癌症研究所羅森伯（Steven Rosenberg）博士指導下從
事研究，專攻調節T細胞對於腫瘤衰退的作用及其他癌症
免疫療法。

最常送人的書？為什麼？或影響最深的一到三本書？

羅森伯（Steven A. Rosenberg）的《細胞轉型》（*The Transformed Cell*）

塔芙瑞斯（Carol Tavris）和亞隆森（Elliot Aronson）的《錯不在我？》（*Mistakes Were Made but Not by Me*）

費曼的《別鬧了，費曼先生！》

如果可以在任何地點放廣告看板，內容不限，想在上面放什麼？為什麼？

如果空間夠的話，我想要放：

「災難誕生的根本原因，在於傻瓜太有自信、智者太過多疑。」──羅素（Bertrand Russell）

「真相的敵人往往不是刻意、不誠實的謊言，而是持久、充滿說服力、不真實的迷思。我們太容易採納前人的陳腔濫調，誤以為事先編好的詮釋就是事實真相。我們喜歡意見，不喜歡獨立思考伴隨的不適。」──甘迺迪（John F. Kennedy）

「製造問題的人，沒有能力解決問題。」──愛因斯坦（Albert Einstein）

「訂定目標時，應該符合兩項要件：目標很重要，而且我們有能力影響結果。」──彼得・阿蒂亞

過去五年，讓生活變好的新信念、行為或習慣？

我對男性與女性患者使用荷爾蒙補充療法（HRT）的了

解有飛躍性的進展。剛剛提到的甘迺迪總統名言，對我來說真是當頭棒喝。以前我一直認為荷爾蒙補充療法「不好」，因為這是我在學校時學到的，也聽很多看似聰明的人這樣說。這不表示我現在鼓勵大家都接受荷爾蒙治療，人類的內分泌系統太複雜，連基本的皮毛都非常難懂。我在意的是，我居然沒有質疑所學，沒有查醫療文獻就相信荷爾蒙補充療法無效。我也很好奇五年後我會怎麼回答這個問題。

最成功或最值得的投資？

大概是學會拳擊。我對拳擊感覺滿複雜，我曾經因為腦震盪造成智商降低了10到20。當時，我一心想成為職業拳擊手，花了很多年受訓。拳擊奠定我的工作倫理與自律，幫助我在18歲時決定攻讀數學和工程學。拳擊也帶給我自信，到現在依然是，雖然現在我大概已經打得一塌糊塗了。以前，我很有自信，覺得自己可以保護自己和身邊的人，而且我不愛找麻煩，甚至很樂意讓別人（假硬漢）覺得我害怕他們。其實並不是真的害怕，知道自己有能力已經足夠，不需要特別展現給別人看。

與眾不同的習慣，或荒謬的嗜好？

雞蛋拳擊，雖然我一直覺得其他人如果知道這個比賽，就會變成國際性競賽、最後成為奧運比賽項目，那時候這就不是荒謬的嗜好了。（作者注：雞蛋拳擊應該用一章的篇幅解說，但這超出這本書的主題範圍了，想看阿蒂亞示範雞蛋拳擊，可以造訪tim.blog/eggboxing。）

對即將進入社會、聰明有抱負的大學生，有什麼建議？可以不聽哪種建議？

我的建議是：盡可能真誠，不要假裝。在我看來，寧可冷酷無情，也不要假裝在乎。如果你真的在乎某些人或某些事，哪怕為數不多，也會發展出對你來說真正重要的關係。隨著年紀增長，不論是工作上還是私人生活中無意義的人際關係會變得愈來愈令人受不了。所以，應該把氣力放在和別人百分百的真誠互動上。

第二個建議是不斷尋找導師，不要覺得丟臉，而且也願意領導別人。要做這件事，必須先真誠待人，但很重要的是這種關係強調展現脆弱與不平衡。永遠都當別人的學生，也永遠都當別人的老師。

可以置之不理的建議是：我太常聽見人們根據沉默成本的謬論給別人建議，常常聽到像是「你已經花了X年學Y，不能就這樣中途放棄跑去做Z啊。」我認為這種建議充滿瑕疵，因為它們太著重已經無法改變的過去，卻輕忽了未來的時間，但未來才具有可塑性。

舉我自己的例子，上大學時我想讀航太工程，因此選了可以同時學機械工程和應用數學的科系，計畫讀博士時要研究航太科學，特別是控制理論的部分（所以才學這麼多數學）。不過讀大學這幾年，我也做了許多和這個目標無關的其他事情，例如花很多時間陪伴曾經受到性虐待的孩童以及接受癌症治療的孩子。大學最後一年，我對於原本計畫讀工程博士感到非常掙扎，我心中有股衝動，想走一條完全不一樣的路，只是還不確定到底要選擇什麼。經過

幾番痛苦的思考後，我發現醫學才是我想做的事，儘管我有很多應該繼續讀工程的理由（已拿到多個全國頂尖博士學程的獎學金）。許多我敬重的人，包含教授、家人、朋友，都認為我瘋了。我花了這麼多時間和力氣才走到今天這一步，但最後我決定多花一年的時間完成學士後學位學程，接著申請醫學系。

十年後，我再次遇到沒想過的轉捩點。在十年的醫學訓練後，我離開醫界，轉換跑道加入顧問公司，負責信用風險模型建置。接下來的十年又經歷兩次更大的職涯轉換。也許我只是在嘗試合理化自己的行為，但回頭看過去的崎嶇路程，我從來不曾對投注在前一份專業上的時間感到後悔（例如工程、醫學），或是對轉換職涯感到後悔。

在專業領域聽過最糟的建議？
我的專業領域是研究長壽醫療，發現大家過度強調外在看起來如何（可能有點重要）或是感覺如何（的確滿重要），卻很少人真正著眼於如何延後慢性疾病發病的時間點，這和延後死亡和提升生活品質一樣重要。我時常驚訝地發現，領域專家很少探討延後心臟疾病、癌症、神經退化性疾病和意外死亡的具體方式。

過去五年，有什麼事不再難以拒絕？
我學會拒絕：永遠覺得自己是對的、什麼都要爭到底，還有回應每一個批評。我甚至變得太偏向另一個極端，有時候對事情太無感了。當你不再在乎別人眼中的自己是否是對的，只在乎你自己還有重要他人的看法，你才會發現自己多不想花力氣說服別人認同自己的觀點。

我理解到，比起跟隨潮流，
你更應該做的是看見潮流。

電音王子
Steve Aoki
史蒂夫・青木

IG/FB: @steveaoki
steveaoki.com

史蒂夫・青木是知名音樂製作人、DJ與創業家，身為Dim Mak唱片創辦人，他曾獲葛萊美獎兩度提名，也是男性服飾潮牌Dim Mak Collection的設計師。1996年開始，Dim Mak唱片成為許多音樂人成名的跳板，例如老菸槍雙人組（Chainsmokers）、街趴樂團（Bloc Party）、The Bloody Beetroots、流言蜚語樂團（The Gossip）。青木身為獨立製作音樂家，一年平均有超過250場巡迴演唱會，幾乎以路為家。2016年Netflix推出青木的音樂紀錄片《電音DJ夜未眠》（*I'll Sleep When I'm Dead*），獲得葛萊美獎提名。青木善於跳脫傳統、結合不同風格，合作過的藝人包括聯合公園、史奴比狗狗、打倒男孩。青木曾與一世代成員湯姆林森（Louis Tomlinson）合作過單曲〈Just Hold On〉，也與饒舌歌手墨童合作過單曲〈Delirious (boneless)〉，兩支單曲銷售量皆突破50萬，獲得美國唱片業協會單曲金獎認證。他的最新專輯《Kolony》一出就拿下電音排行榜冠軍。這是他首次嘗試饒舌曲風，合作的饒舌歌手有利爾・亞蒂（Lil Yachty）、米戈斯（Migos）、雙鍊大師（2 Chainz）、古馳・馬恩（Gucci Mane）、提潘（T-Pain）等人。

過去半年或近期記憶中，哪筆一百美元以下的花費，對生活帶來最多正面影響？

iMask睡眠眼罩對旅行中的人絕對是必備法寶，我隨身攜帶，我們時常要長途旅行，行程很緊湊，我必須想辦法在隨機的安靜時間入睡，休息時間可能不是一般人的正常睡眠時間，可能是剛結束DJ工作的空檔或是坐車的時間。這時候我就會戴上iMask眼罩睡15分鐘。如果要應付疲勞轟炸的週末工作（夏天時，兩天要跑五個國家），就得在任何情況都能睡，車裡、飛機上、從飯店到工作地點的路上、從工作地到上飛機的途中等。我會帶著iMask眼罩睡覺或冥想，有時冥想也可以幫助我入睡。眼罩可以隔絕外界一切事物，我很喜歡，是我旅途中幫助睡眠的必需品。

如果可以在任何地點放廣告看板，內容不限，想在上面放什麼？為什麼？

我信奉的格言是「採取一切必要手段」，這是麥爾坎・X說的。我大學時讀了《麥爾坎・X自傳》之後深受啟發，很敬佩他的意志力和貢獻，為非裔族群挺身對抗打壓黑人的體制。他付出極大的努力把公民權利推到美國人的眼前，這本書很令人感動，我記得我讀了好幾遍。

剛開始經營唱片公司時，我想用「採取一切必要手段」的概念創一個口號，並在生活中實踐。1996年Dim Mak唱片剛起步時，我沒什麼錢發唱片，當時手頭上只有400美元，我可以說無所不用其極，要確保唱片能成功。我沒抱怨、沒找藉口偷懶，任何能試的方法我都嘗試過。你必須找管道把計畫完成，思考時不要被困在框架裡。

我的團隊同樣也將這句話奉為圭臬，用這樣的方式生活、工作，因為這樣的信念，我們可以做到其他人可能無法完成的事物，有這樣和我抱持相同理想的團隊，我覺得很幸運。

有沒有任何失敗，或看起來是失敗的經驗，成為後來成功的墊腳石？有「最喜歡的」失敗經驗嗎？

有段時間我每一場表演都會喝酒，那時我很常表演，可能一週有四天晚上會在洛杉磯表演。我和Dim Mak的好夥伴算是站上世界的頂點。我們用我們的音樂和文化席捲市場，到處都有人邀約。那時，「electro」這種新型電子音樂正蓬勃發展，我正好是這股新風潮的大使。我開始自我膨脹，成天喝酒玩樂。那種感覺很棒，但你會開始忘記生命中重要的事物，因為你已經墜入自我放縱的迷霧裡。

有次我媽媽來找我，她其實不常坐飛機過來，那次是少數。我應該早上去接機，但我連續兩個晚上都通宵狂歡到非常晚，隔天早上媽媽的飛機7點降落，我卻睡過頭了。我10點才起床，遲到3小時，我看到媽媽傳給我的簡訊（她甚至不太知道怎麼打手機簡訊），她就坐在機場外的椅子上乾等了3小時，我可憐的媽媽。

一小時後我趕到機場，我讓媽媽等了4小時，她還是沒事一樣的坐在那裡，然後我就潰堤了。就算我遲到，她還是對我很溫柔。那時候我體悟到，這種紙醉金迷的人生根本是一坨爛泥，如果你搞混重要事物的優先順序、不能把家人照顧好，那人生完全沒有意義。

我永遠不會忘記這次教訓，那次之後我就不再沉浸在夜夜
笙歌的好萊塢式幻想裡，你可以活在那種泡泡中，忘記泡
泡外真實世界的家人和連結，但是這些連結對你的人生和
自我很重要，那次的教訓也是我戒酒的一個原因，最後我
成功戒酒了，我很為此開心。

路程中會固定做的事？

公路旅行要面對很多麻煩，讓你動彈不得的交通狀況、不
好的食物等等，你沒辦法控制所有變數。在家你有習慣去
的果汁吧、健身房、市場，你能夠每天去這些地方，吃好
的食物、維持生活和健康水準。

我在公路旅行時會做一個活動：「青木訓練營」，透過同
行夥伴的互相監督來完成每日的特定目標，比如：伏地挺
身、仰臥起坐等等，我們甚至有一個WhatsApp 聊天群組可
以證明我們真的有運動。除了運動也包含吃的東西，因為
不只運動重要，飲食也不可輕忽。我們列出清單規範哪些
東西不能吃，如果有人吃了就要多做15下運動來抵消。每
天我們盡可能規律運動和吃得健康，達成設定的目標。這
就是青木訓練營的基本理念：運用團隊互相督促的力量，
達到吃的營養、運動健身的目的。如果特定時間前，例如
半夜前沒有達標，就要罰款，而這些錢會透過青木基金會
捐給研究大腦的非營利組織。

最常送人的書？為什麼？或影響最深的一到三本書？

時間快轉一下，從大學轉到我父親去世之後。我開始研究
癌症，因為我想了解帶走我父親的疾病是怎麼一回事，研

究之後我大開眼界，也更想了解未來科學是怎麼找到其他疾病的治療方法，研究過程中發現科茲威爾的《奇點臨近》（*The Singularity Is Near*）是這個領域的必讀，讓我了解科幻小說的情節真的會變成科學上的事實。我是看漫畫長大的，也很愛看科幻作品和動畫。《攻殼機動隊》是我最喜歡的動畫，我也很喜歡《奧美蒂III》中機器人擁有自我意識的議題。

後來，我也讀科茲威爾的其他著作，主題是關於比較激進的未來科學觀，書中講到其中一些想法確實可行，而且不用在遙遠的未來，有機會可以在我們這一生發生。有些概念真的難以置信，像是長生不老、人變成機器人，真的有可能發生。例如，《結束老化》（*Ending Aging*）這本書中，德格雷博士（Dr. Aubrey de Grey）談到他正在研究如何停止細胞退化，也就是找到延長壽命的方法。

科茲威爾提到的加速回報定律，指出資訊科技的發展會遵循一條可預測的指數曲線。比方說，1970年代我們的電腦有一整個房間這麼大，而且要價25萬美元，但是現在電腦跟我手掌一樣大，而且比當時的電腦功能強大很多。到最後，科技不只是為有錢人服務，而是要將規模擴大，讓每一個人都可以享受科技。

你永遠不知道未來會發生什麼，但這本書給了我希望、一個充滿希望的烏托邦，在那裡我們可以運用科技改善生活，增加創造力，活得更長、更開心、更健康，不再受疾病威脅，我們可以找到不會破壞地球的資源利用方式。我

期待這樣的未來來臨，《奇點臨近》也給了我音樂上的靈感，我有一張專輯就以此命名，2012年我也寫了一首名為〈奇點〉的曲子，甚至還邀請到科茲威爾來拍攝MV。

我決定製作一系列概念專輯，名為「Neon Future」，我不只想要將我所有的創作能量融合進這張專輯，我也想跟一位科學家一起創作。科茲威爾同意加入，我在他舊金山的公寓裡訪問他，後來也訪問到其他啟發我的人。

在《Neon Future II》這張專輯中，我延續了訪問的元素，除了訪問科學家，也訪問了非科學界的人，像是導演J‧J‧亞伯拉罕，還有物理學家索恩（Kip Thorne）。《Neon Future III》仍在製作中，我們前面還有一段路要走，製作這個系列對我的人生也影響深遠。

過去五年，讓生活變好的新信念、行為或習慣？

我在音樂還有與他人合作中學到一件事，音樂是個循環的潮流，娛樂產業也是。我理解到，比起跟隨潮流，你更應該做的是看見潮流、但不跟隨其中。能看清趨勢很棒，但不要隨波逐流，否則我們就會被潮流帶走、流於主流。

這就是我的唱片公司能存活下來的證明，這間獨立唱片公司經營超過20年，跟音樂家一起創造新的音樂潮流，到現在已經撐過許多挑戰。我學到的是，大眾會把我放在特定的潮流中，但我有辦法在潮流退去時，在新的潮流中出現，持續在這循環中占有一席之地。

我注重音樂中的能量，而不是潮流。那種能量本身沒有名

字，也跟酷不酷沒關係，「感覺」才是最重要的。因為我的音樂能量能傳達的、能吸引人的根本，都是基於非常人性的感覺。

基本上，音樂就是我們抒發情緒的管道，我會確保自己一直處在好的狀態下，去體會創作當下啟發我的文化，不管我跟誰一起工作或我用什麼方式創作音樂。這可能跟潮流有關，但我會一直把音樂能量擺在重點，用最明顯的方式凸顯出來。我一直都沒有想要坐上潮流的雲霄飛車，我知道雲霄飛車存在，但是我不會把雞蛋放在同一個籃子裡，然後放上雲霄飛車。跟潮流保持距離！能辨識、看見潮流，但要保持距離。

感到超載或無法專注時，會怎麼做？

當我在錄音室，無法理清頭緒、只想用頭撞電腦時，我就必須離開那個空間。或者當我試著想把工作做完，但是卡關時，我也會離開那裡。離開那個地方之後，才能重新開機。

通常我會冥想，把一切重新啟動，重新啟動我的頭腦、我的能量。我相信心流，如果你在心流狀態下，你可以很快把工作做完。譬如，衝擊合唱團（The Clash）在三個禮拜內就完成了《倫敦呼喚》（*London Calling*）這張搖滾史上最傑出的專輯之一。我想他們就是因為在心流狀態下創作，在這種狀態下你的生產力和創意都會達到極致。

當我在心流狀態時，我會盡量讓自己維持在那個狀態，因為一旦離開那個狀態就很難再找回來。如果你一直卡關，

情緒一直很低落，無法找回靈感和創造力時，就得回歸基本、重新開機。這就是為什麼一些跟我工作很合拍的音樂人和我一起進錄音室時，他們會說：「我們不要在這麼大的錄音室工作」，他們想要回歸基本，在那種小小的，甚至可以說很破爛的錄音室，因為那可以幫助你回歸到做音樂的初衷。最重要的是，好音樂跟你投入多少錢製作無關，跟你能請多少人無關，而是跟你內心深處的原點、你為何創作的初衷有關。

回想那個出發點，如果創作的初衷讓你感到快樂，那就乘著這股喜悅進入心流狀態，而接下來的事，你們都很清楚了！

想在人生中成長，
就要主動追求壓力。

表現心理學家
Dr. Jim Loehr
吉姆·洛爾

corporateathlete.com

吉姆·洛爾博士是舉世聞名的表現心理學者，也是Johnson&Johnson人類表現機構共同創辦人。洛爾著有16本書，最新作品是《勝利法則》（*The Only Way to Win*）。他曾與數百位世界級名人合作，包括運動精英、執法人士、軍事單位和企業名人，甚至有體育金牌得主、聯邦調查局人質救援小組、特種部隊和《財星》雜誌世界100強主管。洛爾在體育界的客戶有高爾夫球選手歐米拉（Mark O'Meara）和羅斯（Justin Rose）；網球選手庫瑞爾（Jim Courier）、莎莉絲（Monica Seles）和維卡里奧（Arantxa Sánchez Vicario）；拳擊手曼奇尼（Ray Mancini）；曲棍球選手林卓斯（Eric Lindros）和李希特（Mike Richter）；還有奧運金牌競速溜冰選手詹森（Dan Jansen）。洛爾的能量管理訓練系統以科學為基礎，得到各界認可，也曾刊登在《哈佛商業評論》、《財星》雜誌、《時代》雜誌、《美國新聞與世界報導》（*U.S. News & World Report*）、《成功》雜誌、《快公司》雜誌等眾多媒體。

最常送人的書？為什麼？或影響最深的一到三本書？

我最常送別人的書是弗蘭克的《活出意義來》，我自己也重複讀了很多次。弗蘭克在書中巧妙地揭示了生命意義帶給我們的力量，以及追尋人生意義的重要性，這些讓我非常有共鳴。他在書中莫大的包容力使我印象深刻，弗蘭克在集中營時對所有人一視同仁，不管是一起被關的夥伴，還是製造恐怖的殘忍獄警，他都給予無私的愛與同理，即便自己距離死亡也只有幾步之遙，他還是存有大愛。

過去半年或近期記憶中，哪筆一百美元以下的花費，對生活帶來最多正面影響？

柯林斯運動藥品（Collins Sports Medicine）的彈性貼布。價格不到100美元，對運動員來說是最棒的商品。我自己一年也會買個幾次，和我合作過的運動員都對這款貼布讚不絕口。柯林斯彈性貼布本身有黏性，而且延展性佳，對腳、手臂、手掌和雙腿都有很好的支撐及保護效果。

有沒有任何失敗，或看起來是失敗的經驗，成為後來成功的墊腳石？有「最喜歡的」失敗經驗嗎？

我在職涯中曾經有三次，被我非常信任的人竊取金錢和智慧財產。其中兩次發生在創業初期，資金還非常稀少的時期。一直到現在，我都覺得是自己在看人的眼光上非常嚴重的失敗。另外，我也覺得自己沒有好好地審查他們的「投資」（雖然其中一位當事者還有美國聯邦儲備委員會主席作保）。很自然地，這些事情對我造成很深的傷害，甚至想過再也不相信任何人。我把這些經驗視為人性的醜陋，很長一段時間都無法釋懷。

後來，我因為工作的關係認識了非常多不同領域的人，發現大家都有過類似的經驗。唯一能避免的方法，就是築起一座又高又厚的牆，讓任何人都無法靠近。然而在情緒上孤立自己，卻比偶爾遭受背叛更痛苦。事實上，信任被破壞與失去友情的痛苦，都是我們在乎別人、與他人建立深厚連結所必須付出的代價。我透過書寫療傷，也探索不同的方法把受傷的痛苦轉化成正面、有建設性的能量。對我來說，是把背叛當成教訓，訓練自己對人的判斷力，同時也讓自己練習原諒。

韌性幫助我度過寫書過程的無數次打擊、無數個白天與黑夜的煎熬，同時還要兼顧人類表現機構的經營。如果以前沒有遇到這些挫敗，我不會有足夠的勇氣和決心承擔事業的風險。當然，學會原諒是一份雙重的禮物，我也學會原諒我自己。把自己從做出錯誤決策的自責中釋放。原諒幫助我平息憤怒，取而代之的是感恩的心和對未來的期許。我終於領悟到，我所承受的痛苦對那些背叛我的人可一點影響都沒有！

活到現在，我終於領悟了這個道理：人生一定會遇到失敗，失敗是我們培養韌性、學會原諒他人與自己，並得到智慧的最佳機會。

如果可以在任何地點放廣告看板，內容不限，想在上面放什麼？為什麼？

「練習當個善良的人。」善良是需要勇氣的。我認識海豹部隊的指揮官，他們能做整天的引體向上，還能在寒冷危

險的水域中指揮隊伍，執行困難任務。在跟這些鋼鐵軍官會面後，我印象最深刻的，卻是他們發自內心的善良和謙遜。我也曾遇過非常厲害的運動員，他們擁有輝煌的成就和數不盡的財富，但跟教練和朋友出去吃飯慶祝時完全不願意付一毛錢，甚至連自己的帳單都不願意付。看著這些人，我看到的不是贏家，而是自私、無法感恩和缺乏善意的人，我認為人不該如此，更不該因為他們有冠軍頭銜或高名氣，就可以如此待人。

我最喜歡的一句話是愛默生說的：「笑口常開，贏得智者的尊敬與孩子的愛戴……讓世界變得更好一點點……只要有一個生命因我們的存在而活得更好一點，就是成功。」

過去五年，讓生活變好的新信念、行為或習慣？
寫日記。寫日記可以指引我穿過人生的風雨，而且讓我在過程中成為更好的自己。我每天都會固定寫下自己的反省，這些想法都是無價的寶物。每天寫作讓我更能自我覺察，非常神奇。寫下來幫助我的所見、所感都變得更生動。刻意空出時間自省，讓我的生活更平衡也更好管理。寫日記讓我更能活在當下，也更能坦然接受自己的缺點。

寫日記可以用來抒發情緒、療癒心靈、自我成長與拓展能力。每次寫的時間可長可短，通常持續寫日記二到四週就能感受到正面影響。另外，手寫的效果大於電腦打字。

我從早期和運動員共事時，養成寫日記的習慣。所有運動員都必須每天完成詳細的訓練日記。多年來我發現，只要能量化並規律地記錄，久而久之都能看到進步（睡眠時

間、水分攝取、拉筋頻率、營養習慣等）。數據化讓我們更能掌握情況，進而加速習慣的養成。於是，我們將這種方法應用在心理情緒的訓練上。我們將正面和負面想法量化成數據，用日記記錄每天的狀況，包括練習情況、參與程度、講話聲音的語調和內容、憤怒管理等，結果帶來的進步讓我們感到驚喜。看到這些例子後，我決定開始寫日記。寫了幾週後，我唯一的後悔就是沒有早一點開始寫日記。

在專業領域聽過最糟的建議？

「忠於自己。」我了解這句話想表達的意義，但這同時也是對別人造成傷害的致命武器。人們常常以「我個性就是這樣」當作惡意傷害他人的藉口。在討論時，常常會有人展現出不屑或其他沒禮貌的態度，並推託地說：「我只是在做自己。」與世界各地的運動員、領導人及其他傑出人士共事後，我發現從一個人的待人方式，就能看出他們本性。所以即使在挫折和失敗中掙扎，也要做個謙虛、體貼、誠實、讓人尊敬和懂得感恩的人，因為這能表現出我們最好的自己。

假如，今天有一位網球選手，在比賽期間對裁判發脾氣，大肆地辱罵。我們可以說，他本來就是易怒又容易受挫的人，他只是在做自己嗎？還是其實他只是不認為善待他人是一件重要的事呢？如果今天有另一位選手，確定線審判斷有誤，但在告知主審後，主審沒有推翻先前的判定。她雖然覺得不公平，也很生氣，但她想起自己的核心價值觀，那就是要尊重他人、要有耐心，所以她深吸一口氣，

冷靜地繼續比賽。哪一個人才是真的忠於自己呢？在我看來，以「做自己」來合理化自己做的壞事，不過是自欺欺人罷了。

另一個壞建議：「避免壓力，生活才會過得更好。」時時讓自己免於壓力只會降低我們的抗壓性。壓力能夠刺激我們成長，成長其實來自我們面對每一次壓力的一次次復原。我發現，避免壓力只會使我們能承擔的東西愈來愈少。

對我來說，正確的做法應該是要懂得在壓力中找到復原的方法。打網球、運動、冥想，和寫日記都能幫助我們的心理復原。面臨高壓時，我更會遵循平常的睡眠、營養和運動習慣。我的經驗是，在某方面受到壓力時，就會在其他方面得到紓解。避免壓力只是在逃避，只會讓自己變弱。在現實中，想在人生中成長，就得做個追求壓力的勇者。

感到超載或無法專注時，會怎麼做？

我會馬上開始回想生活中值得感恩的事情。我會想我的三個兒子、我的兄弟姐妹，和我的父母，讓值得感恩的回憶隨意湧現，從最小到最大的事件都有。只需要幾分鐘，原本的壓力就會馬上轉換。我可以平靜下來，比較不慌張，掌握自己的想法與感受。接著，我會開始想像理想中的自己，思考自己想在世界上活出怎麼樣的人生。思考自己最重視的價值，記住我想要在面對困境時，展現出自己最高尚的品格。

要避免批評，
就只能什麼都不說、
什麼都不做，
最後什麼都沒達成。

最強撲克玩家
Daniel Negreanu
丹尼爾·內格里諾

TW: @RealKidPoker
YT: /user/DNegreanu

丹尼爾·內格里諾是加拿大職業撲克牌玩家，生涯累積
贏得六條WSOP世界撲克大賽手環和兩次WPT世界撲克巡
迴賽，並在2014年獲獨立撲克玩家排名組織「GPI全球撲
克指數」評為近十年最傑出撲克玩家。2014年在一滴水
錦標賽贏得第二名後，他成為公認史上最厲害的撲克錦
標賽現役玩家，累積獎金高達3300萬美元，並在2004、
2013年獲選WSOP年度玩家，是史上唯一兩次獲得該頭銜
的選手。他也是 WPT 2004年、2005年度玩家、首位同
時打入WSOP三大賽事（拉斯維加斯、歐洲、亞太地區賽
事）決賽並贏得金手環的玩家，他在2014年入選撲克名
人堂。

最常送人的書？為什麼？或影響最深的一到三本書？

魯伊茲（Don Miguel Ruiz）的《讓夢想覺醒的四項約定》（*The Four Agreements*），這本書讀起來很快，只有約140頁，整本書的簡潔讓它充滿力量。每當我身邊朋友開始探索自我旅程時，我都會送這本書。

有沒有任何失敗，或看起來是失敗的經驗，成為成功的墊腳石？有任何「最喜歡的失敗經驗嗎」？

我還清楚記得，第一次離開多倫多老家去拉斯維加斯，賠掉全部的錢。清晨四點，同一張賭桌還有其他七人，我輸掉手上最後一個5元籌碼，跑去廁所。從廁所走出來時，我發現賭桌上所有人都不見了！這是我人生第一次覺得自己是輸家，大家就是來贏我的錢的，我就是那一晚的肥羊觀光客。我忘不掉那幾個人的臉，下定決心絕對不再重蹈覆轍，回到多倫多後更努力練習，發誓要再次回到拉斯維加斯，打敗那些人。

但出乎意料的，當時其中一位人稱夏威夷比爾的玩家，最後卻成為我的導師。輸掉賭局的那晚，我真的非常討厭他，但後來我從看他玩牌的過程中慢慢了解成為專業玩家應該具備的條件。

如果可以在任何地點放廣告看板，內容不限，想在上面放什麼？為什麼？

「想避免別人批評，就只能什麼都不說、什麼都不做，最後什麼都沒達成。」——哈伯德（Elbert Hubbard）

這句話對我來說意義非凡，就像羅斯福總統「在競技場裡

的人」那段經典名言。提醒我們在挑戰世俗常規、努力讓自己的聲音被聽見的時候，必定會遇到他人批評，但這些努力最終都會有所回報。我們也可以選擇當隱形人，但那不是我想要的生活。

最成功或最值得的投資？

我在信任的人身上投入很多心力。我的經紀人博斯伯（Brian Balsbaugh）是我的多年摯友、知己，他提供我無數的寶貴建議。而除了博斯伯之外，我也高薪聘請一位私人助理，讓我有更多私人的時間。

過去五年，讓生活變好的新信念、行為或習慣？

我了解到事情都是中性的，差別只在我們如何面對。我們可以選擇當受害者，也可以選擇對自己負責，主動解決問題。主動出擊會讓人獲得力量，當受害者則容易讓人感到無助，成果通常不佳。

在專業領域聽過最糟的建議？

在撲克遊戲中，「撲克臉」常常被過度推崇，人們相信要贏得比賽，就必須面無表情、隱藏情緒，但遊戲中真正關鍵的是牌上的數字和計算能力，情緒在賭桌上毫無用途。隱藏情緒沒有用。如果我們是機器人，這項策略或許是最好的選擇，但現實並非如此。我認為更好的方式是坦然面對輸或贏的情緒。牌桌上，刻意掩蓋情緒或挫折感並不管用。

過去五年，有什麼事不再難以拒絕？

過去，如果有人對我提出請求，我的回應通常是「沒問

題，我再確認一下行事曆，看看怎麼安排。」說這句話的目的，其實是希望事情可以就這樣過去，但通常不會，我還是被迫要去參加不感興趣的活動，所以必須再想新的理由，解釋自己太忙沒辦法參加。為什麼會有人這樣？因為我當時天真地以為這種回覆方式比較不會傷人，但最後我發現是相反效果，我信用變差，還浪費了對方的時間。

現在我學會以誠實與尊敬來回絕：「謝謝你想到我，我真的非常感激，但很可惜我目前沒有打算參與這項活動，祝你們圓滿成功。」也許對方當下會有些失望，但這樣的處理方式的確比較好。

感到超載或無法專注時，會怎麼做？

我會做一個練習來釐清事情的本質：先用受害者的角度把故事說一遍，再用百分之百當責的角度再說一遍。

受害者角度：「那場重要活動我遲到，是因為女友花太多時間準備，不是我的錯。」

完全負責的角度：「我必須為遲到負責，未來會確保自己準時抵達。」

以受害者的角度說故事，可以得到短暫的情緒抒發，發洩完後，我會發現如果這場活動真的對我這麼重要，其實應該先跟女友說清楚我不能遲到，並告訴她如果她來不及，我必須先出發。

自律就是自由。

海豹陸戰隊指揮官
Jocko Willink
喬克‧威林克

TW: @jockowillink
FB: Jocko Willink
jockopodcast.com

喬克‧威林克是全世界最恐怖的人，身形精壯、體重約104公斤的巴西柔術黑帶高手，每次重訓都可以打敗20名海豹特種部隊隊員。威林克是全球特種行動界的傳奇人物，我訪問他的廣播受到熱烈迴響，那是他第一次公開受訪。威林克在美國海軍服役20年，曾擔任海豹三隊「布魯瑟任務小組（Task Unit Bruiser）」指揮官，該小組於伊拉克戰爭中戰功卓越，是受表揚最多的特種小隊。回到美國後，他負責訓練西岸所有海豹部隊成員，同時規劃並執行世上數一數二艱鉅的實戰訓練課程。退休後，威林克成立領導及管理顧問公司「前線部隊」（Echelon Front），並共同撰寫紐約時報排行第一的書《主管這樣帶人就對了》（*Extreme Ownership*），其他著作包含暢銷童書《戰鬥小孩》（*Way of the Warrior Kid*）和最新出版的《自律就是自由》（*Discipline Equals Freedom*），書中詳細解說他獨特的心靈及身體鍛鍊方法。威林克在個人節目Jocko Podcast從戰爭、領導人及企業經營角度探討人性。威林克熱愛衝浪，和妻子育有四名「積極主動」的子女。

最常送人的書？為什麼？或影響最深的一到三本書？

我在海豹部隊的20年間，曾讀到海克渥斯（David Hackworth）上校的書《向後轉！》（*About Face*），自此變成忠實讀者。海克渥斯從基層做起，在韓戰、越戰時擔任步兵指揮官，受到同袍、同事敬重。上校在戰場上的故事很精采，書中的戰鬥策略也值得研讀，但我認為從中學到最重要的是領導能力。多年來我運用了許多他的領導原則，至今仍受益良多。謝謝你，海克渥斯上校。

有沒有任何失敗，或看起來是失敗的經驗，成為成功的墊腳石？有「最喜歡的」失敗嗎？

第二次去伊拉克時，我擔任海豹三隊布魯瑟任務小組指揮官，當時我們奉命前往飽受戰火摧殘的主戰場拉馬迪。抵達當地幾個禮拜後，我們與美國陸軍、海軍，和一群友好的伊拉克陸軍戰士共同參與一項大型軍事行動，當時大家兵分多路，和敵軍正面交火。在戰爭的迷霧中，有錯誤發生了。情勢演變成我帶領的一隊海豹小組和友好的伊拉克士兵激烈交戰，導致一名伊拉克士兵死亡，多人受傷，包括我自己的隊員。那是一場惡夢。

事情演變至此，可以檢討的人、事非常多，但我知道真正該受責難的人只有一個：我。我是指揮官，也是戰場上的前輩，不論發生什麼事都應該負責，不論發生什麼事。領導者沒有別人可以怪，也沒有藉口。如果我不能承擔問題，我就無法解決問題。領導者應該做的就是承擔問題、承擔錯誤、承擔不足之處，並且主動找出解決問題的方法。百分之百當責。

如果可以在任何地點放廣告看板，內容不限，想在上面放什麼？為什麼呢？

「自律就是自由」。每個人都渴望自由，希望獲得身心上的自由、財務和時間上的自由。要怎麼做到？答案其實就在自由的另一面：自律。想要有更多時間？需要更有紀律的時間管理方式。想要財務自由？必須在生活中長期落實財務自律。想身體可以自由活動，不會因為生活習慣造成健康問題，就要自律，保持健康飲食和規律運動。每個人都渴望自由，而自律是獲得自由的唯一方式。

最成功或最值得的投資？

我搬到有車庫的新家後，就把車庫當成健身房，不論生活多麼混亂，我都保持每天運動的習慣。好處包含可以隨時健身、不用整理去健身房的背包、不用開車、停車、更衣，還有等待別人讓出器材等等。家裡就有健身房在等你，不需要開車、停車，不用把所有的東西塞進小小的置物櫃，在家裡絕對不用排隊等器材，是器材等你。天天都是。也許最重要的是，運動時你想聽什麼音樂就聽什麼，放多大聲都行。試試看吧！

過去五年，讓生活變好的新信念、行為或習慣？

每日保持閱讀和寫作的習慣，讓思緒獲得解放。

對即將進入社會、聰明有抱負的大學生，有什麼建議？

要比任何人都努力。如果你熱愛自己的工作，當然會比較容易做到。即使你不喜歡自己的第一份、第二份，甚至第三份工作，都沒關係，比任何人都努力。要從事自己喜歡

的工作、成立自己的公司，都必須累積履歷、聲望和資金，最好的方法就是做得比任何人都好。

感到超載或無法專注時，會怎麼做？

列出優先順序，馬上解決。這是我在戰場上學到的觀念。有時候事情出錯，好幾個問題同時發生，讓我們措手不及，就必須列出優先，馬上解決。

試著後退一步。從混亂中抽離。審視當下的情況，評估問題、任務或事件的嚴重性，並找出影響最嚴重的那一個，馬上解決。

想要同時解決所有問題或一口氣完成所有任務，什麼都會失敗。找出那個可以帶來最多正面效果的那個最大問題，然後投入資源解決它。解決這個問題後，你就可以繼續處理下一個問題或事件，直到掌控情勢為止。列出優先，馬上解決。

費里斯畫線名言

（2017年7月14日至2017年7月27日）

「我的工作非常艱辛，完全沒有不在場證明。一本書只可能是好作品或是失敗作品，一本書能不能盡善盡美，有千百種理由，但都不能當成藉口，……沉溺於個人家庭的成功，或是幫助破產的朋友等等，說穿了都只是放棄創作的藉口。」

—海明威（Ernest Hemingway）
知名美國小說家，短篇故事作家，記者

「詩人無法融入社會，並非因為社會排拒他們，而是詩人不在乎他們在社會上的定位。在他們眼裡，那個定位就像劇場裡的演員、風格就是不同戲路、衣服就是戲服、社會的規則就是傳統、危機都是安排好的、衝突也是演出來的、形上學都是理想化的意識形態。」

—卡斯（James P. Carse）
紐約大學歷史及宗教文學系名譽教授，著有《有限與無限的遊戲》

「沉默，傾聽。」

—布萊克（Tara Brach）
冥想及情緒治療導師，著有《全然接受這樣的我》

我們的大腦、我們的恐懼、我們認為可能的事，加上一天只有 24 小時的認知，讓我們對於可能與不可能，有先入為主的概念。

知名導演
Robert Rodriguez
勞勃‧羅里葛茲

TW/IG: @rodriguez
elreynetwork.com

勞勃‧羅里葛茲是導演、編劇、製作人、攝影師、編輯，也是音樂家。他是剛成立不久的電視聯播網 El Rey Network 創辦人和董事長，頻道內容多元，其中我最愛的談話性節目「The Director's Chair」就是他主持的。羅里葛茲在德州大學奧斯汀分校就讀時，一邊當製藥公司受試者，一邊為第一部電影寫劇本。藥廠的薪水讓他能負擔電影拍攝兩週的花費。《殺手悲歌》（ *El Mariachi* ）後來在日舞影展中奪下最佳觀眾獎，成為大型片廠發行電影中成本最低的電影。後來他擔任多部賣座電影的編劇、製作或導演，包含《英雄不流淚》、《惡夜追殺令》、《小鬼大間諜》、《英雄不回頭》、米勒（Frank Miller）的《萬惡城市》、《絕煞刀鋒》等。

過去五年，讓生活變好的新信念、行為或習慣？

我終於找到方法，幫助我專心完成自己不是那麼熱愛的工作。過去遇到不怎麼喜歡的工作，我會拖延，而且每次要開始做的時候就會被更有趣、更值得花時間的事情分心，使我無法專注。這是我最大的挑戰。那些令人分心的事物感覺跟我的工作一樣重要，所以我為自己找理由先做這些事。最後，原本的工作沒動，而且我想到就覺得累。我現在採取的方式比較有效率，有點接近普墨克（Premack）原則（一種激勵方式，把感興趣的活動當作不感興趣活動的誘因），或是一種策略比較具體的獎勵機制。

我會準備好兩本筆記本在身邊，找個最舒服的地方坐著。（我的新書裡面有寫到是哪裡！）我會在其中一本筆記本，寫下最不想做的兩、三件工作，標題就寫「工作」。另外一本開頭則寫「分心的事物」。接著，我會用手機計時20分鐘。我會先花20分鐘處理一件不想做的工作，試著不分心。在過程中，令人分心的事物總會像鐘擺一樣規律報到，我腦海中總是會想到其他工作和點子。這些點子和誘惑常常會縈繞不去，使我無法專心，跑去完成它們：像是某個音樂的點子、一幅畫，或是某項完全不相干的計畫突然有了靈感，之前想破頭也想不到解決方式的問題突然有答案等等。這都是因為腦袋運轉的時候，創造力會激發更多點子，但可能會使你分心，不想去做比較沒那麼喜歡的工作。

這讓我非常兩難，讓我分心的事情並不是不重要的瑣事，而是需要完成的事，如果先忽略它們，可能之後就會忘

記，失去一閃而逝的靈感。

那我要怎麼讓自己保持專注呢？在這20分鐘裡，我會把所有腦海裡跳出來的點子都寫在那本「分心的事物」的筆記本，接著立刻繼續做不想做的工作。這樣一來，我就不會忘記想做的事，我沒有丟棄或忽略它們，只是先寫下來，延後處理，再棒的點子都一樣，只要會讓我想放下手上工作，都是分心的事。寫下來，我就能繼續工作，直到20分鐘結束為止。

如果工作順利，我會將計時器再延長10分鐘，湊足半小時，但這是極限，不會再多，因為我知道如果太久沒有給自己獎勵，大腦就會抗議。

接著，我會給自己10到15分鐘的「獎勵休息時間」，起來走一走，拿起分心事項筆記本（上面可能已經有一串長長的清單），找一件想做的，花大約10-15分鐘在上面，當然必須要計時。我會先挑所需時間較少的事情做，免得要一個小時後才能繼續工作。另外，這些事情也不用一次做完，如果需要的時間比10到15分鐘還久，我會分成幾個段落，留到下次休息時間繼續做。時間到後，我會將計時器設定再計時20分鐘，重新回到工作上。

我通常會將待辦事項記在手機裡，但是每完成一件工作就提筆將它從清單劃掉，會有種滿足感，這也是我一直使用筆記本的原因。寫下分心的事物，是扭轉一切的關鍵，也讓普墨克原則在我身上發揮功效，讓事情變得簡單許多。

如果可以在任何地點放廣告看板，內容不限，想在上面放什麼？為什麼？

西班牙文的「FÁCIL!」是我最喜歡的字！我記不得這個字從什麼時候開始對我有更深的意義，大概是開始做電視之後吧。當時我工作已經很忙，所以決定要創辦24小時電視台、提供大量高品質的節目前，我猶豫了一陣子，但秉持著羅里葛茲一貫天真的作風，還是決定做了。

在了解到我們需要製作非常大量的節目後，我找了很多工作夥伴一起解決問題。不過，光是管理電視台本身就有數不清的工作要做，我必須想辦法鼓勵團隊和我自己。這和拍電影不同，電影是間隔較長的獨立計畫。電視台的嘗試幾乎像是不可能的任務。大部分的電視台都需要好幾年、甚至幾十年的時間才能推出原創劇集，El Rey Network創立第一年就推出四部原創節目。我記得大家光是聽到我唸出要做的事，都露出不可置信、不知所措的表情。

我試著在待辦任務清單的最後，加上「FÁCIL！」這個字，大家會笑著用困惑的眼神看著我。（FÁCIL 意思是簡單，但在西文中也可以解釋成「小事一樁！」）他們心裡想，「他為什麼一直說這個字，到底哪裡簡單了？」但我慢慢發現，大家會因此放鬆，如果領頭的都不害怕，他們有什麼好擔心的？

這個字對我們來說變得別具意義，我們使用它的情境大概是這樣：「下週三之前要做這個和那個還有這個和那個還有這個和那個，FÁCIL！」剛聽到那些任務時，大家看起

來都很吃驚、倍感壓力，但聽到後面他們都笑了……然後我們大家真的會一起完成那些工作。困難的任務、節目或製作計畫完成後，我會立刻找大家，和他們說：「沒錯吧？FÁCIL！」

其實一開始我也不確定我們做不做得到，但我知道壓力無濟於事。我們能做到的事情遠比自己想的多，只是我們的大腦、恐懼，和對於事情是否可行的判斷，加上一天『只有』24小時的認知，讓我們對於哪些事做得到，有了先入為主的概念。

我喜歡挑戰不可能的任務，並用一個字讓它聽起來可行，因為這樣一來事情就突然變得可行了。這也是為什麼我想將「FÁCIL！」放在看板上，它代表的是，只要我們抱持不同的態度，凡事都能以更輕鬆、無壓力的方式面對。一開始就說「這不可能，時間完全不夠，做不到」，就像還沒起跑就先弄斷自己的右腳，再順便砍斷左腳。但是如果我們願意相信事情不困難、很簡單，就能輕鬆看待挑戰，點子也會源源不絕。態度最重要。

有時候我都忘了跟誰分享過這個理念，時不時會收到幾年沒聯絡的朋友寄來電子郵件，或在網路發文下放「FÁCIL！」的標籤。我知道他們已經將這個字內化到自己的用語和思維了。

希望大家也能把這個字變成自己的一部分。因為生命中有許多可以體驗的點點滴滴，都在世界各處等待你去發掘，一切就從自己心裡開始，我們的想法才是最重要的。透過

想像力和創造力，我們可以創造新世界，而且每一天有整整24小時，每週有整整7天可以運用，一切都可以非常FÁCIL！

感到超載或無法專注時，會怎麼做？

先前提到的分心事務清單很有幫助，我喜歡保持忙碌，解決不同領域的問題。也許某個問題的解決方法，也能幫助你解決另一件同樣困擾許久的問題。但挑戰有時候會同時一起來。

有時候所有的問題同時發生，我們只能努力想辦法不被淹沒。這種情況下，平日的冥想和思考策略都派不上用場，腦袋就像裝滿漿糊。我記得有一次只剩兩分鐘就要出門，因為有個會議已經遲到了，我的東西還沒吃，又想上廁所，看起來時間只夠做其中一件事，到底要吃東西？還是上廁所？最後我兩樣都做！我坐在馬桶上吃東西，腦袋裡想著：「今天真的太忙了。」

後來，有五分鐘的空檔，我趁機聽了自己錄製的冥想引導。冥想中，我提醒自己，生命中一定會遇到瓶頸，但這些瓶頸能讓我們分清事情的輕重緩急，冥冥中自有安排。

所有問題同時發生的機率其實非常低，通常是一件接著一件，人生中我們想完成的事大都可以完成，而且是自己完成！今天下午有三個約？猜猜結果會如何，可能有人會臨時取消、有人提前，或者有些事情可能突然沒那麼重要了。

這就是我喜歡忙碌的原因，只要我們用對的態度面對，像是「我可以確定，我的生活過得非常充實」，那我們很少真的會「太忙」。接著，我會釐清造成壓力的根源和原因，多半都是因為有些該做的事情還沒做，這時就是拿出那兩本筆記本的時候了，立刻開始解決讓你感到壓力的事情吧。FÁCIL！

別浪費任何一個危機。
那是宇宙在考驗你
學習一件新的事物，
讓自己的潛能更上一層樓。

全球最佳女性高山極限滑雪選手
Kristen Ulmer
克莉絲汀・烏爾莫

FB: /ulmer.kristen
kristenulmer.com

克莉絲汀・烏爾莫是克服恐懼的高手。她曾是美國滑雪
隊的花式滑雪選手，被公認是全球最佳女性高山極限滑
雪選手長達12年。她以長距離懸崖跳躍及生死一瞬間的
高速下降而知名，得到Red Bull、Ralph Lauren和Nikon等
企業贊助。她探討恐懼的訪談可以在NPR、《華爾街日
報》和《紐約時報》以及《Outside》等雜誌看到。烏爾
莫著有《恐懼的藝術》（*The Art of Fear*）一書。

過去半年或近期記憶中，任何一百美元以下的東西，對生活有正面的影響？

先介紹一下背景，我母親是家中九個孩子的老么，外公是暴躁的酒鬼，家裡都是佃農。母親成長的過程中，家庭經濟狀況一直非常糟。因為這樣的成長背景，即使已經83歲了，她還是會把保鮮夾鏈袋洗完重複使用，食物發霉了也繼續吃。作為母親的女兒，我也極度節儉，這本身沒什麼不好，也讓我從無到有賺到百萬收入。但與金錢的這種關係開始侷限我的財務規劃。

因此，心情沮喪時，我就會想幫助別人。我可能會在電影院外，看看有誰看起來可以看場電影放鬆一下，我就會為他們買電影票。或是外帶墨西哥捲餅時，給服務生50美元小費。這樣做不只對方心情會變好，我的心情也跟著變好。對我的人生還有另外一種比較不明顯的影響，這樣花錢的方式也幫助我打破家庭傳承下來的限制，重新改變我與金錢的關係。

有沒有任何失敗，或看起來是失敗的經驗，成為成功的墊腳石？有「最喜歡的失敗」嗎？

最喜歡的失敗經驗，就是我在滑雪國家代表隊的那段時間。我的目標從來就不是加入國家隊，我喜歡玩花式滑雪，只是為了和朋友一起到很酷的地方旅行。因此當我意識到自己穿上夾克，代表國家參加世界盃大賽時，我很錯愕，非常害怕。

好幾千人尖叫著看我滑雪，好幾百台攝影機記錄下我的一

舉一動。面對恐懼，我完全不知道如何是好，只能照單全收教練、朋友、家人善意給的糟糕建議，你懂的，控制情緒、克服恐懼、讓理性戰勝恐懼、正面思考、深呼吸、別想太多。

我當時並不了解，但事後漸漸明白，想控制恐懼就跟想控制呼吸一樣，成效不彰、也維持不久。我可以壓抑自己的情緒走上起點，開始比賽，看起來好像可以，但我的表現很糟。我沒有與恐懼共存、所以沒有進入最佳狀態，當然無法維持世界級水準所需要的狀態。不僅如此，我潛意識裡一直想逃離國家隊，最後（理所當然）在賽季後半受了傷。坦白說，我反而因為受傷而鬆了一口氣。我把一切推給恐懼，但真正該檢討的是我自己，是我想控制根本控制不了的東西。

我現在明白，我們無法戰勝恐懼，只能暫時隔絕恐懼，把它關在「地下室」，也就是我們的身體裡。我們必須要極度壓抑才能壓下恐懼感，結果可能會讓身體變得僵硬容易受傷，我們的身體也無法容納被壓抑的情緒，最後勢必抗議。

身體受傷只是眾多問題的其中一個，沒有妥善處理的恐懼感不會消失，只要一鬆懈，它就會從地下室衝出來，氣焰更加高漲，可能是以恐懼（持續性或非理性的焦慮、失眠等）的形式，或是更嚴重的形式（憤怒、沮喪、創傷壓力症候群、不安、表現低落、疲倦、責罵、防備心等）出現。結果我們更努力想壓抑恐懼，直到最後整個人被恐懼淹沒。

我當時處理恐懼感的方式，就是徹底的失敗。我應該了解恐懼並不是人的弱點，而是我們踏出舒適圈時的自然反應。恐懼不是為了妨礙我，而是要幫助我活過來、更加專注，活在興奮、敏銳的當下。想趕走恐懼，只會讓恐懼變得更狂暴、不理性，甚至扭曲變形。如果你願意感受恐懼，與其共存，恐懼的力量和智慧就會出現。

最成功或最值得的投資？

我在14年前參加過一次為期九天的沉浸式靜修營，當時我還沒遇上人生危機。營隊叫做九門神祕學園（Nine Gates Mystery School），至今仍在營運，聽說比以前經營得更好了。（順便一提，我推薦每年參加一次這種靜修活動。）九門的活動為我還未成形的想法注入了活力和自信，讓我改變自我中心，培養全球視野，這也是我將人生許多成功經驗都歸功於這個活動的原因。

九門的活動長達18天，分為前後9天兩個梯次，如果你對完全不能說話的觀修有興趣，但覺得困難度太高（我自己是），可以考慮看看九門的活動。我想它能給你一樣的經驗，但不需要禁語。

人們通常是在努力想爬出泥淖時，才會開始關照自己，我也不例外。我經歷了一次難過的分手，才報名這樣的活動。這完全沒關係，危機就是轉機，很少有事物可以像危機一樣促使我們進步。等到靜修營開始時，我其實已經好很多了，但還是決定去參加。而結果真的不同凡響。這場活動不只是用一個禮拜的時間幫我清除眼前的泥濘，更

是帶領我走向新的高峰，清楚看見下一步該怎麼走。活動結束後，我開始辦心態滑雪訓練營，（根據USA Today報導）這是全球體育界唯一的心態訓練營。

所以，別浪費任何一個危機。那是宇宙在考驗你學習一件新的事物，讓自己的潛能更上一層樓。另一方面，沒遇到危機的時候，我認為「我過得很好」這種想法是種逃避，會讓人停滯不前，不思學習。這也是為什麼我們不該等到危機來臨時才踏出舒適圈，嘗試自己以為辦不到的事。婚姻順遂時，就先去婚姻諮商。那還有什麼可以做呢？身材不錯時就開始請健身教練。部門業績很好時就去找行銷專家評估。這樣你才會往更上一層樓邁進。

最常送人的書？為什麼？或影響最深的一到三本書？

我最喜歡的兩本書：

瑞索（Don Richard Riso）和哈德遜（Russ Hudson）的《九型人格心理學》（*The Wisdom of the Enneagram*）。這本書可以幫助我們更了解自己的個性。這非常重要。比方說，如果你知道自己是老虎，就不要再浪費時間抹除身上的花紋，而應該專注在發揮天生的力氣。如果你是羊，也不見得比老虎好或差，但你不該浪費時間成為別人，而是成為表現最好的羊。我非常喜愛這本書，喜歡到在知道對方九型人格是什麼之前，不會和某人約會或雇用某人。知道對方的九型人格，就好像拿到他們的操作手冊一樣，可以避免混亂或可能的衝突。

托勒（Eckhart Tolle）的《當下的力量》（*The Power of*

Now）。會買下這本書開始讀，是因為一週內有四名朋友推薦我這本書，不過……看著看著就睡著了！後來這本書被我放回書架上，過了一年，拍了拍灰塵又拿出來讀……還是睡著了，然後又被我放回書架上。就這樣持續四年，第五年再拿出來時，突然覺得這本書很有趣，我很快讀完整本書。

這本書強大之處在於，它點出了一種無可比擬的狀態——一種比我個人對於世界的認知還要深奧的狀態。托勒稱之為「當下」（now），我稱為「連結的自我」或是「無限領域」，體育界則稱為「進入狀態」（zone），禪宗稱其為「證悟」。每一種思想流派都有一個名詞形容這種狀態。我會用自己進入這種高層次意識狀態的頻率來判斷生活品質。禪修後，我明白這種狀態並不會恆久持續，和托勒說的並不一樣，但最重要的是我們都應該尋找人生中的這種狀態。在這種狀態下，我們可以看見事物的真實面貌，儘管可能只是一瞬間，我們可以看清楚自己是誰、想做什麼，以及個人以外的世界是什麼樣的面貌。一些最了不起的點子都是在這種狀態下誕生，但這種狀態不會自己發生，我們需要去尋找，這本書就能幫助我們做到這件事。

在專業領域聽過最糟的建議？

談話治療。談自己的恐懼當然很棒，有誰不喜歡花一個小時大談自己的事？但這只會讓我們不斷重複同樣的思考，往往長達數十年。情緒問題應該從情感著手解決，不是靠理性。

過去五年，有什麼事不再難以拒絕？

40歲後，我們似乎會開始挑選相處的對象。我有幾個二十幾歲認識的朋友，到現在已經認識幾十年了，當時的我喜歡和瘋狂、古怪的人做朋友，但40幾歲的我已經不同了。有幾個當時的朋友甚至會虐待自己，或是以同樣的方式對待我。那我該怎麼做呢？該因為過往的情誼、習慣、避免他們受傷，而繼續維持友誼，或是勇敢對這種宛如毒藥的友誼說不，轉身離開？

後來，我決定轉身離去，一個一個離開他們。我必須坦承，這真的非常困難，最後我和五名摯友、數百名點頭之交斷了聯繫，這讓我擺脫過去的束縛，專注在未來想培養的人格特質上。當然，這麼做的代價會有點寂寞，我找了八年還找不到新的閨蜜，現在也不像從前那麼常去參加派對。不過，那些我選擇參與的活動，總能認識許多很精采的人。

友誼應該要能支持你成長，而不是成為你的阻礙。試著結束那些會阻礙你成長的人際關係，並且慎選未來的新朋友。我後來發現，我們往往會被擁有自己正在培養的特質的人吸引。（作者注：我問了烏爾莫的絕交方法，她給了我一份長達四頁的詳細說明。大家可以在tim.blog/kristen上免費閱讀。）

感到超載或無法專注時，會怎麼做？

我會暫時離開工作，做一些無關緊要的事（像是散步、伸展筋骨、看電影）。在我找回動機之前，我可能花個幾小時或幾天的時間做這些事。

行程較緊湊時，我會花五分鐘去做這些「不要緊」的事。這五分鐘我會完全放開，享受失焦的狀態。我可能會洗熱水澡，讓熱水不停淋下脖子，一邊抱怨著我碰到的問題。這種感覺很棒。或者，我會和貓咪玩，將混亂的思緒埋在貓咪肚子的絨毛裡，享受自己當下迷糊、愚蠢的狀態。讓自己接受現實，不只能緩和情緒，也能在放鬆之後讓另外一個現實發生：五分鐘後，我又恢復活力，準備好再度衝刺。

尊重自己的情緒，不強迫改變。這就是禪。難過的時候難過、害怕的時候害怕，沮喪的時候沮喪。失去目標的時候，就接受當下，並且享受那樣的狀態？情緒的到來、經過、離去，如同水流經水管一樣。只要能順流，事情會自然而然發展，新的可能性就會發生。

過去五年，讓生活變好的新信念、行為或習慣？
我一直認為和恐懼之間的關係，是人生中最重要的關係。所以我每天會花至少兩分鐘，進行我稱為「恐懼訓練」的練習。每天早上起床前，我會檢查自己的身體，評估情緒。我對自己恐懼的程度很有興趣（不論我們是否願意承認，恐懼感一直都在），想找出這份恐懼位在身體的哪個部位。

恐懼感是一種身體不適的感覺，可能會透過比較明顯的方式，恐懼、壓力，或焦慮（其實三者都差不多），或以更接近憤怒或悲傷的方式（如果恐懼被關在地下室，就有可能）。如果恐懼的根源好像來自我們心裡，那是因為我們

不是用情緒，而是用理智去處理它，這絕對不是好方法。我會找出恐懼感位在身體的哪個部位，有時候可能是在下巴或肩膀，有時候在額頭。接下來的三個步驟，耗時約1至2分鐘：

1. 我會花15至30秒，告訴自己因為恐懼感到不適很正常，可能是之後要上台演講，或是工作截止期限要到了。畢竟，遇到大事的時候都會很害怕，對吧？承認這點，會有很大的影響。

2. 接著，我會再花15至30秒，思考我和這份不適感相處得如何。如果這份焦慮感被過度放大，或是不合常理地嚴重，就代表我一直忽略恐懼，所以它開始張牙舞爪。若是如此，我會集中注意力，思考恐懼想對我傳達什麼我不知道的事情。例如「要寫新演講稿，你超不擅長的」或是「你忘記打電話給媽媽了」。我的顧問工作，讓我習慣從恐懼身上汲取知識，就像把橘子榨出橘子汁一樣。

3. 接著，我會把剩下的時間都花在感受恐懼。這點非常重要：我不會丟棄恐懼，這不是練習的目的，對恐懼也不尊重。關鍵在於感受情緒，就像了解自己的小狗、朋友或愛人一樣。我通常會花30至60秒的時間，恐懼覺得被接納、傾聽之後，就會消失了。

一天中，只要我再次感到焦慮或沮喪，就會重複上面的動作。我的客戶也跟著進行恐懼訓練，非常有效。大約開始一星期後，他們的恐懼和焦慮感慢慢平靜下來，其他許多

問題，如失眠、憂鬱症、心理創傷症候群，還有憤怒等等，都能迎刃而解。如果能堅持超過一週，就能開始察覺訓練帶來的能量。

除此之外，我不會特別做感謝、平靜或原諒的練習，儘管這些在美國非常盛行。我認為這些練習反而會讓你遠離身體想告訴你的真相，強迫自己接受謊言，就好像在傷口貼上OK繃，讓自己不會看到傷口。傷口就是問題的根源，放久了不處理，就會化膿。

因此，我選擇透過恐懼訓練，坦然面對不適感，誠實對待它。我會專注在自己的不適、恐懼、悲傷和憤怒等所有負面情緒，結果，我不僅學到很多，還意外地得到自由。

我們在學校學的東西，
四十歲時可能早已過時。
我建議重視培養韌性和EQ。

暢銷書《人類大歷史》作者
Yuval Noah Harari
尤瓦爾·諾瓦·哈拉瑞

TW: @harari_yuval
FB: tim.blog/harari-facebook (redirect)
ynharari.com

尤瓦爾·諾瓦·哈拉瑞是全球暢銷書《人類大歷史》
及《人類大命運》作者。他於2002年取得牛津大學博士
學位，現為耶路撒冷希伯來大學歷史學系講師。哈拉
瑞在2009年及2012年兩度獲頒波隆斯基創意獎，他曾發
表多篇學術文章，並因為〈扶手椅，咖啡，與權威〉
（Armchairs, Coffee, and Authority: Eye-witnesses and Flesh-
witnesses Speak About War, 1100–2000）一文得到榮譽軍
事歷史學會的蒙卡多獎。哈拉瑞目前研究聚焦在大歷史
問題：歷史和生物學的關聯？智人和其他動物的最大差
別？歷史是否有正義？歷史是否有軌跡？隨著歷史真相
揭露，人們有因此變快樂嗎？

最常送人的書？為什麼？或影響最深的一到三本書？

赫胥黎的《美麗新世界》。我認為這是20世紀最棒的預言書，也是當代西方哲學探討快樂最深入的書籍，影響我對政治與快樂的看法。我一直認為權力與快樂的關聯是研究歷史最重要的議題，《美麗新世界》一書重塑了我對歷史的認知。

赫胥黎1931年寫這本書，當時共產主義和法西斯主義在俄羅斯、義大利橫行，納粹主義方在德國興起，奉行軍國主義的日本開始侵略中國，整個世界籠罩在大蕭條的低迷氣氛中。儘管如此，赫胥黎仍試圖穿過重重陰霾，想像一個沒有戰爭、饑荒、傳染病，一個和平、富饒和健康的世界。在那個世界，消費主義掛帥，性、毒品、搖滾不受任何限制，最高宗旨就是追尋快樂。先進的生物科技和社會工程能確保人人對生活滿意，沒有人需要起身反抗，也不需要有祕密警察、集中營，或是歐威爾在《一九八四》中提到的愛情部。赫胥黎非常聰明，他清楚明白愛與快樂遠比暴力和恐懼更能控制人民。

人們讀《一九八四》時，可以明顯看見歐威爾描述的世界是一場駭人的惡夢，我們唯一能探討的議題只剩下「如何避免世界陷入這種恐怖？」《美麗新世界》讀起來更令人不安，因為很明顯有哪裡不太對勁，卻說不出來。世界充滿祥和與繁榮，人人都極度滿意生活現況。看起來哪有什麼問題？

最驚人的是，赫胥黎在1931年寫《美麗新世界》的時候，

他與他的讀者都很清楚這本書描述的其實是危險的反烏托邦世界。現代讀者卻常誤以為書中描寫的是烏托邦。消費主義盛行的現在，赫胥黎預見的世界逐步成真。快樂是人們追求的最高價值，生物科技和社會工程不斷進步，確保消費者能獲得最大滿足。這樣的社會會出現什麼問題呢？各位可以讀讀書中負責掌管西歐的世界管理人蒙德（Mustapha Mond）和野人約翰（John the Savage）的對話。約翰終其一生住在新墨西哥州的印地安人保留區，也是倫敦唯一還知道莎士比亞和上帝的人。

與眾不同的習慣，或荒謬的嗜好？
搭電梯的時候，我會踮腳站著。

有沒有任何失敗，或看起來是失敗的經驗，成為成功的墊腳石？有「最喜歡的失敗經驗」嗎？
《人類大歷史》希伯來文版出版後就在以色列成為暢銷書，我以為出版英文譯本不會花太多力氣，把自己翻譯的譯稿寄給多家出版社，但全部被拒絕。現在我還留著當初一家知名出版社寄給我的回信，內容特別羞辱人。後來，我試著自己在亞馬遜自助出版這本書，但品質不佳，只賣出幾百本，我因此沮喪了很久。

後來，我了解自己出版書籍的方式行不通，我不該想抄捷徑，而該尋求專業協助。我的丈夫伊齊克後來負責處理這件事，他的商業頭腦比我好多了。他找到傑出文學經紀人哈里斯（Deborah Harris），她建議我們找資深編輯沃茲曼（Haim Watzman）負責重新撰寫、潤飾書稿。多虧他

們的協助，我們和哈維爾‧塞柯（Harvill Secker）出版社（藍燈書屋旗下出版社）終於簽下合約，準備出版。出版社的責任編輯夏弗特（Michal Shavit）又讓書中的文字更加優美，還聘請英國出版業最傑出的獨立公關公司Riot Communications負責公關活動。在此特別提及這些人的名字，表達我對所有讓《人類大歷史》變成國際暢銷書的專業人士的感謝。沒有他們的幫忙，這本書就像未經雕刻的璞玉，和其他不為人知的好書一樣無法被看見。最初的失敗，讓我體認到自己能力的不足，還有尋求專業協助、不貪圖捷徑的重要。

對即將進入社會、聰明有抱負的大學生，有什麼建議？可以不聽哪種建議？

沒有人知道2040年的世界和就業市場會變成什麼樣子，所以也沒有人知道應該怎麼教年輕人。我們在學校學的東西，到40歲時可能早就已經不適用。那你應該專注在什麼事情上呢？我的建議是專注在培養韌性和情緒智商。

傳統上，人的一生分成兩個階段：學習時期和就業時期。在第一階段，我們定位自己的角色、學習個人和專業技能；第二階段，我們透過自己的角色和技能探索世界、賺取薪酬，並貢獻社會。到2040年，這樣的傳統模式不再夠用，唯有終生學習、不斷更新自己，才能存活。2040年，世界會變得很不一樣，會變得極端忙碌，改變的速度會不斷加快，因此我們都必須持續學習、更新，即使到了60歲也一樣。

不過，改變通常伴隨著壓力，而人們過了某個年紀後通常會不喜歡改變。16歲時，我們的生活就是不斷的改變，不管我們喜不喜歡，身體在變化，思想在改變，人際關係在改變，我們忙著發現自己。40歲的時候，我們開始不希望改變，想追求穩定的生活，但21世紀的社會不容許這種奢侈。想要維持穩定的身分、工作或世界觀，只會被時代淘汰，眼睜睜看著時代繼續邁步向前。要在這場暴風雨中前行，我們需要韌性和情緒的平衡，才能抵抗巨大的壓力。問題是，情緒智商和韌性很難透過教學傳授，不是讀一本書或聽一堂課就能學會。現行的教育模式是19世紀工業革命時建立的，早已不敷使用，但我們尚未想出更好的替代方案。

所以，我會建議別太聽大人說的話，以前聽長輩的話可能是張安全牌，因為他們很了解社會，社會改變的速度也很緩慢。但21世紀完全不一樣，大人學的經濟學、政治學或人際關係概念可能早已過時。同樣地，別過度依賴科技，科技應當服務人類，人類不該成為科技的僕人。如果不小心，就會變成科技發號施令，讓人們成為其發展進步的勞役。

我們別無選擇，只能試著更加了解自己，明白自己究竟是誰、想要什麼。了解自己的確是老生常談，但在21世紀的現在非常重要，因為競爭非常激烈。Google、Facebook、亞馬遜和政府機關透過大數據和機器學習，能知道你愈來愈多事情。這不是一個電腦駭客的年代，是人類駭客的年代。一旦企業和政府比你還了解你自己，就可能在你不知

情下操控你。要在社會上生存下去，就要動得比Google還快。祝各位好運！

過去五年，有什麼事不再難以拒絕？

我變得比較懂得拒絕邀約，這是出於生存，因為我每週都會收到十幾份邀約。坦白說，我覺得我還是不太會拒絕，拒絕別人會讓我很難受，所以我交給別人，也就是我先生，他不只比我更懂生意，也更懂如何拒絕別人，幫我推掉大部分的邀約。後來我們也聘請一位助理，他每天好幾個小時的工作就是拒絕別人。

最成功或最值得的投資？

參加十天的觀修冥想營（www.dhamma.org）。我十幾歲跟後來當學生時，煩惱非常多，總是靜不下來。世界充滿各種我不理解、不合理的事物，我對人生的問題也得不到解答。我最不理解的就是世界各處還有我的人生中，為什麼有這麼多苦難，我們可以如何解決。旁人或書本告訴我的，只是一些美好的神話：神祇與天堂之類的宗教神話、國族主義者對祖國的熱愛和歷史任務的神話、愛與冒險的浪漫主義神話、資本主義者追求經濟成長的神話，消費會使我快樂等等。我知道這些東西是不真實的，但我不知道如何追求到真理。

我在牛津讀博士時，有位朋友一直和我推薦觀修冥想活動，一開始我只覺得是某種新的噱頭，而且我對於再聽一個神話實在沒有興趣，就拒絕他的邀約。朋友繼續充滿耐心地推薦一年後，我終於願意參加。在這之前，我對冥想

所知甚少，認為背後理論應該很玄，後來了解到原來冥想如此實用時，真的很驚訝。那堂課的老師叫葛印卡（S. N. Goenka），他告訴在場的學生盤腿而坐、閉上雙眼，將注意力集中在氣息進出鼻腔之間。「什麼都別做」，他說，「不要控制呼吸，也不要用任何特別的方式去呼吸，不論是什麼，只要觀察、感受當下這一刻。準備吸氣，感覺它，現在吸氣；準備吐氣，感覺它，現在吐氣。注意力發散、意識開始神遊之後，穿梭在記憶和想像之間，你會感覺到注意力已經從呼吸移開了。」這是我聽過最重要的事情。

透過觀察自己的呼吸，我學到的第一件事，就是儘管讀了這麼多書、修了這麼多課，我對自己的意識幾乎一無所知，也沒有辦法控制意識。不管怎麼努力，注意鼻息間的吸吐不超過十秒，我的意識就開始神遊！多年來我自信是自己人生的主宰者、是個人品牌的執行長，但幾小時的冥想足以讓我了解對自己的控制其實趨近於零。我也不是自己的執行長，充其量不過是個守門人。我被指派在門口看著自己的身體、鼻腔，然後觀察進出鼻腔的東西。幾秒鐘過後，我的注意力開始渙散，手邊的工作也丟下了。這種體驗真的令我大開眼界，也使我更加謙卑。

隨著課程進展，老師告訴我們不只要注意呼吸，也要注意身體的感受：熱、壓力、疼痛等等。觀修冥想的核心概念就是意識的流動和身體的感受息息相關。我和世界之間，其實還隔著身體的感受，我不曾實際對外在世界做出反應，而是對身體的感受做出反應。感受不愉快，我的反應

是厭惡；感受是愉快的，我的反應是渴求更多。我們可能會認為自己是因為他人做了什麼而反應，或是受到童年記憶、全球金融危機等等影響，但其實我們是對肩膀上感到的緊張，或是胃部一陣痙攣做出反應。

想知道生氣究竟是什麼嗎？那就觀察你生氣時，身體裡升起、流竄而過的感受吧。參加冥想活動的時候我24歲，可能已經生氣過上萬次，但我從來沒有觀察過生氣應該是什麼樣的感覺。生氣時，我只會注意到令我生氣的人事物，可能是別人做的某件事、說了某句話，但從來不會去注意生氣的本質。

透過這十天觀察自己的感受，我學到關於自己和人類的知識，遠比活過一輩子學到的多。我不用接受任何故事、理論或神話，只需要觀察現實。最重要的是，我了解痛苦的根源，其實來自自己的思維。當我渴求某件事情，卻求之不得的時候，我的意識會用沮喪、挫折回應。苦難、挫折不是世界的樣子，而是我個人意識中的心理反應。2000年第一次參加課程後，我開始每天2小時的觀修練習，每年也花1至2個月參加冥想營。不是要逃離現實，而是要感受現實。透過每天至少2小時的冥想，我能觀察到現實世界的面貌，另外的22個小時我可能是被電子郵件、Twitter，或是可愛貓咪影片淹沒。沒有這個練習帶來的專注和清楚的思緒，我不可能寫出《人類大歷史》和《人類大命運》。

感到超載或無法專注時，會怎麼做？
我會觀察自己的呼吸幾秒或幾分鐘。

拒絕的藝術——
這本書出版時，
我一定會十分懊悔

《紐約時報》插畫家
Wendy MacNaughton
溫蒂・馬克努頓

TW/IG: @wendymac
wendymacnaughton.com

溫蒂・馬克努頓是《紐約時報》暢銷插畫家和圖片記者，住在舊金山。她著有《同時間在舊金山，以城市的口吻訴說》（*Meanwhile in San Francisco, The City in Its Own Words*）、《走失的貓》（*Lost Cat*）、《筆與墨水：刺青背後的故事》（*Pen and Ink*）、《刀與墨水：主廚與他們的刺青故事》（*Knives & Ink*）、《如何品酒》（*The Essential Scratch & Sniff Guide to Becoming a Wine Expert*）、《如何成為威士忌專家》（*The Essential Scratch & Sniff Guide to Becoming a Whiskey Know-It-All*），以及最新的《只要讓我跟食譜在一起》（*Leave Me Alone with the Recipes*）。馬克努頓是《加州星期日》雜誌（*California Sunday Magazine*）專欄作家，也是女性插畫家網站Women Who Draw共同創辦人。她的伴侶是卡洛琳・保羅（Caroline Paul）。

作者注：我才華洋溢又美麗的讀者，毫無疑問大家已經察覺到我的提問不外乎是從下列問題微調而來：「過去五年，有什麼事不再難以拒絕？」這個問題最棒的地方在於對方很難避而不答，就算對方想拒絕，應該說特別是對方想拒絕回答的時候更是如此！我詢問馬克努頓是否願意出現在書裡，她給了我一篇縝密、完美的「婉拒文」，顯然是經過深思熟慮。我非常喜歡她的回覆，因此回信問她：「這個問題可能有點怪，但妳是否願意讓我在書中刊登這封禮數十足的婉拒信？」馬克努頓同意了，因此接下來，就是她寫給我……婉拒出現在本書裡的信：

嗨，費里斯：

哎，好吧。我掙扎了很久，最後的決定是這樣：經過五年密集的創意發揮和對於我個人旅行、靈感發想的宣傳和採訪，以及長年來總是剛完成一個專案，立刻又開始宣傳下一個……我需要暫時停下來。最近真的非常累，為了工作著想，我必須休息一陣子。過去這個月，我取消了許多合約、婉拒新的企劃和訪談，留時間給自己四處探索，重新開始繪畫。有時候就是坐著，什麼也沒做，或是到處走走，虛度美好的一天。這是我五年來第一次完全沒有任何作品要趕著繳交、也不需要在截稿前提出發想。這一切都很美好。

因此，雖然我非常想幫助你，我非常尊敬你和你的工作，能獲邀參與我深感榮幸，拒絕你真的是最愚蠢的決定，我還是必須說謝謝……我必須婉

拒，因為目前的狀況並不適合談我或是我的工作，對我這種文字狂熱份子來說，說出這種話真的是瘋了。希望我們未來能有機會再聊聊，我保證屆時能給你的東西必定比現在我所能給的更有意義和洞見。

希望我在書上的空缺能由我前封信中推薦的傑出人士補上。

再一次，真的非常感謝你詢問我。

待本書出版時，我一定會十分懊悔。

拒絕的藝術——
我打從心底覺得感謝

餐飲大亨
Danny Meyer
丹尼·梅爾

TW: @dhmeyer
ushgnyc.com

丹尼·梅爾是聯合廣場餐飲集團的創辦人兼執行長，旗下有多家紐約最受歡迎的名餐廳，包括格雷莫西小酒館（Gramercy Tavern）、現代餐廳（The Modern）和義大利餐館小豬（Maialino）等。梅爾和聯合廣場餐飲集團聯手打造了現代街邊漢堡店「Shake Shack」，在2015年成為上市公司。梅爾的書《我在世上最困難的行業中，打造事業》（Setting the Table）榮登紐約時報暢銷榜，書中闡述許多可以應用到各產業的品牌企業通則和生活原則。《時代》雜誌在2015年將梅爾列為「全球百大最具影響力人物」。

作者注：為了滿足讀者閱讀樂趣和看好戲的心態，這裡附上另一封非常優美的拒絕信，這次拒絕採訪的是丹尼・梅爾。

傑佛瑞（傑佛瑞是我朋友，我請他幫忙寫信詢問），

您好，非常感謝您的來信。

非常榮幸能受邀參加提摩西下一本書的計畫，但當前我實在非常繁忙，聯合廣場餐飲集團各種大小事讓我蠟燭兩頭燒，加上我還有自己的寫作計畫，在我的頻頻拖延之下，似乎有點難產。

這真是非常難得的機會，我很仔細思考到底要不要參加，但我最後還是決定要婉拒——但我打從心底覺得感謝！

我相信這本書一定會很成功！

再次謝謝你們的邀請。

丹尼
聯合廣場餐飲集團

拒絕的藝術——
我必須一視同仁地
拒絕你的邀約

暢銷作家
Neal Stephenson
尼爾・史蒂芬森

TW: @nealstephenson
FB: /TheNealStephenson
nealstephenson.com

尼爾・史蒂芬森是知名的推想小說家，作品包含科幻小說、歷史小說、極繁主義，還有賽博龐克等。史蒂芬森的暢銷作品包括《鑽石年代》（ *The Diamond Age* ）、《編碼寶典》（ *Cryptonomicon* ）、《巴洛克系列》及《潰雪》（ *Snow Crash* ）。《潰雪》曾榮登《時代》雜誌百大英文小說排行。史蒂芬森也寫非文學，在《連線》雜誌等媒體發表科技類文章。此外，史蒂芬森也是私人太空公司藍色起源（ Blue Origin ）的顧問，專門開發次軌道載人飛行發射系統。

作者注：各位讀者應該已經很清楚這是什麼了。每次收到這種信，都讓我眼光泛淚，卻又不自覺嘴角上揚。以下附上這封可愛的「下次再聊」信，來自我的偶像史蒂芬森。

嘿，費里斯：

抱歉這麼晚回覆你，謝謝你想到我。你大概也看得出來我最近想做的事實在太多，所以我正在進行一項實驗，就是無論如何都別再找事做，待辦清單才不會愈來愈長。至於實驗結果如何呢？當我劃掉清單上的某一件事，就會自動衍生出其他事，有點像九頭蛇的腦袋，怎麼砍也砍不完。我很希望自己夠當機立斷，這樣總有一天我的清單就會愈來愈短，而不是愈來愈長。但很不幸，此時此刻，所謂的「當機立斷」也代表我必須一視同仁地拒絕你的邀約。

總之，再次謝謝你的邀請，祝這個計畫一切順利！

後記

學會享受痛苦！

「不要把成功當成目標，愈是以成功為目標，就愈可能與之錯過。成功和幸福一樣，都不能靠追求而來⋯⋯幸福只能順其自然地到來，成功也是如此。我期盼人們能傾聽自己的良知，盡自己所能將其發揚光大，久而久之—久而久之，就會看見成功。當我們早已忘記它的存在，成功才會跟著到來。」——弗蘭克，《活出意義來》

冰浴裡的頓悟

「不知道。我不知道他為什麼需要四個裝滿冰塊的洗衣袋。」櫃台人員有點生氣地聳肩，對房務再次重複說明指令。那時是晚上八點，櫃台前的每個人都一臉疑惑。

另一邊，我像行屍走肉，電池在好幾個小時前早已沒電，因為下背疼痛而縮成一團，我用垃圾袋裝滿因為汗水溼透的衣服，當作枕頭，墊在檯面上稍做休息，服務員又稍微拉開與我之間的距離。經過一段好像永無止境的時間，飯店人員總算搞懂我要冰塊做什麼，我拖著腳步回到房間，

一頭向前倒下。

二十分鐘後，敲門聲把我驚醒，重約18公斤的冰塊來了，全數倒進浴缸。我褪去護肘，拆掉腳趾上的繃帶，露出一顆顆水泡，吞了消炎藥，把自己泡進冰水中──直到沒了氣，感覺到腎上腺素襲來，我腦中浮現一句話：「享受痛苦！」

我高中時讀了洛爾（Jim Loehr）博士的《運動心理韌性訓練》（*Mental Toughness Training for Sports*），接著經歷了人生運動比賽的巔峰，那一段期間，我都會在摔角練習前，在日記上寫下：「享受痛苦！」

現在，我人在佛羅里達的奧蘭多，腦中現起同一句話。幾個月前，Johnson & Johnson人類表現機構問我：「你想學網球嗎？洛爾博士很期待與你見面。」

我也因此得知博士隔年即將退休。他曾和庫瑞爾（Jim Courier）、莎莉絲（Monica Seles）及眾多傳奇人物共事過，到佛州，不只會有職業網球教學，還能親自向洛爾博士進行心理上的訓練，洛爾博士本人耶！而且學網球一直都在我的人生代辦清單上，我當然要抓住這個機會往前跳。所以我答應了。

此刻，我整個人癱在冰塊浴中，完全跳不起來了。我剛結束五天行程的第一天。每天都有六小時的訓練，但我已經覺得全身動彈不得。長期以來的肘部肌腱炎嚴重復發，連拿起水杯都痛得不得了，無法刷牙或握手，更別提腰痛和

其他問題了。

我接著想到：

> 也許這就是40歲的感覺吧？每個人都告訴我會遇
> 到這樣的狀況。或許我該知難而退，回去忙別的事。
> 而且面對現實吧，我遜斃了，而且痛不欲生。而且要
> 定期去舊金山的球場本來就很難，沒有人會因為我
> 要走而責怪我，實際上可能根本也不會有人注意到
> 我溜走……。

我搖了搖頭，然後我打了一下脖子並大喝一聲。

> 費里斯，你能撐過去的！別開玩笑了。你才剛開始而
> 已，而且這不是你一直想要的嗎？你大老遠來到佛
> 州，待一天就要掉頭走人嗎？加油好嗎？用你的腦袋
> 想一想。也許我能改用左手打球。或是用手拋球來
> 模擬比賽情境，來練習步伐。最糟的狀況下，我也可
> 以取消練球，專注在心理訓練上。

我吐了一口長長的氣，閉上眼睛開始深呼吸，手伸向浴缸
外側。我泡冰塊浴（忍受10到15分鐘的睪丸酷刑時），看
書就是我轉移注意力的方法，當晚的特色菜就是高威（W.
Timothy Gallwey）的《比賽，從心開始》（*The Inner Game
of Tennis*）。讀了幾頁後，有段文字讓我停了下來：

> 相較於其他技巧，選手更重視「放鬆的專注」
> （relaxed concentration）這項心理素質的藝術。他發
> 現了自信真正的基礎，也學到比賽獲勝的關鍵祕密，
> 其實在於不要太過努力。

比賽獲勝的祕密，就在於不要太努力？就是這個思維帶我起身離開冰塊浴，回到床上，接著，一夜好眠。

碰撞點

隔天一早，我走進訓練中心，就遇到貝爾特姆（Lorenzo Beltrame）向我打招呼，他是我才華洋溢又和藹可親的教練。洛爾博士穿著尺碼15號的鞋子，在角落帶著大大的笑容，給出一如往常的好建議：「今天做什麼都要輕輕的：輕輕握拍、輕輕擊球……用你的肩膀和屁股的力量，把球打出去。」

我們三個人都知道，今天將會決定我們會不會有進展，是可以開始嘗試左手打法，或是舉白布投降。洛爾博士不希望我走向自我毀滅，也不想看到我的樂觀演變成被虐狂傾向。

我們走向球場。練習兩小時後，貝爾特姆在網中央立了一支掃把，並在上面放了一條毛巾，要我以毛巾為擊球目標。我持續把球打到網上，絲毫沒有準確度可言，我的手臂開始隱隱作痛。

貝爾特姆要我停下來，然後繞著網子走了一圈，他小聲地說：「我九歲、十歲時，就在義大利當網球選手。教練為我訂了條規則：可以犯錯，但不能犯同樣的錯。如果我把球打到網子上，他就會說：『我不管你要把球打到場外還是怎樣，就是不准再把球打到網子上，只有這條規則。』」

接著貝爾特姆替換整個練習的重點，不再強迫我看著目標，而是要對準正前方的：碰撞點。碰撞點就是球與拍子接觸的區塊，那分秒之間就是球員的意向與外在世界碰撞的時候。看看頂尖職業選手關鍵時刻時的定格畫面，就會看到球擊中拍線的瞬間，選手的眼睛往往都盯在球上。

「準備好了嗎？」他問道。

「準備好了。」

他餵了第一顆球給我……一切就如同變魔術。只要我不再關注球的落點，也就是我期望擊中的目標，而是專注在眼前的碰撞點，就能看到效果了。10球、15球、20球過後，球便開始飛向我的目標，但我心裡卻沒想著要它們去哪裡。

貝爾特姆笑了笑，轉了轉球拍，就像在轉弓一般，繼續發球。隨後，洛爾博士正好從辦公室返回球場，貝爾特姆便朝他喊道：「博士，快來看看！」博士臉上露出笑容。「好樣的。」

就這樣持續下去，我愈是專注在碰撞點上，對練和比賽就愈沒問題。我的手肘比較不痛了，我最後也順利撐過為期五天的訓練。真的是很光榮的一件事。

重要問題的潛藏危機

「我的人生該做什麼？」往往是很糟糕的問題。

「我該如何發這一球？」、「星巴克大排長龍該怎麼辦？」、「現在塞車怎麼辦？」、「我該如何處理胸口這股憤怒的情緒？」這些問題都比較好一點。

卓越始於下個五分鐘、進步始於下個五分鐘、幸福也始於下個五分鐘。但這不代表就不需要有所規劃，我鼓勵大家要有遠大、充滿企圖心的計畫。但請記住，唯有將計畫解構成較易達成的小目標，專注在每個小目標的「碰撞點」上，才有可能完成不可思議的大事。我這一生都充滿各種疑惑……大部分都是沒來由的。

廣泛地說，雖然有計畫感覺很好，但是能意識到大部分的失足，其實不會千古恨，就會更無所顧慮。這樣的想法會讓你有勇氣即興發揮和不斷試驗。正如奧斯瓦爾特（Patton Oswalt）所說：「每次在台上搞砸都是我最喜歡的失敗經驗，反正隔天醒來時，世界還是繼續轉動。」如果失敗感覺好像世界末日，或許只是世界要迫使你看見新的一扇門。誠如史丹頓（Brandon Stanton）所言：「有時候人生沒有順心如意反而是一種救贖。」

所求之物或許是網球場中央的那一條毛巾，你以為的目標往往就是讓我們遠離真正所求的原因。緊盯著球，去感受你該領悟的道理，且戰且調適，人生的賽場你自然會找到出路。

內在的說故事大師

我在奧蘭多的第二頓午餐，洛爾博士與我分享了詹森（Dan Jansen）的故事。詹森出生於威斯康辛，是家裡九個孩子中的老么，他受到姐姐珍的啟發，開始參與競速滑冰，16歲時就創下500公尺競賽的青少年世界紀錄。他決定把一生都奉獻給這項運動。

詹森靠自己的努力爬上頂尖，每回奧運卻屢屢遭到悲劇的打擊。1998年的冬季奧運，是他痛苦的頂點。詹森在500公尺賽前幾個小時，得知姐姐敗給了白血病病魔。他在500公尺及後來的1000公尺競賽項目中摔倒、撞上護欄。他來到加拿大卡加利參賽時，本來是兩面金牌的大熱門。最後，他沒有得到一面金牌，還失去了一位至親。

詹森開始習慣預期厄運。他從1991年開始和洛爾博士合作，修正自己。當時許多人都覺得，500公尺36秒的紀錄是不可能被超越的。「不可能」這三個字就這樣鑽進詹森的腦中。於是，他每天日記的開頭都寫下35秒99，來對抗這個迷思。

1000公尺賽也一樣有問題……或者說也一樣看似有問題。因為1000公尺賽有太多時間可以讓他想太多，陷入自己會失敗的漩渦。所以兩年訓練中的每一天，洛爾博士都要求詹森，在日記開頭的35秒99旁邊加上：「我享受1000公尺競賽！」時時提醒自己。

1993年12月4日，詹森在500公尺項目以35秒92的成績打

破36秒的極限,創下世界紀錄,並於1994年1月30日再次打破紀錄。1994年,丹以最佳狀態登上挪威利勒哈默爾(Lillehanner)的冬奧舞台,迎戰最後一次奪得獎牌的機會。

然而,他在拿手的500公尺賽中僅得到第八名。這次敗仗對他影響很大,奧運詛咒好像依然存在。緊接著,就是他最頭痛的1000公尺項目,也是他人生最後一場奧運的最後一場比賽。這一次,他不僅沒有摔倒,還贏得金牌,並締造了新的世界紀錄。所有人跌破眼鏡。詹森學會了享受1000公尺競賽,還成為美國英雄。

很棒的故事吧?現在可能會有人說:「這的確很激勵人心,但如果沒辦法請到洛爾博士幫忙,怎麼辦?」17歲時的我,也沒遇到洛爾博士。但我在床上讀了《運動心理韌性訓練》,因此改變了一生。向最厲害的人學習,其實不需要與他們面對面,只需要吸收他們的智慧,這個過程可以透過書本、音頻,或是一句充滿力量的語錄。

餵養自己的心靈,就是在當自己人生的最佳教練。我換個方式陳述洛爾博士的話:生命的力量源自他人無法聽見的內在聲音,如何再三審視內在聲音訴說的內容與口吻,會決定你的一生,我們內在的說故事大師,說的就是我們最真實的人生。

舉例來說,當你因為犯錯而心煩意亂,你會對自己說什麼?如果今天是好朋友犯錯,你也會對他們說同樣的話嗎?如果不同的話,那你就還有努力的空間。相信我,我

們每個人都還有努力的空間。通常這時候,我就會解釋我的老友──「享受痛苦!」的緣由。

「享受痛苦!」並不是一種自虐,只是簡單地提醒自己,幾乎所有成長都需要經歷不適。有時候可能只是輕微的痛,譬如騎單車爬坡,或放下自尊,認真聽進別人說的話。但有時候也會痛不欲生,像是進行乳酸閾值訓練,或經歷整骨般的情緒震盪。這些痛苦都不會危及性命,但很少人願意去追求這樣的疼痛感。忍受痛苦的得與失,端看每個人如何與自己對話。

所以「享受痛苦!」考波曼(Brian Koppelman)在書裡提到他認為村上春樹是世界上最棒的小說家,此外,他還是厲害的長跑選手。以下是村上對長跑的描述,其實可以應用到所有事情上:

> 痛是必然,但苦可以選擇。跑步時會想:「媽呀,好痛呀,我撐不下去了。痛的部分是無可避免的事實,至於能不能撐下去,就看跑者自己的心態了。」

如果你想擁有更多、嘗試更多、進步更多,就從傾聽那個內在的聲音開始。

更好的答案

想要寧靜與成功,不需要天才的腦袋,也無須神祕的交友圈,更不用額外付出某個「數目」來達到目標。這些都只

會令人分心。就我的經驗來看,有個方法簡單而有效:專注於眼前,並規劃精采的每一天,以成就精采的一生。努力不要犯同樣的錯,如此而已。隨便試試都行,完全相反也行,只是別再把球打向網子。如果想加分,試著當個善良的人,這樣你就和聖戰士戰隊成員一樣強了。

致勝的祕密在於別太努力。太努力代表你的優先順序、技巧與能力,還有正念都關機了。別把它當作是決心的表現,而是需要重新調適的信號。有疑慮時先冷靜下來,答案其實往往是近在眼前。

如果這件事很簡單,它會變得不同嗎?在這個沒有人真的懂什麼的世界,你有絕對的自由可以不斷重塑自我、開創新的道路。不管多奇怪,就去擁抱自己怪異的那一面吧!

人生永遠沒有正確答案⋯⋯只有更好的答案。

放輕鬆,親愛的。
提摩西・費里斯

深呼吸……

推薦延伸資源

下面的資源都免費，可以作為本書的補充內容。其中許多內容都成為我每天或每週都會使用的實用工具。

- 本書中「最常送人當禮物」與「最推薦的」書籍清單：tim.blog/booklist

- 本書中所有的「100美元以下推薦商品」：tim.blog/under100

- 費里斯的每週免費電子報「5-Bullet Friday」：tim.blog/Friday

這是全世界最受歡迎的電子報之一。我因為這份電子報而有幸接觸到書中的大人物，有30％的受訪者都訂閱電子報。電子報是一封很短的電子郵件，每週五寄出，提供我發現或很享受的5件很酷的事，包括實用工具、文章、新創、書、實驗性營養補充品、新的生活習慣與小技巧，還有各種新奇事物。這些內容都沒有在別的地方出現過。

- 《塞內卡的哲學》（*The Tao of Seneca*）：tim.blog/Seneca

這本書是塞內卡對於斯多葛哲學的介紹，內容還包括插圖、現代斯多葛學者的簡介、採訪等。這是我「最常送人的書」。我讀塞內卡的書信超過百次，推薦過上千次。斯多葛哲學是非常嚴謹的哲學系統，可以幫助我們在現實世界做出成果。就像是可在極端高壓力的環境中運作的作業

系統。美國總統傑佛遜一直把塞內卡的作品放在床邊。美國開國元首華盛頓、矽谷的思想領袖、NFL美式足球聯盟教練與球員（例如愛國者隊、海鷹隊）都是斯多葛學派的實踐者，因為這套哲學系統讓他們在競爭中勝出。這本書的內容就是斯多葛學派的基礎概念。

◆　關於「恐懼設定」的 TED 演講：tim.blog/ted

在這個超過七百萬次觀看的演講中，我介紹了我每個月至少會做一次的練習。我最值得的投資與商業決策，都來自於「恐懼設定」，這個練習對於避免自我毀滅也非常有用。

◆　生活實驗部落格：tim.blog

這個部落格是我最早在網路上發表的地方，早於播客與其他的形式。上面有專家意見、實驗、各種真實案例研究，主題包含減重、投資、學習語言、迷幻等非常多元。我最受歡迎（最推薦）的文章都在tim.blog/top10。

更多精采訪談收錄

我記錄了本書中許多採訪的延伸內容。主題包山包海，從早上的習慣到聽過最棒的建議。下面的資源包含許多書中沒有收錄的內容，這些額外工具、技巧、習慣，希望你跟我一樣受用。全部免費。訪談依英文字母順序排列如下：

Adam Robinson — tim.blog/robinson

Amelia Boone — tim.blog/amelia

Brené Brown — tim.blog/brene

Brian Koppelman — tim.blog/koppelman

Caroline Paul — tim.blog/caroline

Darren Aronofsky — tim.blog/darren

Debbie Millman — tim.blog/debbie

Eric Ripert — tim.blog/eric

Esther Perel — tim.blog/esther

Kevin Kelly — tim.blog/kevin

Kyle Maynard — tim.blog/kyle

Jerzy Gregorek — tim.blog/jerzy

Jocko Willink — tim.blog/jocko

Josh Waitzkin — tim.blog/josh

Larry King — tim.blog/larry

Maria Sharapova — tim.blog/sharapova

Mark Bell — tim.blog/markbell

Michael Gervais — tim.blog/gervais

Mr. Money Mustache — tim.blog/mustache

Naval Ravikant — tim.blog/naval

Neil Strauss — tim.blog/strauss

Nick Szabo — tim.blog/crypto

Peter Attia — tim.blog/attia

Ray Dalio — tim.blog/dalio

Rick Rubin — tim.blog/rubin

Robert Rodriguez — tim.blog/robert

Sam Harris — tim.blog/harris

Soman Chainani — tim.blog/soman

Stewart Brand — tim.blog/stewart

Terry Laughlin — tim.blog/terry

Tim O'Reilly — tim.blog/oreilly

Whitney Cummings — tim.blog/whitney

設計你的索引筆記

身為熱愛做筆記的筆記控，我想要幫助你可以找到書中的概念與想法。歡迎你寫下你最有感的洞見、抽言，或是接下來想嘗試的行動，並搭配上方便檢索的頁碼。創造自己的索引筆記，你就能快速找到你最喜歡的內容。

例如，如果你很喜歡喬克·威林克的一句話「自律就是自由。」就可以把它加入你的索引，或者更進一步，你可以參考下面的記錄方式：

「自律就是自由。」喬克·威林克，p319，我的下一步：星期二，1PM，嘗試「填寫你想嘗試的行動」。

每個人有共鳴的點不一樣，我也很想知道這本書對你最有幫助的是哪一部分！如果你樂意分享，可以拍照並在Instagram（@timferriss）或Twitter（@tferriss）上與我分享。我時常看留言，也經常回覆。我們網上見。

筆記愉快！

致謝

首先，我一定要感謝所有大師，你們的建議、故事和經驗就是這本書的根本，謝謝你們所付出的時間及慷慨大方的精神，願你們與世界分享的美好，終能以百倍返回至你們身上。

致我的經紀人兼好友漢索曼（Stephen Hanselman），謝謝你，終於是時候慶祝一路以來的小小勝利，不久後就能一同暢飲瑪格麗特了。

致Houghton-Mifflin Harcourt出版社的團隊，尤其謝謝弗萊徹（Stephanie Fletcher），以及最棒的設計與製作團隊：斯普林格（Rebecca Springer）、奇摩（Katie Kimmerer）、洛瑞（Marina Padakis Lowry）、賽澤（Jamie Selzer）、丹嘉奴（Rachael DeShano）、富勒（Beth Fuller）、哈奇（Jacqueline Hatch）、浮士德（Chloe Foster）、羅斯維茨（Margaret Rosewitz）、史德拉（Kelly Dubeau Smydra）、格蘭妮絲（Chris Granniss）、拉澤爾（Jill Lazer）、紐博恩（Rachel Newborn）、摩爾（Brian Moore）、盧特菲（Melissa Lotfy）、威爾森（Becky Saikia Wilson），謝謝你們幫我馴服了這頭猛獸，創造奇蹟，總是和我一起挑燈夜戰！致我的出版商尼可斯（Bruce Nichols）及他的團隊，包括阿奇爾總裁（Ellen Archer）、布羅迪（Deb Brody）、葛雷澤（Lori Glazer）、恩格爾（Debbie Engel），以及全心

全意付出的行銷團隊，謝謝你們對這本書的信心，為它排除萬難。相信這本書將會幫助到非常多人。

致唐娜（Donna）與亞當（Adam），謝謝你們的支援。沒有你們，播客節目就不會存在，我也沒辦法完成其他事情，你們實在是太棒了！

致赫里斯托（Hristo），多謝你再三確認所有細節，不斷查證。你想再吃點地中海捲餅嗎？多灑點番茄醬？明年夏天是否一起踏上第三回征途呢？題外話，我還是不太懂你為什麼喜歡在黑暗裡工作……。

致艾蜜莉亞（Amelia），妳是塗改戰士公主。文字不足以表達妳的協助與支持，對我有多大的意義，感謝、感謝，再感謝。妳要的手鐲、堅果醬的錢，還有按摩滾筒，我都在準備了。

最後我想說，這本書要獻給我的家人。從頭到尾，是你們給我引導、鼓勵、愛與撫慰，我對你們的愛非任何言語能及。

國家圖書館出版品預行編目（CIP）資料

人生給的答案 II / 提摩西.費里斯 (Timothy Ferriss) 著；金瑄桓譯.
-- 第一版. -- 臺北市 : 天下雜誌, 2020.02-
    冊；　公分. -- (心靈成長；65-)
    譯自：Tribe of mentors : short life advice from the best in the world
    ISBN 978-986-398-509-9（第 II 冊：平裝）

1. 成功法 2. 人物志 3. 世界傳記

781   108022302

訂購天下雜誌圖書的四種辦法：

◎ 天下網路書店線上訂購：www.cwbook.com.tw
　　會員獨享：
　　1. 購書優惠價
　　2. 便利購書、配送到府服務
　　3. 定期新書資訊、天下雜誌網路群活動通知

◎ 在「書香花園」選購：
　　請至本公司專屬書店「書香花園」選購
　　地址：台北市建國北路二段 6 巷 11 號
　　電話：（02）2506-1635
　　服務時間：週一至週五　上午 8：30 至晚上 9：00

◎ 到書店選購：
　　請到全省各大連鎖書店及數百家書店選購

◎ 函購：
　　請以郵政劃撥、匯票、即期支票或現金袋，到郵局函購
　　天下雜誌劃撥帳戶：01895001 天下雜誌股份有限公司

＊ 優惠辦法：天下雜誌 GROUP 訂戶函購 8 折，一般讀者函購 9 折
＊ 讀者服務專線：（02）2662-0332（週一至週五上午 9：00 至下午 5：30）

人生給的答案 II
TRIBE OF MENTORS

作　　者／提摩西・費里斯（Timothy Ferriss）
譯　　者／金璱桓
封面設計／FE設計
版型設計／三人制創
內文排版／邱介惠
責任編輯／許　湘
協力編輯／白詩瑜
特約校對／魏秋綢

發行人／殷允芃
出版部總編輯／吳韻儀
出版者／天下雜誌股份有限公司
地　　址／台北市 104 南京東路二段 139 號 11 樓
讀者服務／（02）2662-0332 傳真／（02）2662-6048
天下雜誌GROUP網址／ http://www.cw.com.tw
劃撥帳號／01895001天下雜誌股份有限公司
法律顧問／台英國際商務法律事務所・羅明通律師
總經銷／大和圖書有限公司 電話／（02）8990-2588
出版日期／2020 年 2 月 4 日第一版第一次印行
定　　價／430 元

書號：BCCG0066P
ISBN：978-986-398-509-9（平裝）

天下網路書店 http://www.cwbook.com.tw
天下雜誌我讀網 http://books.cw.com.tw/
天下讀者俱樂部 Facebook http://www.facebook.com/cwbookclub